本著作受到国家自然科学基金项目（71973036）资助

自由贸易协定
环境保护条款与企业行为

Environmental Protection Provisions
of Free Trade Agreements and Corporate Behavior

王俊◎著

人民出版社

序　言

当前,单边主义,贸易保护主义强势抬头,多边贸易体制进程受阻,全球贸易争端频发。世界上许多国家将自由贸易协定(FTA)及区域贸易协定(RTA)作为规避贸易与投资风险的重要措施。欧美等国先后签署和实施了美墨加协定(USMCA)、跨大西洋贸易与投资伙伴协定(TTIP)、全面与进步跨太平洋伙伴关系协定(CPTPP)等一批巨型的高标准区域自由贸易协定。西方大国也试图通过高标准自由贸易协定,制定出更高标准的新型贸易规则,提高国际贸易与投资门槛,将包括中国在内的一些新兴发展中国家排除在外,并凭借跨地域经贸整合重新掌握全球地缘政治优势。

自1992年北美自由贸易协定(NAFTA)创造性地在自由贸易协定中引入附属环境协定之后,在新近签署的自由贸易协定中大多加入了环境保护条款。自由贸易协定环境保护条款已成为自由贸易协定规则深度化程度的重要考量指标。在我国实施的自由贸易协定中,关税、配额、许可证等边境开放措施仍然是经贸规则的重点,自由贸易协定边境内条款覆盖率相对较低。自由贸易协定包含的环境保护条款大多数是在文本的"序言"中原则性表述"环境保护",比如,中国—智利自由贸易协定在"序言"中提出"以保护和保持环境的方式促进可持续发展";中国—新西兰自由贸易协定中提出"谨记经济发展、社会发展及环境保护是可持续发展中相互依存、相互加强的组成部分"等。此外,还有一些环境保护条款是以加强"环境合作"方式提出的。比如,中国—秘鲁、中国—新加坡自由贸易协定提出了环境产业合作、环境技术合作等内容。但是,在环境服务市场准入、国民待遇限制、环境例外等超越世界贸易组织(WTO)范围的环境保护条款相对较少,也缺乏环境争端解决机制等具有法律约束力的条款。这就引发我们思考,中国实施的自由贸易协定环境保护条款是否也像国内环境政策那样,促进贸易"清洁化"与投资行为"绿色化"?

  为此,本书从国际国内规则互动视角,研究了自由贸易协定环境保护条款对企业行为的影响,以及国际国内环境保护规则互动对企业行为的影响。本书首先基于全球自由贸易协定发展趋势以及自由贸易协定环境保护条款演变规律,世界上主要国家国内环境保护政策,探讨了自由贸易协定引入环境保护条款的必要性。其次在理论层面,本书构建了自由贸易协定环境保护条款影响国际贸易、企业行为及社会福利的理论框架。选择中国自由贸易协定伙伴作为样本,利用中国工业企业数据、国泰安数据库的上市公司数据、中国海关数据库的进出口数据以及地级市层面数据展开实证检验。在国际环境规则方面,研究了自由贸易协定环境保护条款对出口贸易的影响、自由贸易协定环境保护条款对出口产品种类转换的影响、自由贸易协定环境保护条款对清洁产品及污染产品贸易的影响、自由贸易协定环境保护条款对企业生存风险的影响。在国内环境政策方面,研究了国内环境规制、出口产品转换与生产率、国内环境政策对企业投资"金融化"的影响、国内环境政策对企业区位选择的影响。在国际国内政策互动方面,研究了国际国内环境政策对出口产品转换及出口企业生产率的影响。最后,从自由贸易协定深度化战略选择、国内制度创新,以及完善环境规制政策三个维度提出对策建议。

目　　录

导　论 …………………………………………………………… 1
　　第一节　研究背景与意义 ……………………………………… 1
　　第二节　文献综述 ……………………………………………… 3
　　第三节　本书主要内容 ………………………………………… 15
　　第四节　创新之处与下一步研究计划 ………………………… 19

第一章　自由贸易协定中的环境保护条款演变趋势 ………… 22
　　第一节　全球自由贸易协定深度化发展新趋势 ……………… 22
　　第二节　自由贸易协定引入环境保护条款的必要性 ………… 29
　　第三节　自由贸易协定环境保护条款内容与演变趋势 ……… 34
　　第四节　全球代表性自由贸易协定环境保护条款主要内容 … 39

第二章　全球主要国家环境保护政策 ………………………… 51
　　第一节　美国环境政策 ………………………………………… 51
　　第二节　日本环境政策 ………………………………………… 54
　　第三节　新加坡环境政策 ……………………………………… 57
　　第四节　中国环境政策 ………………………………………… 61

第三章　自由贸易协定环境保护条款影响企业行为的理论机制 … 69
　　第一节　自由贸易协定贸易效应和福利效应理论模型 ……… 69
　　第二节　环境政策对企业绿色创新的影响机制 ……………… 76
　　第三节　自由贸易协定环境保护条款的作用机制 …………… 80

第四章 自由贸易协定规则深度化与国际贸易的实证研究 …… 87

- 第一节 实证模型与数据来源 …… 88
- 第二节 自由贸易协定深度化影响国际贸易的实证结果分析 …… 93
- 第三节 异方差及滞后效应 …… 96
- 第四节 国家—产品的异质性检验 …… 98

第五章 自由贸易协定规则深度化与农产品贸易逆差 …… 101

- 第一节 制度型开放：从"边境开放"到"规则协同" …… 103
- 第二节 "双循环"视角下中国农产品贸易逆差与农业安全：典型事实 …… 105
- 第三节 实证模型与变量说明 …… 108
- 第四节 自由贸易协定深度化影响农产品贸易的实证结果分析 …… 112
- 第五节 规则—产品—国家三重异质性检验 …… 116

第六章 自由贸易协定环境保护条款与污染产品进出口贸易的实证 …… 122

- 第一节 制度背景与特征事实 …… 124
- 第二节 实证研究方案设计 …… 127
- 第三节 自由贸易协定环境保护条款影响国际贸易的实证结果分析 …… 130
- 第四节 稳健性检验与实证研究拓展 …… 135

第七章 自由贸易协定环境保护条款是否会推动中国出口产品"清洁化"？ …… 142

- 第一节 政策背景与特征事实 …… 143
- 第二节 变量选择与研究设计 …… 146
- 第三节 自由贸易协定环境保护条款下出口产品"清洁化"的实证检验 …… 150
- 第四节 异质性及稳健性检验 …… 155

第八章　自由贸易协定环境保护条款与企业生存风险 …………… 165

第一节　企业生存风险的识别 ……………………………… 166
第二节　自由贸易协定环境保护条款与企业生存风险的研究假说 …… 167
第三节　自由贸易协定环境保护条款影响企业生存风险的实证检验 …… 169

第九章　国际环境保护规则分类异质性与出口贸易 ……………… 177

第一节　实证模型与数据来源 ……………………………… 179
第二节　国际环境保护条款影响出口贸易的实证结果分析 ……… 183
第三节　双重异质性分析 …………………………………… 189
第四节　市场筛选效应 ……………………………………… 192

第十章　国内环境政策、出口产品转换与企业生产率 …………… 196

第一节　环境规制影响企业生产率的理论假说 …………… 197
第二节　企业出口产品转换率的测算与分析 ……………… 200
第三节　模型、变量与数据 ………………………………… 204
第四节　环境规制影响企业生产率的实证结果分析 ……… 208
第五节　中介效应检验结果分析 …………………………… 213

第十一章　国内环境政策与企业投资行为 ………………………… 220

第一节　环境政策影响企业投资的理论假说 ……………… 223
第二节　模型、变量与数据 ………………………………… 227
第三节　环境政策影响企业投资的实证结果分析 ………… 230
第四节　地方政府互动行为与企业金融化的实证结果分析 …… 236
第五节　拓展性分析 ………………………………………… 239

第十二章　国内环境政策与产业区位选择 ………………………… 245

第一节　环境政策与产业区位选择的研究概述 …………… 245
第二节　环境规制与产业集聚的实证研究方案 …………… 250
第三节　环境规制与产业集聚实证结果分析 ……………… 254
第四节　行业—区域—空间异质性检验 …………………… 261

第十三章　国内外环境政策互动与企业行为的实证检验 …… 266

  第一节　国内外环境政策与企业生产率的实证检验 …… 268
  第二节　国内外环境政策与出口产品转换的实证检验 …… 270
  第三节　国内外环境政策与企业生存风险的实证检验 …… 272
  第四节　国内外环境政策与企业绿色技术进步的实证检验 …… 274

第十四章　中国自由贸易协定战略以及环境政策创新 …… 278

  第一节　推动自由贸易区网络发展的战略选择 …… 278
  第二节　以自由贸易协定为契机推动国内制度创新 …… 282
  第三节　完善国内环境规制政策体系 …… 286

参考文献 …… 291

后　记 …… 311

导　　论

第一节　研究背景与意义

20世纪80年代以来,在全球价值链的推动下,越来越多的产品不再由单一国家生产和销售,而是由多国按照产业间垂直关联方式进行分工与协调。产品频繁地跨国界多次流转,产生了贸易成本的放大效应,对贸易便利化、要素跨境流动等国际贸易规则提出了更高的要求。然而,在世界贸易组织框架下的多哈回合谈判自2001年启动以来,没有达成实质性结果,国际贸易规则基本没有改变。以世界贸易组织为核心的多边贸易体系改革举步维艰,在一定程度上促进世界各国纷纷谋求加入区域贸易协定或自由贸易协定,弥补现行贸易体系的缺陷。

当前,全球区域贸易型协定/自由贸易协定呈现出快速化、广度化和深度化的趋势。从签订自由贸易协定的国家和地区来看,表现出越来越强的广泛性。目前,全球除了少数几个岛国和公国没有参与任何形式的自由贸易协定之外,绝大部分国家都参加了多个跨区域的多边或双边自由贸易协定。更重要的是,自由贸易协定国际贸易规则逐渐由边境规则深入到边境内规则,主要包括竞争政策、知识产权保护、资本流动、环境法律、研究和技术、区域合作、教育培训等多个国内管制措施,远远超过了世界贸易组织贸易协议所涵盖的范围,自由贸易协定呈现出明显的深度化趋势,也反映出缔约各国加强国内政策协调的倾向。

近年来,随着社会各界对加强环境保护、维护生态环境、实现人与自然和谐共生的绿色发展呼声越来越强烈,贸易与环境之间的关系得到了广泛关注。自由贸易协定中的环境保护条款属于边境内条款,加入环境保护条款体现了缔约国各方加强环境保护,将贸易、投资与环境问题关联起来的意图与决心。学术界关于国际贸易是否会导致环境恶化,主要有以下几种观点:一种观点认为,国际贸易不会导致环境恶化。国际贸易提高了环境资源配置效率、推动经济增长和福利水平的提高,促使环保技术研发及创新扩散,有利于环境污染治理和环境质量改善。另一种观点认为,国际贸易及投资会产生污染转移效应,加剧环境污染。国际贸易扩大了经济活动规模,不仅过多地消耗了可再生资源,而且增加了对不可再生资源的利用,造成环境恶化。发展中国家为了出口或获得国外投资,不得不降低环境标准,进一步恶化了发展中国家的生态环境。以格罗斯曼等(Grossman 等,1991)为代表的一批学者采取了更加折中的态度看待这个问题,认为国际贸易对环境的影响是多方面的,各方面相互作用共同产生的综合效应,因此,国际贸易对环境的影响存在较大的不确定性。反过来看,环境保护政策也将对国际贸易产生重要影响。一国政府加强环境规制,会倒逼企业加强绿色创新和技术改造,从而提高生产效率,促进国际贸易。但是,加强环境规制也可能增加企业生产成本,降低企业国际竞争力,从而制约了国际贸易。

在自由贸易协定中加入环境保护条款,降低了清洁产品国际贸易的壁垒,但对污染密集型产品而言,增加了环境遵从成本,从而制约了此类产品出口。从这个角度来看,自由贸易协定环境保护条款将造成出口结构的分化,但对贸易规模的影响存在一定的不确定性。并且,这种影响效应会在不同类型国家以及企业中产生非对称性影响,使自由贸易协定环境保护条款对进出口贸易的影响存在较大的复杂性。具体而言,对于环境规制强度较低的国家,自由贸易协定环境保护条款将会产生明显的环境遵从成本,使当地企业面临更加严峻的出口竞争压力,削弱了环境敏感产品的比较优势,产生了巨大的出口转移或破坏效应。对于环境规制强度相对较高的国家,自由贸易协定环境保护条款不仅不会影响国内企业生产成本,这些国家企业反而可以凭借环境高标准以及自身优势较容易地进入他国市场,同时提高了本国市场准入门槛,产生较为显著的贸易创造效应。

由此可见,自由贸易协定环境保护条款对国际贸易规模、贸易结构均产生了重要影响,继而影响企业投资以及经营风险。而且,各国政府实施的国内环境政策也将影响国际贸易以及企业行为,这就启发我们基于国际国内规则互动视角,进一步研究自由贸易协定环境保护条款对企业行为的影响。

第二节 文献综述

一、自由贸易协定对国际贸易的影响

关于自由贸易协定对国际贸易影响效应的研究,最早源于瓦伊纳(Viner,1950)提出的自由贸易协定贸易创造与贸易转移概念。缔结自由贸易协定后成员之间贸易壁垒下降,促进了双边贸易量增长,并出现了贸易创造效应;然而,倘若实施自由贸易协定后增加了对低成本国家进口,而不是增加从成员的进口,就产生了贸易转移现象。米兹(Meads,1955)以及利普西和兰开斯特(Lipsey 和 Lancaster,1956)又进一步提出贸易创造效应大于贸易转移效应的条件。自由贸易协定还能够显著地降低成员之间的市场壁垒,促进区域经济一体化进程,使企业摆脱市场规模的限制,从而提升区域发展水平。这些文献成为研究自由贸易协定贸易效应的理论基础。

学术界对自由贸易协定贸易效应的实证考察主要包括事前预测和事后检验两种方式。事前预测主要采取了可计算一般均衡模型(CGE 模型)、全球贸易分析模型(GTAP 模型)、局部均衡模型等模拟出自由贸易协定的经济—贸易效应。在对已经实施的自由贸易协定进行事后贸易效应的检验,主要采取静态及动态面板模型、引力模型、双重差分法分析(周念利,2012;曹亮等,2013;王开等,2019)等。

就研究结论来看,大多数文献证实了签署自由贸易协定能够促进国际贸易增长。学术界还发现自由贸易协定主要通过以下三条传导路径影

响国际贸易:其一,自由贸易协定通过提升贸易自由化和便利化水平,促进国际贸易规模扩张(刘洪愧,2016)。其二,自由贸易协定引起国际贸易的交易成本下降,产品将出现多次跨国界的往来与运输,引起国际贸易的放大效应。其三,自由贸易协定促进了成员之间外商直接投资,进一步诱发了双边贸易增长。但是,也有一些研究指出自由贸易协定与国际贸易之间的关系是复杂的,并不是简单的正面关系,还有文献得出自由贸易协定贸易效应不显著的结论(Moser 和 Rose,2014)。对于研究结果的不一致,学术界进行了以下几方面的改进:第一,考察异质性自由贸易协定的贸易效应;第二,自由贸易协定对异质性产品的贸易效应。

(一)异质性自由贸易协定对双边贸易的影响

贝尔等(Baier 等,2004)、克尔和特罗扬诺夫斯卡(Kohl 和 Trojanowska,2015)研究了六种贸易协定(非互惠贸易协定、优惠贸易协定、自由贸易协定、消费同盟、共同市场、经济同盟)的贸易效应差异性,发现贸易协定对贸易流量的影响会因协定类型不同而有所差异,而且一体化程度越高的协定具有越强的贸易促进效应。计飞和陈继勇(2018)比较了多边自由贸易协定与双边自由贸易协定的贸易效应差异性。运用中国与 70 多个主要贸易国家的双边商品进出口贸易数据,论证了多边贸易协定对进出口贸易的提升幅度高于双边贸易协定。魏昀妍、樊秀峰(2018)依据自由贸易协定中的强制性条款、非强制性条款以及拓展条款界定自由贸易协定异质性,研究发现:自由贸易协定强制性条款多属于商品贸易壁垒范畴,有助于降低贸易壁垒,激励贸易增长;非强制性条款中的拓展条款多属于新型贸易壁垒,具有复杂性和隐蔽性特点,将抑制贸易增长。杨继军等(2020)研究发现,区域贸易协定的各类深度化条款降低了国际分工的交易费用,延长了跨国生产链条,促进了经济体之间的增加值贸易关联。杨凯等(2021)指出贸易效应在自由贸易协定之间和自由贸易协定内部存在广泛的异质性。袁保生和王林彬(2021)研究发现双边投资协定和双边税收协定显著提高了投资成效,但自由贸易协定的促进作用不显著。双边投资协定降低了政治风险对投资成效的正向作用,双边税收协定和自由贸易协定缓解了经济风险的负向影响,双边投资协定和双边税收协定弱化了金融风险的负向影响。刘志中和陈迁影(2021)研究发现,在发展中—发达国家、发展中国家间签署的区域贸易协定中投资条款深度对出口贸易增加值具有显著的正面影响,而在发达国家间签署的区域贸易协定中投资条款深度对出口贸易增加值的影响为负且不显著。孙玉红等(2021)研究发现,自由贸易协定服务贸易协定通过显著促进集约边际来促进对外直接投资(OFDI)总量的增长,而自由贸易协定货物贸易协定并未起到显著影响;双边投资协定通过增强扩展边际来促进对外直接投资的增长。

还有大量文献基于各个具体的自由贸易协定研究它们的贸易效应。比如,尼源(Nguyen,2014)研究了日本与新加坡、墨西哥、马来西亚等国家签订的12个双边自由贸易协定和1个区域自由贸易协定后,发现关税降低能够提高国外产品向日本出口的机会和规模。麦和斯托亚诺夫(Mai 和 Stoyanov,2015)考察了加拿大与美国实施自由贸易协定(CUSFTA)对加拿大贸易流量的影响,实施加拿大—美国自由贸易协定后,加拿大关税水平下降了0.3%—0.35%,显著地促进了加拿大贸易增长。尤斯蒂等(Juust 等,2017)以欧盟—韩国签订自由贸易协定为考察对象,研究发现自由贸易协定对汽车产业的贸易促进效应非常大,而且对欧盟的出口创造效应明显高于韩国。昆萨和安(Quansah 和 Ahn,2017)分析了韩国—澳大利亚自由贸易协定(KAFTA)对两国贸易结构的影响,发现韩国—澳大利亚自由贸易协定对贸易条件产生了显著的正面效应,而且还推动了两国之间双边贸易以及两国与世界其他国家的国际贸易。国内学者讨论了中国签署自由贸易协定对国际贸易的影响。陈雯(2009)运用引力模型的"单国模式"考察了中国与东盟签署中国—东盟自由贸易协定(CAFTA)对进出口贸易的影响。研究发现,建立中国—东盟自由贸易协定在一定程度上促进了中国同东盟国家的进出口贸易。郎永峰(2010)指出,缔结中国—东盟自由贸易协定对成员外商直接投资及经济增长起到了积极的促进作用。除此之外,还有一些文献研究了中韩自由贸易协定、中澳自由贸易协定、中新自由贸易协定等协定的贸易效应,大多发现自由贸易协定促进了两国之间的贸易合作,双边贸易总额有较大幅度的提升(宋晶恩,2011;沈铭辉、张中元,2015)。黎纯阳等(2019)指出,日本—东南亚自由贸易协定,避免中日在东南亚进行恶性竞争,拓展了第三方市场。吕冰和陈飞翔(2021)分析了中国—东盟自由贸易区对中国企业出口国内附加值率(DVAR)变动的影响。结果显示,中国—东盟自由贸易协定框架下区域贸易规模持续扩张,带动了关联企业出口产品国内附加值提升。马涛和徐秀军(2021)指出签署区域全面经济伙伴关系协定(RCEP)将推动东亚区域自由贸易水平提升,也将对各国经贸关系产生较大的促进作用。

(二)自由贸易协定对最终品贸易与中间品贸易的影响效应

缔结自由贸易协定不仅促进了双边最终品贸易而且也将推动中间品、零部件贸易的增长。阿图科拉拉和亚马斯塔(Athukorala 和 Yamashita,2006)对东亚国家自由贸易协定与中间品贸易之间关系的研究,发现自由贸易协定促进了东亚国家相互提供中间产品,并由此形成互补的生产网络。埃格等(Egger 等,2008)以经济合作与发展组织(OECD)成员为样本,应用双重差分法(DID)检验了自由贸易协定对贸易结构的影响,发现自由贸易协定促进了产业间贸易增长。佛洛伦萨(Florensa 等,2011)分析了拉美地区存在两个大型自由贸易协定:拉美统一市场(LAIA)和南方共同市场(Mercosur),对中间品和最终品贸易的影响。研究发现,自由贸易协定促进了成员最终消费品进口和出口,自由贸易协定对中间品的影响在不同市场上的表现是不同的:在南方共同市场国家间中间品贸易水平较高,而在拉美统一市场国家却并没有发现这个现象。国内学者张晓静(2015)运用2003—2012年参与亚太区域经济合作较为活跃的11个国家数据,分析了自由贸易协定与零部件贸易的关联性。研究发现,自由贸易协定对零部件进口贸易产生了显著的正面影响,说明了亚太区域经济合作确实会促进亚太地区零部件贸易以及生产网络的发展。童伟伟(2018)指出,自由贸易协定通过降低贸易成本、促进外商直接投资、减少政策不确定性等途径促进中间品贸易增长,但是也可能会削弱部分最终产品生产企业的竞争力,从而降低中间品贸易规模。

(三)自由贸易协定对商品贸易和服务贸易的影响效应

自2000年以来,自由贸易协定谈判中包含了越来越多的服务贸易条款,2018年前三季度世界贸易组织登记的自由贸易协定有将近半数包含了服务贸易条款。自由贸易协定服务贸易条款对于降低服务贸易壁垒、促进服务贸易自由化发挥了积极作用。一些文献重点考察了自由贸易协定对商品贸易和服务贸易影响效应的差异性。基穆拉和李(Kimura和Lee,2006)以10个经济合作与发展组织成员货物贸易和服务贸易的数据展开研究,发现自由贸易协定对货物贸易和服务贸易均起到了显著的促进作用,其中,对服务贸易的影响程度更大。王艳红(2009)发现中国与新西兰缔结自由贸易协定之后,对双方的货物贸易、服务贸易以及投资均起到了促进作用。周念利(2012)研究了发展中经济体对外缔结"区域贸易安排"对服务贸易的影响。结果显示,区域服务贸易安排能够显著地提升双边服务贸易流量。但是,如果单纯地缔结区域货物贸易安排则不会对双边服务出口产生显著影响。而且,南北型自由贸易协定相对于南南型贸易安排对双边服务贸易出口的促进作用更大。周念利、张汉林(2012)以24个新兴市场国家在2000—2010年的双边服务出口流量数据为样本,基于静态和动态引力模型,发现发展中国家对外缔结区域贸易安排对双边服务贸易出口大致提升了10.91%—13.13%。陈丽丽、龚静(2014)以49个国家之间2000—2011年的双边服务贸易出口流量数据为样本,考察了区域贸易协定与服务贸易之间的关系。研究发现,区域服务贸易协定可以促进双边服务贸易的发展,其提升幅度为5.77%—9.77%。科尔和吉兰(Cole和Guillin,2015)考察了自由贸易协定对商品贸易和服务贸易的影响。研究发现地理因素对自由贸易协定服务贸易和商品贸易的影响不重要,而经济发展水平对两种类型贸易均产生显著影响。林僖、鲍晓华(2018)运用1995—2011年40个经济体的服务出口数据以及WWZ方法测算的服务增加值贸易数据,考察了区域服务贸易协定对服务增加值贸易的影响。研究发现,区域服务贸易协定对服务总值和增加值出口均有显著的促进作用。对外开放水平越高的协定,正面效应就会越强。双边服务增加值贸易依赖度越高的国家,通过缔结区域服务贸易协定对双边服务贸易总值和增加值出口的促进作用越大。孙玉红等（2021）指出自由贸易协定对中国服务总出口和增加值出口均有明显的促进作用。

（四）自由贸易协定与出口产品转换之间的关系

伯纳德等（Bernard 等,2010）将企业异质性贸易理论模型拓展到多产品企业层面,探讨了企业内部产品转换行为。产品转换不同于企业退出市场行为,它既可能是应对开放经济带来的竞争效应的一种防御战略,也可能是利用市场规模效应主动调整产品组合的一种进攻战略。在此基础上,国内外学者基于产品、企业、行业和政策多个维度探究了多种产品企业出口产品转换行为的决定因素。比如,玛等（Ma 等,2014）认为,产品市场竞争加剧将减少企业的成本加成,迫使企业淘汰边际成本较高的外围产品,促使企业出口产品转换。自由贸易协定是否会引起产品转换也是一个值得研究的话题。代表性研究包括以下：阿穆尔戈—帕切戈（Amurgo—Pachego,2006）指出,欧洲—地中海自由贸易协定降低了成员贸易成本,促进了出口产品种类的增长。康等（Kang 等,2016）以韩国—智利自由贸易协定为考察对象,发现签订自由贸易协定之后,韩国有更多种类的产品出口到智利以及智利周边国家。仪珊珊等（2018）以中国—东盟自由贸易协定为例,利用中国 2002—2006 年海关出口数据,考察贸易自由化对出口产品转换行为的影响。研究结果表明,贸易自由化抑制了出口产品转换。这是因为贸易自由化引起的学习效应提高了原有产品的存活率,而且,贸易自由化的竞争效应使企业集中资源巩固现有核心优势产品的出口。

二、高标准自由贸易区规则的影响效应

关于自由贸易区高标准规则影响效应的研究,学术界是从探讨深度化的自由贸易区规则是否具有更大的贸易促进效应开始的。维卡尔（Vicard,2009）讨论了优惠协定（PTA）、自由贸易协定（FTA）、消费同盟（CU）、共同市场（CM）四种深度不同的贸易协定对国际贸易的影响。以 1960—2000 年面板数据运用引力模型并控制住协定的自我选择效应,发

现上述四种贸易协定均具有显著的贸易促进效应。当控制了协定的自我选择效应之后,不同深度的贸易协定的贸易创造效应并不存在明显差异。奥雷菲斯和罗查(Orefice 和 Rocha,2014)以 200 个国家 1980—2007 年的数据为样本,考察深度化与贸易的关系。研究发现,深度的贸易协定会提高成员内部的生产网络,平均提高 12%,而且深度的贸易规则对那些天然需要高水平管制的行业影响程度更大,包括汽车和信息技术(ITC)等行业。贝尔等(2014)分别按照经济一体化程度区分六种贸易协定,分别是非互惠贸易协定、优惠贸易协定、自由贸易协定、消费同盟、共同市场以及经济同盟等,研究发现,深度一体化程度越高的贸易协定具有越强的贸易促进效应,后来克尔和特罗扬诺夫斯卡(2015)也得出了类似结论。

近年来,研究者逐步将研究视角延伸到贸易协定中的具体条款及内容对双边贸易流量的影响。霍克曼和科南(Hoekman 和 Konan,2001)在欧盟—埃及区域贸易协定中应用一般均衡模型模拟了自由贸易区边境内规则的影响效应。研究发现,边境内规则能够增加成员的社会福利水平。古奈姆等(Ghoneim 等,2012)采取了全球贸易数据库数据,研究了地中海国家与欧盟自由贸易协定边境内规则对国际贸易的影响。研究发现,自由贸易区边境内规则存在显著的贸易创造效应。贝格尔等(Berger 等,2016)以越南为例,研究了自由贸易区边境内规则对价值链升级的影响,作者认为,自由贸易协定不仅存在促进发展中国家价值链升级的直接动力,而且存在间接影响。特别是,自由贸易协定深度化过程中包含的投资条款、知识产权保护、非国有企业等条款,这些条款也是发展中国家产业升级的相关条件,自由贸易协定边境内规则从上述方面也促进了发展中国家的企业价值链升级。迪尔等(DÜr 等,2014)以区域贸易数据库中的 573 个自由贸易协定为对象,不仅发现了自由贸易协定对国际贸易的促进作用,而且论证了贸易促进效应主要是由自由贸易协定的边境内规则推动的,而边境上的浅度规则对贸易流量的促进作用非常小。克尔(2014)指出,那些深度的以及相对于传统关税减让的扩展的国际贸易协定或规则更有效。克尔等(2016)以 1948—2011 年的 296 个区域自由贸易协定为样本,并将 13 项边境规则界定为"WTO+",4 项边境内规则界定为"WTO-X",尽管签订自由贸易协定能够产生贸易促进效应,但是,"WTO-X"条款对双边贸易的促进作用更显著,而且该规则是否"具有法律约束力"对贸易流量的影响也是至关重要的。索西耶和拉娜(Saucier 和 Rana,2017)指出,浅度贸易协定涉及关税降低,而深度的贸易协定涉及国内政策的协调。深度规则不能看作同质性的,必须加以区分,才能考察其贸易效应。作者分别考察了自由贸易协定资本流动、竞争政策、劳工标准以及环境标准四个异质性规则对国际贸易的影响。文章采取引力模型,运用拟泊松最大似然估计(Poisson Pseudo-Maximum-Likelihood, PPML)方法,估计结果表明,自由贸易协定劳工标准以及环境标准的深度化并不会产生显著的贸易创造效应。

国内学者文洋(2016)以 1990—2009 年的 430 个自由贸易协定为样本,考察了两国生产网络与自由贸易协定深度之间的关系,研究发现货物贸易以及零部件贸易对协定深度化起到显著的促进作用。高疆和盛斌(2018)依照霍恩等(Horn 等,2010)的方法,以自由模型协定深度总指数、核心指数、"WTO+"指数、"WTO-"指数、关税指数和非关税指数 6 项"覆盖力"指标,以及与此相对应的"具有法律约束力"且适用于争端解决机制的议题构建 6 项"约束力"指标,评估自由贸易协定深度一体化程度,以 1980—2015 年生效的 251 个自由贸易协定为核心解释变量,研究发现,自由贸易协定深度化将显著地促进中间产品贸易和最终品贸易流量,对前者的促进作用更大;自由贸易协定深度化对低技术行业、高技术行业和中高技术行业贸易流量存在正向促进作用,但对中低技术行业没有产生明显的促进作用。李艳秀(2018)以 G20 在 2012 年之前签订并仍处于有效状态的 146 个区域贸易协定为样本,以协定承诺的关税削减时间表是否超过 5 年、争端解决机制法制性水平、是否包含具有法律约束力的服务贸易条款;是否包含具有法律约束力的投资条款;是否包含具有法律约束力的政府采购条款;是否包含具有法律约束力的竞争条款;是否包含具有法律约束力的知识产权保护条款 7 个指标表示协定深度化,分析了区域贸易协定深度与双边价值链贸易的关系,发现区域贸易协定对发达国家间、发达国家—发展中国家间价值链贸易具有显著的促进作用,但是对发展中成员间价值链贸易具有一定的抑制作用。童伟伟(2018)基于世界银行贸易协定数据库,考察了中国缔结自由贸易协定的深度,并检验了中国自由贸易协定深度对中间品贸易的影响效应。中国的自由贸易协定深度具有典型的区域特征:与南美国家自由贸易协定深度较高,但可执行性较弱;与瑞士、新加坡等发达国家的自由贸易协定深度虽然不高,但是可执行性较强。自由贸易协定深度促进了中国进口数量增长和集约边际扩张,进而带动中间品进口增长,但是对扩展边际存在一定的抑制效应。韩剑(2018)等研究了自由贸易协定知识产权保护条款对双边贸易的影响及作用机制。研究发现,自由贸易协定知识产权保护条款促进了中国知识产权密集型产品进口。李艳秀(2018)研究了自由贸易协定数字贸易规则对价值链贸易的影响,发现数字贸易规则中的市场准入、贸易便利化、消费者保护以及争端解决四类条款,均会对成员出口产生显著的促进作用。冯帆和杨力(2019)分析了自由贸易协定原产地规则对出口的影响。结果显示,原产地规则会削弱自由贸易协定的贸易创造和贸易转移效应。李西霞(2019)认为自由贸易协定劳工议题,能够促进各国包容性增长。蔡宏波等(2020)认为自由贸易协定技术型贸易措施条款,对我国制造业出口总额和二元边际都有显著的促进作用。吕建兴和张少华(2021)研究发现,自由贸易协定引致的非关税壁垒消除促进了出口集约边际,而关税减让和非关税壁垒消除均抑制了出口广延边际。刘晋彤和班小辉(2021)研究发现,我国与部分拉美国家签订的自由贸易协定已包含了劳工条款,但内容具有原则性和倡导性,缺乏切合实际的合作机制。而美国在与拉美国家的自由贸易协定中,不断加强劳工条款的地位和执法机制,这不仅会对我国在该区域的投资或贸易规则产生影响,也会加大中资企业的用工合规管理难度和劳动力成本。蒋小红(2021)认为,欧盟不断加强自由贸易协定可持续发展条款,在性质上属于"方式义务"的软性条款,但呈现出不断增强的硬性实施趋势。对于可持续发展条款而言,价值观驱动的贸易政策和投资政策为各种复杂政治因素的渗入打开了方便之门,这给未来中欧双边投资协定的生效和实施带来了很大的不确定性。王黎萤等(2021)研究发现,加强自由贸易协定文本中有关知识产权规则保护强度的条款对发展中国家出口贸易结构的提升不如发达国家明显。刘志中和陈迁影（2021）研究发现，无论从国家层面还是从产品层面的贸易增加值数据来看，区域贸易协定投资条款深度都显著提升了一国或地区的出口贸易增加值。余森杰和王霄彤（2021）研究发现，中国—东盟自贸区的关税削减政策使低生产率企业更容易退出，高生产率非出口企业更容易进入出口市场。当前的出口企业扩大出口销售，从而实现行业内部资源再分配，行业整体生产率水平提升。

三、环境规制对国际贸易的影响

（一）国内环境规制与国际贸易

环境规制对出口贸易的影响作为研究议题一直热度未减，这些研究主要是针对"遵循成本说"以及"波特假说"是否成立的讨论。既有的研究结论还未取得一致的结论，争论不断（任力和黄崇杰，2015）。还有一部分学者认为环境规制对出口贸易影响是不确定的，受到多种因素共同影响（张亚斌和唐卫，2011；谢靖和廖涵，2017）。

最初，学者们的研究多集中于宏观、中观层面，研究视角聚焦于环境规制政策对某个国家或者行业出口贸易结构、贸易规模的影响。大多论证了环境规制政策对出口贸易结构产生了一定程度的影响，但这种影响效应的大小以及作用方式还存在一定争议。一些学者认为环境规制政策对出口贸易结构产生了显著的影响，比如，李小平等（2012）研究了工业行业的出口贸易结构，发现环境规制会显著促进该行业内劳动密集型产品以及干净类产品的出口。龚梦琪等（2020）发现，严格的环境规制对制造业出口结构的改善产生了显著的积极影响。但另一些学者通过研究认为，环境规制政策对出口贸易结构的影响是较弱的，甚至认为环境规制的影响是不确定的。比如，邵帅（2017）发现不同类型的环境规制政策与出口商品结构之间的关系是有差异的，但都不是简单的线性关系。王林辉和杨博（2020）认为环境规制只有达到一定强度后才会对出口结构产生影响。

关于环境规制政策对出口贸易规模影响的研究，一些学者认为严格的环境政策增加了出口企业的成本,从而削弱了出口比较优势,不利于出口贸易规模的扩大。比如,杜和李(Du和Li,2020)通过研究发现,环境规制明显限制了出口贸易的规模和利润,对企业出口产生了显著的负面影响。巧等(Qiao等,2022)发现环境规制的"成本效应"非常显著。还有一些学者持有截然不同的观点。比如,申萌等(2015)通过对节能低碳政策实施效果的研究,发现环境规制政策显著地促进了出口贸易规模的增长。朱等(Zhu等,2021)以环境税为研究对象展开研究,发现环境政策存在显著的创新效应,促进了出口及国际竞争力的提升。也有一些学者认为环境规制对出口贸易规模的影响是复杂的,需要分具体情况来讨论。比如,傅京燕和赵春梅(2014)研究了环境规制对污染密集型行业出口贸易的影响,发现不同类型的环境规制对行业出口比较优势的影响效应大小是存在差别的。康志勇等(2018)通过对中国制造业企业的研究,发现环境规制政策对企业出口规模的影响呈"U"型特征。

近年来,学术界从企业这一微观视角出发,探讨环境规制政策对异质性企业出口行为的影响。因为当前多产品企业普遍存在,企业产品转换行为是频繁进行的(Bernard等,2010)。也就是说,企业的出口行为并不再是简单地进入或者退出某个行业,而是对内部产品组合及资源配置的调整。因为企业本着利润最大化原则,必定会不断调整内部资源配置,通过产品种类转换,以实现更优的资源配置。当前这方面的研究文献大多认为环境规制政策显著地影响了企业产品转换行为,环境规制的冲击影响了企业内部产品组合的调整。比如,亚伦等(Aaron等,2017)、高翔和袁凯华(2020)都认为环境规制加速了企业的产品转换行为,并且促进了企业出口产品的"清洁化"。杜威剑和李梦洁(2017)研究发现,环境规制政策对不同类型企业产品转换行为的影响存在差异,就污染密集型企业而言,环境规制政策会使这类企业将出口产品集中在核心产品上。总的来说,在环境规制政策的影响下,企业为了保证自身的出口竞争力,其出口产品转换行为呈现出"清洁化"以及"精细化"的特征。

而企业出口产品质量也是一个衡量企业出口竞争力的重要指标,学术界研究了在环境规制冲击下产品质量的变化。一部分学者认为环境规制政策对企业出口产品质量产生了显著的正向影响,比如,王杰和刘斌(2016)研究发现环境规制的冲击会让企业从注重产品种类和数量转向注重产品的价格和质量,企业出口产品质量得到了显著提升。盛丹和张慧玲(2017)针对两控区政策涵盖的企业进行了研究,发现环境政策显著地提高了两控区内企业出口产品质量。西尔维娅等(Silvia 等,2017)、姬潇涵等(2022)、梯桢等(Trinh 等,2022)也都认为环境规制政策有助于企业出口产品质量的升级。但是,另一部分学者认为环境规制政策对企业出口产品质量的影响是复杂的,并不是简单地促进企业产品质量升级。比如,彭冬冬等(2016)研究发现,环境规制与我国企业出口产品质量的关系呈现"U"型特征,但对于污染密集型行业的企业,环境规制与这类企业出口产品质量的关系呈现倒"U"型关系。刘家悦和谢靖(2018)认为,环境规制的影响方向取决于行业固定资产投资比重的大小,对于固定资产投资比重较大的行业,环境规制对产品质量的影响呈"U"型;但对于固定资产投资比重较小的行业,环境规制对产品质量的影响呈"J"型。祝树金等(2022)认为,环境规制的冲击,会让企业只选择对质量高于均值的产品进行升级,并不会引起全部产品质量升级。

(二)自由贸易协定环境保护条款与出口贸易之间关系

理论上而言,自由贸易协定环境保护条款对双边贸易流量产生了两方面的影响效应:一方面,自由贸易协定环境保护条款在一定程度上降低了成员之间的边境内贸易壁垒,推动成员之间的贸易增长,产生了贸易创造效应;另一方面,自由贸易协定环境保护条款均明确要求成员实施高水平的环境保护,提倡不能以削弱、减损环境保护法律的方式来鼓励贸易和投资。强调通过公众参与和监督、环境合作等多种方式将环境保护切实落实。自由贸易协定环境保护条款增加了企业环境遵从成本,将产生一定的贸易破坏效应。自由贸易协定环境保护条款对出口贸易的影响效应会因不同国家、行业、企业的遵从成本差异而产生差异化影响。目前,相关文献并不多见。可以获得的几个主要文献如下:吉恩和比罗(Jean 和 Bureau,2016)研究了区域贸易协定规则对农产品贸易的影响。文章涵盖了 74 个国家的农产品(和食品)1998—2009 年的数据,反事实模拟结果表明,签署区域贸易协定有助于促进合作伙伴的双边农产品出口,并且平均增长率达到了30%—40%。索西耶和拉娜(2017)考察了资本流动、市场竞争政策、劳动力流动和环境保护四种自由贸易协定边境内规则对国际贸易的异质性影响。采用引力模型并以1960—2010年面板数据为样本,研究发现,自由贸易协定环境保护规则及劳动力流动规则显著地推动了国际贸易增长,而资本流动及市场竞争政策条款对国际贸易的影响作用并不显著。王俊等(2020,2021)研究发现,自由贸易协定环境保护条款在总体上抑制了中国出口规模增长,促进了中国进口规模增长,更有助于清洁产品进口,而对污染密集型产品出口产生了更大的抑制作用。自由贸易协定环境保护条款更有助于促进中国清洁产品出口规模增长、出口种类增长和出口产品转换。曹翔、蔡勇(2022)利用2002—2017年中国出口到贸易伙伴的环境产品层面数据,检验了自由贸易协定环保条款对环境产品出口的影响,研究发现,自由贸易协定环保条款显著地促进了中国环境产品出口规模增长;相较于发达国家和非"一带一路"沿线国家和地区而言,自由贸易协定环保条款对中国环境产品出口的促进作用更加显著。

第三节 本书主要内容

本书共包括十四章,导论之后的第一章、第二章,阐明自由贸易协定中环境保护条款的演变以及全球主要国家国内环境保护政策。第三章,论述自由贸易协定环境保护条款影响企业行为的理论机制。第四章至第九章,自由贸易协定环境保护条款影响企业行为的实证检验。第十章至第十二章,国内环境政策影响企业行为的实证检验。第十三章,国际国内环境政策互动对国际贸易的影响。第十四章,是政策建议。具体内容如下:

导论。主要包括研究的背景与意义、国内外文献综述,主要就自由贸易协定以及自由贸易协定深度化对国际贸易的影响,以及自由贸易协定环境保护条款与国际贸易之间关系进行相关文献评述。在此基础上,构建本书的研究内容,分析创新点及下一步研究方案。

第一章,自由贸易协定中的环境保护条款演变趋势。当前,自由贸易协定呈现出广度化和深度化趋势。发达国家的边境内规则覆盖率高于新兴市场国家和发展中国家,并且大多数自由贸易协定中均引入了环境保护条款。该部分分析了自由贸易协定环境保护条款的必要性,以及美墨加协定、区域全面经济伙伴关系协定等全球自由贸易协定环境保护条款的主要内容以及演变的基本规律。

第二章,全球主要国家环境保护政策。本章从环境立法、环境监管、环境公众参与、环境国际合作等几个方面,重点研究美国、日本、新加坡等发达国家环境保护政策。中国的环境立法、环境监督等政策,以及中国实施的碳排放交易、河长制等实施的举措。

第三章,自由贸易协定环境保护条款影响企业行为的理论机制。本章首先构建理论模型分析自由贸易协定对企业行为及社会福利的影响机制。其次,进一步分析自由贸易协定环境保护条款对国际贸易的影响效应,将自由贸易协定环境保护条款分为国际环境监管与国际环境标准两个部分,并由此探讨它们对国际贸易规模以及出口产品质量的影响,以及两者作用的差异性。国际环保条款对不同国家不同产品的异质性影响。国际环境保护规则通过产品价格及产品种类的调整,产生市场筛选效应,进而影响出口贸易的作用机制。

第四章,自由贸易协定规则深度化与国际贸易的实证研究。构建拓展的引力模型,以中国 22 个自由贸易协定伙伴为研究对象,运用 2004—2018 年 HS6 产品层面数据,考察自由贸易协定深度化对进出口贸易的影响效应,以及贸易效应如何受到制度环境的影响。结果表明:自由贸易协定深度化对中国向发达国家进口产品的贸易具有更加显著的促进作用,对中国向发达国家的出口贸易具有更加显著的抑制作用;自由贸易协定深度化对中国农产品贸易的正面影响程度普遍低于工业品。

第五章,自由贸易协定规则深度化与农产品贸易逆差。立足于构建农业"双循环"新发展格局,基于农业外循环"失衡"、内外循环"失调"的典型事实,探寻了国际规则协同对农产品贸易逆差及农业安全的影响。

中国与21个自由贸易协定伙伴农产品HS6位代码数据,检验自由贸易协定规则深度化对中国农产品贸易净值的影响。结果表明自由贸易协定规则深度化会促进我国农产品贸易逆差改善,而且,农业生产率对自由贸易协定规则深度化的贸易效应起到了调节作用。

第六章,自由贸易协定环境保护条款与污染产品进出口贸易的实证。选择19个中国自由贸易协定伙伴作为样本,时间区间为2008—2017年,运用拓展的引力模型,考察自由贸易协定环境保护条款对中国进出口贸易的影响以及对污染密集型产品进出口贸易的影响。研究结果表明,自由贸易协定环境保护条款在总体上抑制了中国出口规模增长,促进了中国进口规模增长。自由贸易协定环境保护条款对污染密集型产品及清洁产品产生了异质性影响。自由贸易协定环境保护条款更有助于清洁产品进口;自由贸易协定环境保护条款对污染密集型产品出口产生了更大的抑制作用。自由贸易协定环境保护条款显著地促进了中国污染密集型产品进口种类增长,制约污染密集型产品出口种类增长。

第七章,自由贸易协定环境保护条款是否会推动中国出口产品"清洁化"？本章考察了自由贸易协定环境保护条款对中国出口产品种类及出口产品规模的影响、自由贸易协定环境保护条款对中国清洁产品出口种类及出口规模的影响。研究发现:自由贸易协定环境保护条款在总体上抑制了中国出口产品规模和出口种类增长。分别以中国和贸易伙伴签订自由贸易协定中是否包含环境保护条款、自由贸易协定中包含环境保护条款的数量、自由贸易协定环境保护条款是否具有法律约束力三个维度表示的自由贸易协定环境保护条款对出口产品的影响效果存在较大差异。自由贸易协定环境保护条款促进了清洁产品出口规模增长以及清洁产品出口种类增长。自由贸易协定环境保护条款促进了出口产品转换,有利于促进中国清洁产品出口种类增加率以及污染产品出口种类减少率提升。自由贸易协定环境保护条款更有助于促进中国出口发达国家产品转换率提升;自由贸易协定环境保护条款更有助于促进最终产品出口转换率提升。

第八章,自由贸易协定环境保护条款与企业生存风险。本章利用

2005—2014年中国工业企业数据库、中国海关贸易数据库,采用倾向得分匹配和离散时间生存模型(Cloglog),从总体层面和分指数层面研究了自由贸易协定环境保护条款对企业生存风险的影响。研究结果表明了自由贸易协定环境保护条款在一定程度上降低了我国企业的生存风险,而不同行业、不同企业层面上自由贸易协定环境保护条款的影响存在异质性。

第九章,国际环境保护规则分类异度性与出口贸易。本章开创性地将国际环境保护规则区分为国际环境监管与国际环境标准,分别考察它们对出口贸易的影响效应。实证结果表明实施国际环境监管和国际环境标准均会制约出口贸易增长,却可以推动出口产品质量升级。而且,国际环境标准相对于环境监管规则,更有助于出口产品质量升级。在异质性检验中,发现国际环境保护规则更加显著地制约污染密集型产品出口及出口产品质量升级;出口到环境规制强度高的国家相对于环境规制弱的国家,国际环境保护规则更加显著地制约了出口贸易规模增长,但可以显著推动出口产品质量升级。

第十章,国内环境政策、出口产品转换与企业生产率。本章就环境规制影响出口企业生产率,以及环境规制通过出口产品转换影响企业生产率提出理论假说。然后,使用2004—2013年国泰安数据库的上市公司数据以及中国海关数据库的进出口数据,测度企业出口产品转换率。在此基础上,实证检验环境规制、出口产品转换与企业全要素生产率之间的关系,以及这种关系是否存在显著的异质性。回归结果显示,环境规制与出口企业全要素生产率之间有着显著的正向关系,而且环境规则推动企业出口产品转换,进而促进企业全要素生产率提升。

第十一章,国内环境政策与企业投资行为。本章从地方政府互动视角,探讨了环境政策对制造业企业投资金融化的影响机制。运用2003—2017年中国制造业上市公司数据及中国地级市层面数据,开展实证检验。实证检验结果表明:加强环境政策抑制了制造业企业投资金融化,地方政府执行环境政策采取的"标尺行为"向高标准环境政策看齐,也将进一步强化对企业投资金融化的抑制作用。地方政府环境政策还存在空间溢出效应,也将强化对制造业企业投资金融化的抑制作用。加强环境政策能够显著地抑制轻污染企业、非国有企业、轻工业以及小企业的投资金融化,而对重污染企业、国有企业、重工业以及大企业的影响相对较小。

第十二章,国内环境政策与产业区位选择。本章将中国工业企业数据与地级市层面数据对接,并借助于欧洲中期气象预报中心(ECMWF)提供的风速和边界层高度数据,实证检验了环境规制与产业集聚及产业转移之间关系。研究发现,环境规制能够显著地促进产业分散并推动产业转移。环境规制对污染工业转移的影响程度超过了非污染工业、对重度污染工业的影响程度超过了轻度污染工业。环境规制对东部和西部地区工业及污染工业转移的影响程度超过了中部地区。

第十三章,国内外环境政策互动与企业行为的实证检验。本章在对自由贸易协定环境保护条款与国内环境政策互动理论分析的基础上,实证检验国内外环境政策互动对出口企业生产率、出口产品转换率的影响。使用2004—2013年国泰安数据库的上市公司财务及基本信息数据以及中国海关数据库的进出口数据,通过企业名称将这两个数据库进行匹配。实证结果表明,国内外环境政策会促进我国出口产品转换以及出口企业全要素生产率的提升,并且国内环境政策产生了相对更强的影响效果。

第十四章,中国自由贸易协定战略以及环境政策创新。本章首先阐明适应自由贸易协定深度化的战略选择:主动对接国际高标准经贸规则、构建以我国为中心的区域价值链,提高产业链的自主可控性。其次提出以自由贸易协定为契机推动国内制度创新。最后从优化环境规制政策、促进生态环境保护的相关配套政策两个层面阐明完善国内环境规制政策体系。

第四节 创新之处与下一步研究计划

一、本书的创新之处

本书从国际国内规则互动视角,研究了环境保护规则对企业行为的影响。首先,基于全球自由贸易协定发展趋势以及自由贸易协定环境保护条款演变规律,世界主要国家国内环境保护政策,探讨了自由贸易协定引入环境保护条款的必要性。在此基础上,构建了自由贸易协定环境保护条款影响国际贸易、企业行为及社会福利的理论框架。从环境标准和环境监管两个环境保护条款出发,分析了自由贸易协定环境保护条款对出口贸易规模、贸易结构以及出口产品质量的影响。选择中国自由贸易协定伙伴作为样本,中国工业企业数据、国泰安数据库的上市公司数据、中国海关数据库的进出口数据以及地级市层面数据,展开实证检验。在国际环境保护规则层面,研究了自由贸易协定环境保护条款对出口贸易的影响、自由贸易协定环境保护条款对出口产品种类转换的影响、自由贸易协定环境保护条款对清洁产品及污染产品贸易的影响、自由贸易协定环境保护条款对企业生存风险的影响。在国内环境规制层面,研究了环境政策、出口产品转换与生产率、环境政策与企业投资"金融化"、环境政策与企业区位选择之间关系。国际国内环境政策对出口产品转换及出口企业生产率的影响。最后,提出对策建议。

相对于已有研究,本书的创新之处在于以下几个方面:

第一,研究视角。本书从国际国内环境保护政策互动视角,考察环境保护政策对企业行为的影响。考虑到自由贸易协定环境保护条款尽管会对企业的出口及投资行为产生影响,但影响程度必然受到国内环境政策制约。为此,本书从国际国内环境保护政策互动视角考察我国企业出口、投资等行为的变动。

第二,理论机制。学术界关注到自由贸易协定深度化既可能存在贸易创造效应也可能存在贸易破坏效应,而没有系统地考察自由贸易协定环境保护条款的影响效应。为此,本书构建起较为完整的理论框架研究自由贸易协定深度化对企业出口及社会福利的影响效应,继而,进一步地将自由贸易协定环境保护条款分为环境监管和环境标准,分析这两种不同的规则对企业行为的影响,从而丰富了自由贸易协定的相关理论内涵。

第三,检验方法。本书采取了最小二乘法估计(OLS)、拟泊松最大似然估计(PPML)、赫克曼(Heckman)两步法估计等多种检验方法,考察自由贸易协定环境保护条款对出口及投资的影响,研究方法科学,保证了估计结果的稳健性。

第四,指标测算的合理性。对自由贸易协定环境保护条款的度量是本书开展实证研究的基础。目前,学术界并未有效地度量过自由贸易协定环境保护条款。为此,本书开创性地建立三个指标度量自由贸易协定环境保护条款:一是中国和贸易伙伴签订的自由贸易协定中是否包含环境保护条款。包含环境保护条款则取值为1,否则为0。二是自由贸易协定中包含环境保护条款的数量。采取爬虫方法获取各个具体协定文本中出现的"环境"一词的数量。三是自由贸易协定环境保护条款是否具有法律约束力。具有法律约束力的自由贸易协定环境保护条款取值为1,否则为0。

第五,实证检验内容全面且系统。本书从国际环境保护条款、国内环境保护政策以及国际国内环境政策互动三个维度,检验了环境保护政策对企业出口、投资等行为的影响,避免了仅仅从自由贸易协定环境保护条款视角考察国际环境保护规则影响效应的缺陷。

二、下一步研究计划

后续的研究将沿着两个维度展开:第一,自由贸易协定边境内规则除了环境保护条款之外,还包括知识产权保护条款、劳工标准、数字经济、投资条款等,在后续的研究中,我们将重点研究自由贸易协定知识产权保护与国际贸易之间的关系。第二,自由贸易协定环境保护条款对产业链价值链的影响。自由贸易协定环境保护条款影响企业生产成本以及国际竞争力,也将影响企业在全球价值链中的地位以及产业链升级。在后续的研究中,我们将研究自由贸易协定环境保护条款对产业链价值链的影响效应。

第一章 自由贸易协定中的环境保护条款演变趋势

当前,自由贸易协定呈现出广度化和深度化趋势。发达国家的边境内规则覆盖率高于新兴市场国家和发展中国家,并且大多数自由贸易协定中引入了环境保护条款。该部分将分析引入自由贸易协定环境保护条款的必要性,全球自由贸易协定环境保护条款的主要内容以及演变规律。

第一节 全球自由贸易协定深度化发展新趋势

一、全球自由贸易区网络广度化趋势分析

第二次世界大战结束后,以世界贸易组织为核心的多边贸易体制,遵循对等和互利原则,通过大幅度削减关税,实现贸易自由化,对于解决国际贸易争端、推动全球贸易增长发挥了重要作用。自20世纪80年代以来,跨国公司主导的全球价值链快速发展。其具体的表现形式分为两种:一是通过业务外包方式将部分生产环节发包到具有比较优势的国家和地区;二是通过对外直接投资的方式带动产业和产品生产环节的国际梯度转移(戴翔、张雨,2019)。这就造成了以产品生产环节的全球分解和以对外直接投资为主要表现形式的生产要素跨国流动日益增强。商品和要素的跨国界多次流转,产生了贸易放大效应。全球价值链的深入发展对国际经济贸易规则提出了更高的要求,要求国家间从关税减让等传统的"贸易优惠"转向"标准提升",加强政策协同,其重点就是推动国际经贸规则"边境规则"转向"边境内规则"(赵龙跃,2017)。

然而,世界贸易组织规则条款还不能完全适应当前全球化以及国际贸易发展新趋势。第一,世界贸易组织成员在边境内新议题上难以达成一致。以电子商务为例,尽管在服务贸易总协定(GATS)、与贸易有关的知识产权协定(TRIPs)等协定中都包含了电子商务条款,但是世界贸易组织成员并未达成电子商务条款的多边协定。此外,在投资便利化、环境保护、农业协定、渔业补贴等议题上谈判进程缓慢。第二,世界贸易组织没有解决全球包容性发展问题。开放、包容、无歧视是世界贸易组织的核心理念,促进世界贸易组织中2/3的发展中国家经济发展是世界贸易组织应当承担的责任。当前,部分国家对发展中国家的认定存在争议。而且,一些规则条款对于发展中国家还存在事实上不公平。以世界贸易组织《农业协议》"黄箱"支持政策为例,要求发达国家在6年内平均削减20%、发展中国家在10年内平均削减13%。发展中国家国内政策支持的占比很小,而为农业提供巨额补贴的往往是发达国家。因此,世界贸易组织《农业协议》实际上限制了发展中国家使用"黄箱"支持的权利,为发达国家农业补贴留下巨大空间。第三,世界贸易组织的权威性和有效性受到了侵蚀。美国多次发起301调查、232调查等单边措施,国际公共产品"私物化",破坏世界贸易组织的国际经贸规则,造成了世界贸易组织的权威性大大下降。2020年以来,世界贸易组织上诉机构处于瘫痪阶段,难以有效地实施争端解决机制,影响了世界贸易组织的强制效力。

以世界贸易组织为核心的多边贸易体制受到严重冲击,在环境保护、竞争中性、劳工标准、数字贸易等新型边境内规则方面难以达成一致,无法适应国家间利益格局的变化,难以有效地调节全球价值链时代国家间的矛盾和冲突。美国不愿在多边规则的谈判、宣传、组织、操作等方法支付更多费用,造成了制度性公共产品供给不足,全球开始寻求制度性公共产品供给新途径和新方式。

为此,世界许多国家着手签订双边自由贸易协定或区域自由贸易协定,将自由贸易区网络作为新型国际规则谈判的载体。全面与进步跨太平洋伙伴关系协定以及美墨加协定是两个代表性的高标准自由贸易协定。全面与进步跨太平洋伙伴关系协定源于美国主导的跨太平洋伙伴关系协定(TPP)。美国特朗普总统上台后退出跨太平洋伙伴关系协定后,以日本为首的11个跨太平洋伙伴关系协定参与国经过半年多的沟通与磋商,宣布就继续推进不包括美国的跨太平洋伙伴关系协定达成一致意见并签署新的协定,更名为全面与进步跨太平洋伙伴关系协定。2021年9月16日,中国商务部向全面与进步跨太平洋伙伴关系协定保存方新西兰贸易与出口增长部部长奥康纳提交了中国正式申请加入全面与进步跨太平洋伙伴关系协定的书面信函。全面与进步跨太平洋伙伴关系协定在货物、服务、投资领域,实现了高水平的贸易自由化和宽领域、深层次的服务和投资市场开放。实现了接近100%的货物贸易自由化水平。各成员平均实现零关税的税目数和贸易额占比约99.5%,在投资方面,全面与进步跨太平洋伙伴关系协定实行"准入前国民待遇和最惠国待遇+负面清单"的模式,包含条款和使用范围的广泛性,以及争端解决机制的具体和详细规定,都使其成为高标准和高要求的国际投资协定或规则。在新的领域和议题上制定了全新规则,涉及电子商务、政府采购、竞争、国有企业、劳工、环境等。在合作和便利化领域,注重发展、加强政府间合作。在数字贸易规则方面,全面与进步跨太平洋伙伴关系协定创新性地引入了"跨境数据流动""计算设施非本地化""保护源代码"等数字贸易议题。在政府采购方面,全面与进步跨太平洋伙伴关系协定要求各方全面开放政府采购市场,对其他缔约方的产品和服务给予国民待遇,确保及时发布政府采购信息,承诺公平和非歧视地对待投标者。在国有企业方面,全面与进步跨太平洋伙伴关系协定设有国有企业垄断章节。要求确保国有企业经营活动均基于商业考虑,政府对国有企业提供的非商业支持,不得损害其他成员及其产业的利益。规定各成员法院对在其境内经营的外国国有企业拥有管辖权,要求各国政府在企业监管方面保持非歧视和中立性。

美墨加协定是美国、墨西哥、加拿大三国在北美自由贸易协定基础上经过重新谈判而达成的高水平自由贸易协定。美墨加协定在例外和一般规定的第十款在设置"毒丸条款",即成员如果与"非市场化经济体"签署自由贸易协定,需提前3个月通知其他成员,还要将缔约目标告知其他成员,并至少提前30天将协议文本提交其他成员审查,以确定是否会对美墨加协定产生影响。任何一方如果与该条款中的非市场经济国家签订自贸协定，其他各方有权在提前6个月通知的条件下终止美墨加协定并替代为双边自由贸易协定。引入的"毒丸"条款，抑制发展中国家贸易和投资的意图十分明显，但这种歧视性条款的推广性也是有限的。美墨加协定采用了高标准的环境保护规则，比如，不否定成员管理本国环境的主权，强调各成员对本国环境法的有效实施与履行国际环境条约；对渔业资源和野生动植物资源保护作出了超出现有国际标准的保护措施；在防治臭氧层破坏、大气污染、对海洋的船舶污染和海洋垃圾等污染处置方面提出了新议题。美墨加协定还以跨太平洋伙伴关系协定规则为基础制定了高标准的数字贸易规则。推进缔约方在信息技术、网络安全、中小企业等多领域开展合作。

据世界贸易组织区域贸易协定信息系统（RTA—IS）统计，截止到2020年4月，向世界贸易组织通报并生效的自由贸易协定共有490个，呈现出快速增长的态势（见图1-1）。表1-1列出了世界主要国家加入自由贸易协定的数量，可以看出，德国、法国、澳大利亚等国家加入的自由贸易协定数量最多，达到了46个。智利的数量达到了30个。中国的数量与美国及加拿大数量相当。今后，仍有较大的提升空间。在与美洲、欧洲等经济强国之间还需建立更加广泛的自由贸易协定。

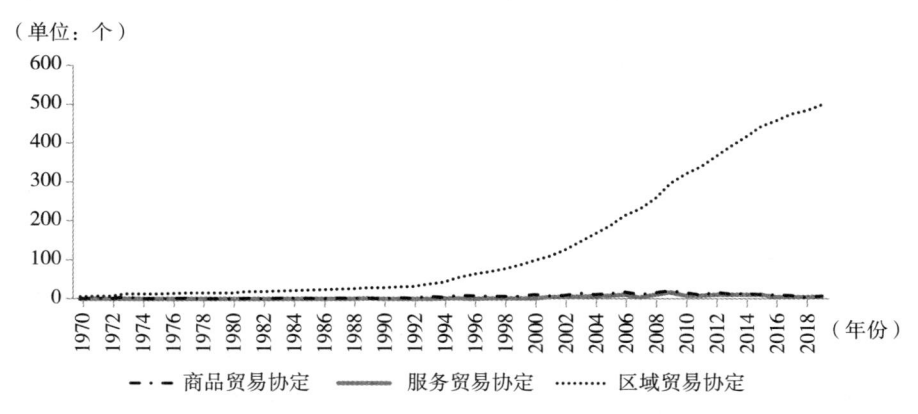

图1-1　1970—2018年区域自由贸易协定变动趋势

数据来源：WTO—RTA数据库。

表1-1 2022年1月主要国家的自由贸易协定数量　　（单位：个）

国家	数量	国家	数量
澳大利亚	46	德国	46
加拿大	15	印度	17
智利	30	日本	18
英国	38	韩国	20
法国	46	美国	14
中国	16	俄罗斯	12

数据来源：WTO—RTA数据库。

二、全球自由贸易区网络深度化水平趋势分析

自由贸易协定框架下的规则体系，包含了"第一代"贸易规则和"第二代"贸易规则，前者是在世界贸易组织框架下已有的规则，主要解决关税减让、市场准入等边境措施；后者尚未包含在世界贸易组织框架内的属于新型的贸易规则。自由贸易协定国际贸易规则也不再局限于世界贸易组织所涵盖的谈判范围，而是呈现出明显的深度化趋势。自由贸易协定不仅包含了边境上条款如农产品条款、出口税收、卫生与植物检疫措施（Sanitary and Phytosanitary，SPS）等，也包括了劳动力市场规则、环境保护、金融支持等世界贸易组织议题之外的边境内条款。只不过，边境内规则的数量及占比还相对较少。

霍恩等（2010）将现存于世界贸易组织框架之内的经贸规则界定为"第一代贸易政策"，属于边境规则，包括了工业品关税减让、农产品关税减让、卫生与植物检疫措施、技术性贸易壁垒等14个条款；将全新的、尚未包含在现行世界贸易组织谈判框架之下的经贸规则界定为"第二代贸易政策"，也属于边境内规则，包括了竞争政策、环境保护、消费者保护、数据安全、劳工标准等。根据上述分类标准，表1-2列出了亚太地区主要贸易协定条款的覆盖情况。可以看出，亚太地区短期内无论是区域内亚洲国家间双边自由贸易协定还是跨区域双边自由贸易协定或多边自由贸易协定，"WTO+"条款的覆盖率均在70%以上，然而新一代规则的

"WTO-X"覆盖率相对较低。其中,区域内亚洲国家间双边自由贸易协定、跨区域双边自由贸易协定以及多边自由贸易协定的覆盖率分别为37%、31%和32%。发达国家间的"WTO-X"覆盖率明显高于发展中国家之间以及发达国家—发展中国家间的水平。

表1-2 亚太地区自由贸易协定条款覆盖率比较① （单位:%）

分类	协定名称	"WTO+"	"WTO-X"
区域内双边自由贸易协定	日本—文莱	71	34
	日本—印度尼西亚	79	47
	日本—马来西亚	79	37
	日本—菲律宾	71	47
	日本—泰国	71	39
	日本—越南	64	37
	日本—新加坡	64	29
	韩国—新加坡	86	45
	中国—新加坡	64	21
	平均水平	72	37
跨区域的双边自由贸易协定	新加坡—澳大利亚	71	21
	新加坡—新西兰	79	11
	新加坡—秘鲁	86	37
	美国—新加坡	79	26
	美国—韩国	86	55
	日本—墨西哥	64	34
	日本—智利	71	45
	日本—秘鲁	79	34
	中国—智利	79	26
	中国—新西兰	71	24

① 盛斌、果婷:《亚太地区自由贸易协定条款的比较及其对中国的启示》,《亚太经济》2014年第2期。

续表

分类	协定名称	"WTO+"	"WTO-X"
跨区域的双边自由贸易协定	中国—秘鲁	71	26
	马来西亚—新西兰	71	26
	马来西亚—澳大利亚	71	29
	马来西亚—智利	50	11
	泰国—澳大利亚	86	16
	泰国—新西兰	79	39
	韩国—智利	100	55
	韩国—秘鲁	93	39
	平均水平	77	31
多边自由贸易协定	东盟	50	5
	中国—东盟	57	5
	韩国—东盟	71	39
	日本—东盟	71	26
	P4协议国（新西兰、新加坡、智利和文莱）	93	47
	东盟—澳大利亚—新西兰	64	39
	美墨加	100	24
	平均水平	76	32

接下来，进一步分析比较世界主要国家涉及边境内规则的情况。从表1-3可以看出，美国等发达国家在所有的边境内规则方面的覆盖率均高于新兴市场国家和发展中国家。中国的边境内规则覆盖率低于美国、韩国，甚至有些条款还落后于东盟国家。

表 1-3　主要国家自由贸易协定边境内规则条款覆盖率① （单位:%）

条款	亚太地区	东盟	中国	美国	日本	韩国
竞争政策	82	60	20	100	91	100
资本流动	42	20	20	17	73	80
投资	98	80	100	100	100	100
环境保护	58	40	20	100	82	100
知识产权	78	60	60	100	91	100
劳工标准	36	0	0	100	36	40
电子商务	38	20	0	82	9	60
金融服务	89	60	100	100	91	100

第二节　自由贸易协定引入环境保护条款的必要性

一、经济发展与环境保护的关联性

国际贸易与环境保护之间的关系存在冲突与协调的双重特征。一方面,国际贸易的快速发展促进了要素和产品在全球的流动,优化了全球资源配置,提高了消费者福利水平,也拓展了生产边界,促进了经济发展。在一定程度上,国际贸易成为经济增长的发动机。第二次世界大战后,日本、韩国、新加坡等国家高速增长,均得益于全球自由贸易政策推动下的国际贸易快速增长。然而,另一方面,经济发展不可避免地会过度消耗资源,造成环境污染;在跨国投资方面,还可能存在跨国公司基于"污染避风港"效应将污染产业向境外转移,对东道国生态环境造成危害。1992年世界银行公布了以发展与环境为主题的《世界发展报告》,关于"环境库兹涅茨曲线"相关论述得到了国际社会的广泛关注:当一个国家处于经济发展低水平阶段时,环境污染程度也较低,随着国家经济发展与人均

---

① 盛斌、果婷:《亚太地区自由贸易协定条款的比较及其对中国的启示》,《亚太经济》2014 年第 2 期。

收入的提升,环境污染也将随之增加。当人均收入达到某一临界值时,经济发展对环境的负面影响也将逐步降低,就是所谓的倒"U"型关系。对广大发展中国家而言,面临着经济发展和环境污染的双重压力,经济发展过程中应处理好环境保护与生态修复等问题,达到经济发展与环境保护两者相协调的目标。

在国际社会范围内,环境与贸易的冲突与矛盾则表现得更为明显。环境与贸易的冲突主要表现在与环境相关的经贸摩擦上,尤以对能源以及环境友好型产品的出口补贴、进口产品的绿色贸易壁垒等(林迎娟,2016),涉及绿色关税、市场准入、绿色技术标准以及绿色补贴制度等多种类型。绿色关税是环境进口附加税,发达国家对其认定的污染环境、破坏生态、危害健康的进口产品,除了课征一般进口关税外,还要再加征环境进口附加税,以限制进口甚至禁止进口。市场准入指进口国以污染环境、危害人类健康以及违反有关国际环境公约或国内环境法律、规章为由而采用的限制外国产品进口的措施。绿色技术标准指一些发达国家凭借经济技术优势和垄断地位,以保护环境和人类健康的名义,通过立法手段,制定苛刻的环保技术标准,从而限制或禁止外国产品进入本国市场。绿色补贴制度则是为了保持本国企业竞争力,发展中国家对无力负担环境污染和资源成本费的企业会给予一定的环境补贴。这一政策又被发达国家以违反自由贸易为由,进而对进口产品征收相应的反补贴税,借此限制发展中国家的产品进入本国市场。

迄今为止,世界贸易组织已受理了多起与环境有关的贸易争议案,如典型的1995年的委内瑞拉、巴西诉美国汽油案;1998年的印度、马来西亚、巴基斯坦、泰国诉美国海虾出口案(也称海虾—海龟之诉)。这几个案例都是典型的美国为了实施贸易保护而使用的绿色环保措施,最终争端解决机构判决了美国败诉。我国是遭遇经贸摩擦最多的国家,遭遇了多种与环境有关的贸易壁垒。图1-2描绘了2021年中国遭遇美国卫生与植物检疫措施通报数量。中国被通报及召回农产品主要来自食品安全,涉及的原因包括农药残留,以及黄曲霉毒素、沙门氏菌超标等。

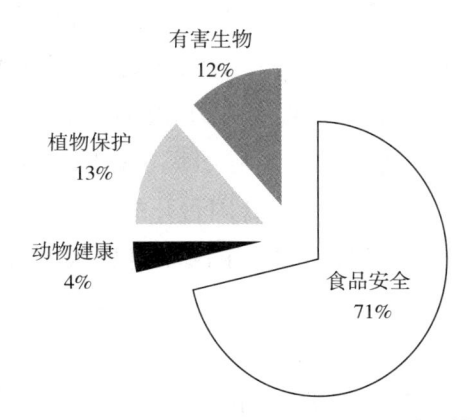

图 1-2　2021 年中国遭遇美国卫生与植物检疫措施通报数量

注：数据来源于中国 WTO/TBT—SPS 通报咨询网。

二、自由贸易协定中引入环境保护条款的国际实践

（一）国际环境法

国际环境保护条约牵涉国际政治、国际经济、国内法及相关政策的调整等多个层面问题，而且各个条约之间存在明显差异，也具有一定的共性特征。比如要求缔约国采取实施磋商、建立条约实施的监督机制、建立条约修改的机制、建立国际合作机制等。当前国际环境公约主要内容包括保护濒危动植物、保护大气及臭氧层、防止污染物排放多个环境领域：1972 年的《防止倾倒废物及其他物质污染海洋公约》、1973 年的《防止船舶污染公约》、1973 年的《濒危野生动植物物种国际贸易公约》、1985 年的《保护臭氧层维也纳公约》、1986 年的《及早通报核事故公约》、1987 年的《关于消耗臭氧物质的蒙特利尔协定书》、1992 年的《联合国气候变化框架公约》及《生物多样性公约》、1997 年的《国际水道非航行使用法公约》等。

此外，国际法也有环境保护的国际习惯，这些是被各国采纳并反复使用具有法律约束力的行为。在《斯德哥尔摩人类环境宣言》《里约热内卢环境与发展宣言》中涉及的"各国有按自己的环境政策开发自己资源的主权，并且有责任保证在它们管辖或控制之内的活动，不致损害其他国家

的或在国家管辖范围之外地区的环境""有关保护和改善环境的国际问题应当由所有的国家,不论其大小,在平等的基础上本着合作精神来加以处理……防止、消灭或减少和有效控制各方面的行动所造成的对环境的有害影响",以上均属于环境保护的国际习惯。在国际法的实践中还包括国际宣言和决议。联合国大会和联合国召开的重要国际会议通过的关于环境问题宣言和公约。比如,1972年的《联合国人类环境宣言》以及2002年的《约翰内斯堡可持续发展宣言》,这些宣言和决议反复重申了一些关于国际环境保护的重要原则和规则。它们可以作为各国共同遵守的法律规范,也作为国际社会成员的共识和各国意志的共同体现。

(二)多边贸易体制中的环境问题

第二次世界大战结束后,美国主导建立了国际经济秩序,建立了以世界贸易组织(WTO)、国际货币基金组织(IMF)与世界银行(WB)为支柱的全球经济治理体系,并设立了一系列规则、标准、制度及规范,深深地打上了美国烙印,将美国的制度和观念向国际社会输出,成为区域性乃至全球性公共产品。以世界贸易组织为核心的多边贸易体制,遵循自由贸易政策,依据对等和互利原则,通过大幅度削减关税,实现贸易自由化。多边贸易体制对于解决国际贸易争端、降低贸易成本、推动全球贸易增长发挥了重要作用。据统计,自世界贸易组织成立以来,世界商品贸易总额由1995年的10.45万亿美元上升至2021年的44.80万亿美元,年均增长5.76%。世界贸易组织成员数量达到了164位,涵盖了全球超80%的国家,贸易额占全球贸易总量的98%以上。

当前,世界贸易组织规则条款不能完全适应当前全球化以及国际贸易发展的新趋势,在围绕环境保护、数字贸易、金融等非传统贸易议题上谈判进展缓慢。特别是在全球出现的酸雨现象、森林破坏、土地资源退化、物种灭绝、臭氧层耗损、跨境污染、废物的国际转移等环境问题时,迫切需要加强贸易与环境的联动。多边贸易体制下主要通过环境保护例外条款来协调贸易与环境问题。与环保有关的一般例外条款在关税及贸易总协定(GATT)中的第二十条,如b款规定"保护人类、动物或植物的生命或健康所必需的措施",g款规定"与保护可用竭自然资源有关的措施,而此类措施与限制国内生产或消费一同实施"。但在关税及贸易总协定/世界贸易组织框架下环境与发展谈判回合久拖不决。一些国家仍然将绿色贸易壁垒、技术性贸易壁垒等作为新贸易保护主义工具,对其他国家进行贸易制裁。

(三)自由贸易协定中的环境问题

长期以来,美国凭借强大的经济实力掌控全球经济贸易规则的制定权,率先在自由贸易协定中引入环境保护条款,也主导了全球环境保护条款的制定与走向。美国主导的北美自由贸易协定,最早引入了环境保护条款。该协定"前言"就指出,实施的每一个环节都要与环境保护相一致;要加强环境法律与制度的发展和实施。该协定采用以环境约束相应机制的方法,彰显了环境问题的重要性。在具体章节中包括了环境与《卫生与植物检疫措施协定》规则、环境与技术性贸易壁垒、环境与投资、环境与一般性例外等内容。环境与技术性贸易壁垒规则的协调体现在:"在不降低安全水平或对人类、动植物生命和健康、环境和消费者的保护水平的前提下,不对成员依据本章享有的权利进行歧视……",还有专门的条款处理与投资有关的环境措施,即"通过降低国内健康、安全和环境措施来鼓励投资是不恰当的。加入一成员认为另一成员采用了这种不恰当措施,可要求与对方国家进行磋商"。

随后,在跨太平洋伙伴关系协定(TPP)及跨大西洋贸易与投资伙伴协议等巨型自由贸易协定中,也引入了环境保护条款。当前,自由贸易协定中环境保护条款可分为五种类型:第一,将环境保护目标、加强环境保护意愿以及环境方面的承诺列于协定的序言之中,仅具有宣告式作用;第二,以关税及贸易总协定第二十条或服务贸易总协定第十四条为根据的环境例外条款;第三,承诺不为吸引贸易或投资而削弱环境法;第四,载明具有实质内容的环境保护条款(包含环境合作、公众参与、争端解决机制、涵盖具体环境议题);第五,事前的环境影响评估。美国签署生效的13个自由贸易协定都涉及环境保护的章节,环境保护程度最高。目前,欧盟签署了37个自由贸易协定,并且在2005年之后均引入了贸易与可持续发展的章节,并关注缔约国的国内环境表现。2006年通过的《全球欧洲:世界的竞争》,对自由贸易协定中的环境保护条款提出了一般性的法律要求,成为解决贸易与环境问题的关键性文件,标志着欧盟将环境政策的地位提升到战略高度(周亚敏,2016)。欧盟签署的自由贸易协定中涉及的环境内容主要体现在可持续发展上。比如《欧盟—加勒比共同体经济伙伴协定》《欧盟—喀麦隆自由贸易协定》《欧盟—巴布亚新几内亚—斐济自由贸易协定》《欧盟—韩国自由贸易协定》《欧盟—哥伦比亚和秘鲁自由贸易协定》《欧盟—新加坡自由贸易协定》中均包含了可持续发展章节或内容。这些可持续发展内容并没有包含制裁措施,因而法律约束力较弱。

与发达国家相比,发展中国家对提高贸易的环境标准、贸易协定引入具有法律约束力的环境保护条款持有较为审慎的态度,这不仅与如今欧美等国主导贸易规则的实践相关,通过提高环境标准强化对全球的"领导力",还与发展中国家在满足国际标准的能力不足相关。发展中国家缺少改善环境的必要的技术支持、环境的基础设施以及环境保护制度与程序。此外,发展中国家在国际市场话语权、企业的国际竞争优势、国内外制度的统筹与协调等方面都远不及发达国家,造成了发展中国家难以在环境保护条款签署上占据优势地位。

第三节 自由贸易协定环境保护条款内容与演变趋势

一、自由贸易协定环境保护条款总体内容概述

早期的自由贸易协定中一般是在序言中以原则性语言定性的表达缔约方加强环境保护的意愿。1992年,美国、加拿大和墨西哥三国签署北美自由贸易协定以及1993年三国签订北美自由贸易协定的附属协定——北美环境合作协定(NAAEC)。北美自由贸易协定创造性地在自由贸易协定中引入附属环境协定。随后,一些自由贸易协定在技术性贸易壁垒(TBT)、投资、卫生与植物检疫措施等章节中加入了环境保护的一

些内容。当前,巨型自由贸易协定,已开始将环境保护作为独立章节,加入到自由贸易协定之中。特别是,加入了具有法律约束力的,具有争端解决机制的环境保护条款。一般而言,在自由贸易协定中以附属协定方式引入环境保护条款相较于直接引入环境保护条款到贸易协定具有更加强制的约束力。具体来看,包括以下主要内容:

为了保护投资者的权益,确保投资者在缔约国家享有公平、透明和非歧视性的待遇,同时,还需要防止投资者以跨国投资方式将污染产业向其他国家转移或过于消耗东道国的自然资源。在投资章节中也会加入环境保护条款。比如,在美韩自由贸易协定中的投资章节中做了明确规定:如果这些措施不构成对国际贸易和投资的变相限制:为确保遵守与本协定一致的法律法规所必需的环境保护措施;为保护人类、动物、植物的生命或健康所必需的,或者与保护有生命或无生命的可枯竭的自然资源有关。

(一)环境保护国际合作

缔约方就环境管理、环境政策、环境标准、环境监管等方面加强政策协同,往往会在自由贸易协定环境保护条款中加入环境合作内容。在美韩自由贸易协定、美墨加协定中都包含了环境合作内容。环境合作可分为纯粹的环境合作以及环境与贸易合作条款。前者主要包括缔约方就跨界环境污染、生物多样性保护、全球气候变化等环境问题加强合作;后者主要表现在缔约方致力于推动贸易与环境关系的长期跟踪与评价。比如,中国和新西兰的自由贸易协定规定了双方有关环境合作的原则、目标及合作的具体领域以及与多边环境协定之间的协调问题。该协定表达了缔约方对环境问题的共同关注和合作愿望。

(二)环境标准与措施

自由贸易协定中的环境标准,对缔约国干扰生态环境设置了一个不能突破的限度,主要包括了产品标准、排放标准以及生产工序标准等。产品标准规定了产品设计中的环境参数和在产品制造和使用过程中对环境的影响程度。其目的就是规定产品的物理或化学特性,或者产品包装、陈列规则等。排放标准规定设施或运输工具污染物排放的限度,包括污染物排放数量、浓度或强度等。比如,汽车发动机废气排放标准包括了产品测试、包装、标志等方面的环境保护要求。生产工序标准主要指的是生产设施的设计标准和操作标准。比如,在1989年的《禁止在南太平洋使用长漂网捕鱼公约》对工序(拖网)进行了限制。此外,规范各国企业的环境管理,各国还应遵守国际标准组织在1995年颁布的ISO 4000系列环境管理标准。主要包括企业从事生产经营活动的环境方面程序、企业环境管理项目、企业及员工的环境意识,建立环境监测、纠正以及管理程序等。

(三)环境争端解决机制

当自由贸易协定中出现环境纠纷时,将依据争端解决机制进行申诉和裁决。从目前情况来看,环境纠纷涉及降低环境标准吸引外资引发的环境问题。如果缔约方签署了多个双边或多边自由贸易协定,加入的贸易协定越多,环境保护条款类型就可能越多。如果缔约方并没有对涉及的环境保护条款进行特别说明,那就意味着对方将履行全部环境保护条款规定,也可能引发纠纷。如果缔约方在制定环境政策时,没有严格遵守非歧视性原则,使外资企业或者国外产品在竞争中处于不利地位,就可能引发环境纠纷;缔约方没有对环境法律和法规进行明确界定,在实施中就意味着各国需遵守全部的环境法律和法规。法律条款越多,越容易引发环境纠纷。争端解决机制和程序因自由贸易协定不同而有所差异。以《北美环境合作协议》为例,主要包括了协商、仲裁。一方对其他国家的执行环境保护条款做法有争议,以书面方式请求磋商,由理事会或专门委员会进行仲裁。

(四)环境公众参与

随着社会公众环境保护理念和环境维权意识的增强,社会公众通过多个渠道表达环境利益诉求,参与环境治理,对约束企业环境违规行为起到了积极的作用。《世界自然宪章》《21世纪议程》等国际环境法都强调,公众广泛参与环境决策对于可持续发展是必不可少的。相关国际环境法还规定,在一些情况下,社会公众向不履行国际环境义务的国家提出建议,包括建议暂停或取消对该国的经济援助等。社会公众还可以就某个国家违反国际环境条约提出申诉,由条约的秘书处负责资料收集和申诉的受理,并将申诉提交给缔约国组成的委员会进行讨论。在一些国际公约中对社会公众参与给出了明确规定。比如,1991年的《在跨界背景下进行环境影响评价的艾斯波公约》就规定了当一个国家活动给另一个国家可能造成重大影响,应允许社会公众有机会参与对该活动的环境影响评价,并保证这个机会与本国公众享有的机会是相当的。

二、全球自由贸易协定环境保护条款演进规律

美国提出并主导的跨太平洋伙伴关系协定(TPP)试图将贸易与劳工、贸易与环境、贸易与竞争政策等长期受到关注而难以实施的问题放置于自由贸易协定的谈判之中,在跨太平洋伙伴关系协定中加入了劳工标准、环境保护、竞争政策等"边境内"规则,也使跨太平洋伙伴关系协定成为广泛的、高标准的巨型自由贸易协定。特朗普上台后,美国宣布退出跨太平洋伙伴关系协定。以日本为首的11个跨太平洋伙伴关系协定参与国于2018年3月8日在智利首都圣地亚哥签署了全面与进步跨太平洋关系协定。在全面与进步跨太平洋伙伴关系协定中也设置了环境保护专门章节。2018年11月,美国、墨西哥和加拿大三国领导人在阿根廷首都布宜诺斯艾利斯签署《美国—墨西哥—加拿大协定》取代原先的《北美自由贸易协定》,并采用了高标准的环境保护规则。从全球主要自由贸易协定中环境保护规则的内容变动来看,呈现出以下规律:

(一)由零散环境保护条款向独立环境章节转变

《北美自由贸易协定》开创了自由贸易协定中加入边境内规则的新做法,并首次将环境保护问题纳入自由贸易协定中。但是,北美自由贸易协定没有专门的环境章节,关于环境保护相关问题散见于前言和5个条款当中,涉及的环境问题也相对较少。而此后签署的巨型自由贸易协定如美墨加协定、全面与进步跨太平洋伙伴关系协定,美韩自由贸易协定(UKFTA)均设置了独立的环境章节。可见,自由贸易协定环境保护条款逐步由零散的文件转向相对完整的规则。

(二)内容更加全面

通报给世界贸易组织的区域自由贸易协定中的环境保护条款类型主要包括以下几种:(1)序言部分;(2)基于关税及贸易总协定第二十条或服务贸易总协定第十四条保护人类、动植物的生命或健康规定的一般和具体环境例外条款;(3)环境法律的支持;(4)环境合作;(5)争端解决;(6)具体环境事项的覆盖;(7)多边环境协议(MEAs)的具体条款;(8)公共参与;(9)执行机制;(10)相关事前影响评估。第(4)类至第(9)类属于较为实质性的条款。美国签订的自由贸易协定中涵盖了所有类型的环境保护条款(见表1-4),而发展中国家之间签订的自由贸易协定却只含一两项,有的甚至没有。在强调法律实施方面,自由贸易协定环境保护条款确保了国内和国际环保法律的实施。任何一个成员都不得不有效地实行环境法,以及履行为了达至该目的其他协定下的义务。不能以削弱、减损环境保护法律的方式来鼓励贸易和投资,不应偏离和减免自己应遵守的环保义务。强有力的环境保护条款通过公众参与及监管等多个渠道,确保了环境保护规定落实。一些环境保护条款还明确规定了纠纷处理程序,一般通过设立环境事务委员会,负责沟通、协商、裁决环境纠纷问题。

表1-4 美国自由贸易协定环境章节条款内容

内容	美国—智利	美国—新加坡	美国—澳大利亚	美国—摩洛哥	美国—秘鲁	美国—哥伦比亚	美国—韩国
保护水平	√	√	√	√	√	√	√
环境法律	√	√	√	√	√	√	√
机构安排		√	√	√	√	√	√
环境合作	√	√	√	√	√	√	√
环境磋商	√	√	√	√	√	√	√
公众参与机会		√	√	√	√	√	√

(三)承担更多环境义务

当前,在生物多样性、海洋渔业捕捞、环境货物与服务等方面,各国应承担更多的环境义务。比如,在跨太平洋伙伴关系协定中,首先明确了成员对生物多样性重要作用的认识。在承认各成员对自然资源的主权权利的基础上,各成员可以公平地分享从生物资源利用中获得的利益。各成员都有符合当地生活模式、富有当地特色的保持生物多样性的知识、创新和实践,各成员应鼓励公平地分享从这些知识、创新和实践中所获得的利益。应认识到应对过度渔业捕捞的重要性。应该加强对海洋资源的有效管理和利用。要继续履行相关公约下的义务,明确要求各成员必须控制、减少和逐步废除造成过度捕捞的所有补贴。

在贸易和气候变化议题上,重视和加强履行各成员在《联合国气候变化框架公约》中的义务。明确提出要提高能源效率、发展低碳技术和可再生能源资源、促进可持续交通和城市基础设施建设、应对森林砍伐和退化、减少国际海上航行和航空运输产生的排放、改进温室气体排放的监测和报告制度等事项。另外,还强调各成员应逐步停止对化石能源的补贴。

第四节　全球代表性自由贸易协定环境保护条款主要内容

一、美韩自由贸易协定

美韩两国自 2006 年 12 月启动自由贸易协定谈判,2007 年 6 月正式签署协定,包括了农业、原产地规则、技术性贸易壁垒、投资、跨境服务贸易、金融服务、电子商务、知识产权保护、环境、劳工、透明度等 24 章,其中多个属于高标准的边境内规则,而且还规定 3 年内两国逐步取消 95% 的商品关税。第 20 章是关于环境保护的独立章节。环境保护条款的主要内容:

第一,加强环境保护绩效管理机制。该机制包括了促进各国采取自发性行动保护和改善环境的机制,比如,分享与实现高水平环境保护的方法、自发性环境审计和报告,更有效地利用资源或减少环境影响的方法,环境监控以及基线数据收集的有关信息。该章节还包括了激励性措施,主要涉及基于市场的鼓励保护自然资源的激励措施,各国鼓励维持、发展和优化绩效目标和用于衡量环境保护绩效的标准,采取灵活手段实现环境保护目标以及标准等。

第二,公众参与机会。(1)该协定规定提高社会公众对环境保护的意识,确保与环境保护相关的法律、与其相关的法律实施程序、合规程序能够为公众获取。(2)尽量设法满足各国人员获取环境信息的请求,并收集各国对本章环境保护条款实施的意见。(3)各缔约方设法满足各方人员获得环境信息的请求、各方对各方人员提出的环境保护条款执行情况的书面意见的请求,作出回应并让公众容易获知上述回应内容。(4)要求各缔约方成立全国性的咨询委员会来征集对本协定的意见。

第三,环境合作。缔约各方已充分认识到环境合作有助于促进改善环境、改善环保实践和环保技术。同时,各缔约方承诺建立起就环境事务拓展合作关系。各国依据《美利坚合众国与大韩民国环境合作协定》开展环境合作,并建立起环境合作的实施机构,进行协调和评估。各国承诺以适当方式同其他国家级社会公众分享和评估该环境保护条款的潜在影响。

第四,环境磋商与争端解决机制。(1)各国均可以通过向另一国指定的联络点递交书面请求就环境保护条款事宜进行磋商,另一方收到请求后应作出回应。各国应尽量就环境保护条款事宜实现双方满意的解决方案,也可以向任何个人或机构寻求建议或帮助。倘若涉及缔约国承担的环境相关义务时,各国应尽量根据本协定启动双方同意的磋商程序。(2)如果磋商未能达成一致或没有解决环境相关事宜,任一方均可以通过指定的联络点递交书面请求召开理事会。理事会应通过咨询政府或其他专家,斡旋、调停或调解等程序。(3)如果各国没有能够在递交磋商请求的60天内解决问题,申诉方可以申请按照本协定第22章(争端解决)进行磋商或向联合委员会提交磋商解决的申请。(4)根据第22章(体制条款和争端解决)进行磋商时,应通过环境事务理事会建立相应的工作机制,与申诉方进行磋商。倘若协定允许对争端问题有一个以上的解释,并且被诉方依赖其中的一个解释时,可以接受该解释进行磋商和裁决。

二、美墨加协定

美墨加协定是美墨加三国在北美自由贸易协定基础上经过重新谈判而达成的高水平自由贸易协定。2018年11月30日,美国、墨西哥、加拿大三国领导人在阿根廷首都布宜诺斯艾利斯签署《美国—墨西哥—加拿大协定》,替代《北美自由贸易协定》;2020年1月29日,美国总统特朗普签署实施美墨加协定。美墨加协定环境保护条款的主要内容:

第一,设置环境标准。美墨加协定为了应对全球和区域环境问题,维护公众健康、生态系统完整性,制定了大气、海洋两方面的环境标准。在大气环境保护方面,美墨加协定分别对臭氧层和空气质量作出了相应规定。关于臭氧层的保护,协定缔约方认识到某些物质的排放会显著消耗臭氧层或以其他方式改变臭氧层,从而可能对人类健康和环境造成不利影响。因此,该协定要求缔约方根据《蒙特利尔议定书》控制物质的生产、消费和贸易。同时,协定要求缔约方公开有关臭氧层保护的合作计划和活动的相关信息。另外,美墨加协定就空气质量问题达成了共识。缔约方认识到减少国内和跨境空气污染的重要性,并且合作有助于实现空气质量目标。协定还要求缔约方认识到统一空气质量监测方法的重要性。协定要求缔约方公开其相关计划和活动的空气质量数据和信息,并应努力确保这些数据和信息易于公众获取和理解。

在海洋环境保护方面,美墨加协定首先针对船舶污染问题进行了规定,提出缔约方应根据各自的法律或政策,采取措施防止船舶污染海洋环境。并且缔约方应公开其与防止船舶污染海洋环境有关的计划和活动,包括合作计划的适当信息。其次,美墨加协定还对海洋垃圾问题达成了共识,认识到采取行动预防和减少海洋垃圾(包括塑料垃圾和微塑料)的重要性,以保护人类健康和海洋及沿海生态系统,防止生物多样性丧失,并减轻海洋垃圾的影响。因为海洋垃圾问题的全球性,所以各国应采取措施预防和减少海洋垃圾。

第二,加强环境合作。美墨加协定致力于扩大缔约方在环境事务上的合作关系,并且根据三国签署的《美墨加环境合作协议》(ECA)开展环境合作活动。缔约方开展包括开发和改进环境保护、实践和技术等方面的合作,同时环境合作活动由环境合作委员会按照《美墨加环境合作协议》的规定进行协调和审查。协定在臭氧层保护、空气质量、船舶污染、海洋垃圾等问题上都详细列举出了缔约方的合作领域。

首先,缔约方在臭氧层保护问题上的合作,包括:(1)消耗臭氧层的物质环保替代品;(2)制冷剂管理做法、政策和方案;(3)平流层臭氧测量方法;(4)打击消耗臭氧层的物质的非法贸易。其次,空气质量方面的合作。缔约方在以下相关领域交流信息和经验:(1)环境空气质量规划;(2)建模和监测,包括主要来源及其排放的空间分布;(3)空气质量和排放测量的测量和清单方法;(4)减少、控制和预防技术和做法。另外,为了保护海洋环境免受船舶污染,缔约方在以下领域开展合作:(1)来自船舶的意外污染;(2)船舶日常作业造成的污染;(3)船舶故意污染;(4)开发技术以尽量减少船舶产生的废物;(5)船舶排放;(6)港口废物接收设施是否充足;(7)加强对特殊地理区域的保护;(8)执法措施,包括通知船旗国和酌情通知港口国。最后,缔约方为了打击海洋垃圾的问题,合作解决例如解决陆地和海洋问题,促进废物管理基础设施,并推进与废弃、丢失或以其他方式丢弃的渔具有关的工作。

第三,环境争端解决。美墨加协定规定,如果缔约方存在环境争端问题,争端解决的程序包括环境协商、高级代表协商、部长级协商、争端解决四个步骤。在出现环境争端时,首先尝试进行环境协商。一方(请求方)可以要求就协定规定的环境事务的任何事项与任何另一方(协商方)进行磋商。磋商方应尽一切努力就该事项达成相互满意的解决方案,其中可能包括适当的合作活动。如果协商方未能通过环境协商解决环境争端,则进行高级代表协商。要求协商方的环境委员会代表召开会议审议该事项,在适当情况下从政府或非政府专家那里收集相关科学和技术信息,并且与该事项有重大利益关系的任何其他缔约方的环境委员会代表均可参加协商。如果高级代表磋商未能解决协商方的问题,则进行部长级协商。协商方可将此事提交协商方相关部长寻求解决,并规定协商应保密,不得损害任何一方在未来任何程序中的权利。但如果缔约方的环境争议问题并没能通过环境协商、高级代表协商、部长级协商这三种方式解决,便可以由请求方发起申请设立专家组。专家组为了解决特定的环境争议问题,会酌情寻求技术咨询或援助,并根据得到的解释性指导意见作出调查结果和决定。

第四,组织设置。美墨加协定为便利缔约方在环境事务实施中沟通,设置了环境委员会和联络点。其中,环境委员会由负责实施环境事务的缔约各方的中央级政府部门高级代表或其指定人员组成。环境委员会的设立是为了监督协定中环境事务的实施,职能主要包括:讨论和审查环境事务实施情况、定期向委员会和根据《美墨加环境合作协议》设立的环境合作委员会理事会通报环境事务的实施情况、解决环境争端等。协议规定环境委员会应每两年召开一次,其所有决定和报告均应以协商一致方式作出,并向公众公开。

第五,环境立法。美墨加协定在协定中给出了环境法的定义,环境法是指缔约方的法规或条例或其规定,包括履行该缔约方在多边环境协定下的义务的任何法规或规定,其主要目的是保护环境,或防止对人类生命或生命的危险或健康,通过:(1)防止、减少或控制污染物或环境污染物的释放、排放或排放;(2)控制对环境有害或有毒的化学品、物质、材料或废物,以及相关信息的传播;(3)保护或保存野生动植物,包括濒危物种、它们的栖息地和特别受保护的自然区域。

关于环境法的执行,美墨加协定规定任何一方均不得在本协定生效之日后以影响双方贸易或投资的方式,因为持续或反复的不作为而未能有效地执行其环境法。缔约方都保留就以下事项作出决定的权利:(1)调查、起诉、监管和合规事项;(2)与确定具有更高优先级的其他环境法律相关的环境执法资源分配。同时规定协定内容均不得解释为赋予一方当局在另一方领土内开展环境执法活动的权力。

三、日欧经济伙伴关系协定(EPA)

2010年4月28日,日本与欧盟在东京举办的第19届日欧首脑峰会上建立了一个高级别联合小组,并委托其来确定全面加强日欧关系和界定执行其框架的各种政策方案。在经过周密的分析和获取谈判所需的各国授权后,日欧经济伙伴关系协定谈判于2013年正式启动。2018年7月17日,日欧领导人签署了日欧经济伙伴关系协定,于2019年2月起正式生效。日欧经济伙伴关系协定环境保护条款的主要内容:

第一,加强环境合作。日欧经济伙伴关系协定中的环境合作,首先主要针对卫生与植物检疫措施的技术咨询,具体包括技术磋商、必要信息公开、达成相互接受的解决方案。其次,协定要求缔约双方应进行磋商,以达成确定特定卫生与植物检疫措施等效性的安排。最后,日欧经济伙伴关系协定还为了在卫生与植物检疫措施问题上加强沟通与合作,设立卫生与植物检疫措施委员会。

第二,环境争端解决。日欧经济伙伴关系协定中规定,缔约方的争端解决程序包括协商、调节和专业委员会介入。但是,当缔约方的争议与卫生与植物检疫措施的风险评估或是进口程序有关时,不能根据日欧经济伙伴关系协定中的争端解决章节进行争端解决。而当涉及卫生与植物检疫措施的科学或技术问题争议时,除非缔约双方另有决定,卫生与植物检疫措施委员会应与发生争议的双方协商后,向选定的专家征求意见。为此,卫生与植物检疫措施委员会应接受缔约方的请求,成立技术咨询专家组或咨询相关国际组织,以解决缔约方的争议问题。

第三,组织设置。日欧经济伙伴关系协定为让卫生与植物检疫措施得到有效实施和运作,设立了卫生与植物检疫措施委员会。协定规定委员会每年举行一次会议,委员会成员由具有相关专业知识的负责卫生与植物检疫措施的缔约方代表组成,同时轮流在欧盟成员或日本举行会议。卫生与植物检疫措施委员会的职能主要包括:(1)监测、审查和交流有关卫生与植物检疫措施实施和运作的信息;(2)解决缔约方环境争端;(3)开展与卫生与植物检疫措施委员会职能有关的具体任务;(4)就世贸组织卫生与植物检疫措施委员会会议以及在食品法典、国际兽疫局和国际植物保护公约主持下举行会议的事项和立场进行磋商等。

四、全面与进步跨太平洋伙伴关系协定

全面与进步跨太平洋伙伴关系协定溯源于美国主导的跨太平洋伙伴关系协定（TPP）。美国特朗普总统上台后退出跨太平洋伙伴关系协定后，以日本为首的11个跨太平洋伙伴关系协定参与国经过半年多的沟通与磋商，共同发表联合声明，宣布就继续推进不包括美国的跨太平洋伙伴关系协定正式达成一致并将签署新的自贸协定，跨太平洋伙伴关系协定也更名为全面与进步跨太平洋伙伴关系协定。2018年3月8日，参与全面与进步跨太平洋伙伴关系协定谈判的11国代表在智利首都圣地亚哥举行协定签字仪式，签署全面与进步跨太平洋伙伴关系协定的国家有日本、加拿大、澳大利亚、智利、新西兰、新加坡、文莱、马来西亚、越南、墨西哥和秘鲁；2018年12月30日，全面与进步跨太平洋伙伴关系协定正式生效。2021年9月16日，中国商务部向《全面与进步跨太平洋伙伴关系协定》保存方新西兰贸易与出口增长部长奥康纳提交了中国正式申请加入全面与进步跨太平洋伙伴关系协定的书面信函。全面与进步跨太平洋伙伴关系协定环境保护条款的主要内容：

第一，设置环境标准。全面与进步跨太平洋伙伴关系协定认识到保护和维护大气环境、海洋环境的重要性，并针对臭氧层保护以及海洋环境保护制定了一定的环境标准。

首先，臭氧层保护方面。缔约方认识到，某些物质的排放能够大量消耗并以其他方式改变臭氧层，有可能对人类健康和环境造成不利影响。因此，每一缔约方应采取措施控制此类物质的生产和消费及贸易。缔约方还认识到，依照其各自法律或政策，在制定和实施有关臭氧层保护措施的过程中，公众参与和协商的重要性。每一缔约方应公开提供关于其与臭氧层保护相关的计划和活动，包括合作计划的适当信息。其次，海洋环境保护方面。协定规定每一缔约方应采取措施防止船舶对海洋环境造成污染。缔约方还认识到依照其各自法律或政策进行的公众参与和协商在制定和实施防止船舶对海洋环境造成污染的措施过程中的重要性。每一缔约方应公开提供其与防止船舶对海洋环境造成污染相关的计划和活动

的适当信息,包括合作方案的适当信息。

第二,加强环境合作。全面与进步跨太平洋伙伴关系协定构建了一个环境合作框架,提出如果缔约方可从合作中获益,则缔约方应合作处理与环境事务实施相关的具有共同利益的事项。每一缔约方可以通过设置的联络点联系其他缔约方,与其他缔约方分享其合作优先事项、向另一个或多个缔约方提议与环境事务实施相关的合作活动。协定规定环境合作可通过多种方式开展,包括对话、讲习班、研讨会、会议、合作计划和项目;促进和便利合作和培训的技术援助;政策和程序最佳实践共享;以及专家交流。同时规定所有环境合作活动取决于资金、人力和其他资源的可获性,并应遵守参与合作的缔约方适用法律法规。参与合作的缔约方应决定合作活动的资金。

在合作框架下,协定还规定了具体的环境合作内容,如在臭氧层保护方面,缔约方的环境合作包括但不限于与下列领域相关的信息和经验交流:臭氧消耗物质的环境友好型替代选择;制冷剂管理实践、政策和计划;平流层臭氧测量方法;打击臭氧消耗物质的非法贸易。另外,在控制船舶污染方面,合作领域可包括:船舶造成的偶然性污染;船舶例行操作造成的污染、船舶的故意污染、将船舶产生的废物降至最大限度的技术开发、船舶排放、港口废物接收设施的充足性、在特殊地理区域提高保护以及执行措施,包括向船旗国发出通知及酌情由港口国发出此类通知。

第三,环境争端解决。全面与进步跨太平洋伙伴关系协定规定如缔约方发生环境争端问题,可通过环境磋商、高级代表磋商、部长级磋商以及争端解决四种方法来解决环境争端问题。当缔约方发生环境争端时,首先应通过环境措施尝试解决争端问题。缔约方(请求方)可通过向对方联络点递送书面请求的方式,请求与任何其他缔约方(回应方)就任何环境事项进行磋商。请求方应在其请求中包含能够使回应方作出回应的具体而充分的信息,包括确定争议事项,并表明提出请求的法律根据。除非请求方和回应方(磋商方)另有议定,否则磋商方应迅速进行磋商,且不迟于回应方收到请求之日后30天。如磋商方未能根据环境磋商解决该事项,则进行高级代表磋商,一磋商方可通过向其他一个或多个磋商方的联络点递送书面请求以要求磋商方的委员会代表召开会议审议该事项。认为其在本事项中具有实质利益任何其他缔约方均可派其委员会代表参加磋商。如磋商方未能根据高级代表磋商解决该事项,则进行部长级磋商,一磋商方可将该事项提交磋商方相关部长,该相关部长应寻求解决该事项。同时,磋商既可以选择面对面进行,也可以经磋商方同意后通过可获得的任何技术手段进行。如面对面进行,除非磋商方另有议定,磋商应在回应方的首都进行。并且,磋商应秘密进行且不损害任何缔约方在任何未来程序中的权利。如磋商方在收到环境磋商的请求之日后60天内或磋商方可能议定的任何其他期限内,未能根据环境磋商、高级代表磋商和部长级磋商解决该事项,则请求方可请求根据争端解决章节中的磋商条款再进行磋商,或者设立专家组以解决环境争端问题。

第四,组织设置。全面与进步跨太平洋伙伴关系协定为使协定中环境章节得到有效实施,设置了环境委员会和联络点。协定规定环境委员会由每一缔约方负责环境事务实施的相关贸易和环境国家主管机关的高级政府代表或其指定人员组成。环境委员会设置目的是监督环境事务的实施,主要职能包括:(1)提供讨论和审议环境事务实施情况、合作活动的场所;(2)定期向自由贸易协定委员会提交关于环境事务实施情况的报告;(3)审议并努力解决提交的环境争端事项等。关于联络点的设置,协定规定每一缔约方从其相关主管机关中指定一联络点并作出通知,以期便利缔约方之间就环境事务实施问题进行交流。

第五,环境立法。全面与进步跨太平洋伙伴关系协定给出了环境法的定义,提出环境法是指缔约方的法规或条例或其规定,包括履行该缔约方在多边环境协定下义务的任何法规或规定,其主要目的是保护环境,或防止对人类生命或生命的危险或健康:(1)预防、减少或控制污染物或环境污染物的释放、排放;(2)控制对环境有害或有毒的化学品、物质、材料或废物,以及相关信息的传播;(3)保护或保存野生动植物,包括濒危物种、它们的栖息地和特别受保护的自然区域。同时,全面与进步跨太平洋伙伴关系协定要求每一缔约方应通过保证相关信息向公众公开,提高公众对其环境法律和政策的认识,包括关于执行和遵守的程序。并且,每一缔约方应保证在其法律项下可获得环境法律执行的司法、准司法或行政程序，且这些程序公平、公正、透明并符合正当法律程序。为了有效执行这些法律，每一缔约方应对违反其环境法律的行为提供适当制裁或救济，这些制裁或救济可包括直接对违反者提出诉讼以寻求损害赔偿或禁令救济的权利，或寻求政府行动的权利。

五、区域全面经济伙伴关系协定

2011年2月26日，第十八次东盟经济部长会议上提出了组建区域全面经济伙伴关系草案。在2011年第19届东盟峰会上东盟十国领导人正式通过了区域全面经济伙伴关系协定。2012年8月底召开的东盟十国、中国、日本、韩国、印度、澳大利亚和新西兰的经济部长会议原则上同意组建区域全面经济伙伴关系协定。2022年1月1日，区域全面经济伙伴关系协定正式生效，全球最大自由贸易区正式实施。环境保护条款的主要内容：

第一，环境争端解决。区域全面经济伙伴关系协定为缔约方提供了争端解决机制，主要包括磋商、斡旋、调解或调停、设立专家组。

首先，协定规定任何缔约方可以要求与另一缔约方就环境事项进行磋商。一被诉方应当对一起诉方提出的磋商请求给予适当的考虑并应当给予此类磋商充分的机会。起诉方提出的所有磋商请求应当说明提出请求的理由，包括确认争议措施，并且指出起诉的事实和法律基础。同时，协定规定磋商应当保密，并且不得损害任何争端方在任何进一步或其他程序中的权利。

其次，协定规定争端各方可在任何时候同意自愿采取争端解决的替代方式，如斡旋、调解或调停。此类争端解决的替代方式的程序可以在任何时间开始，并且可以由任何争端方在任何时间终止。同样地，争端各方在进行争端解决时应当保密，并且不得损害任何争端方在任何进一步或其他程序中的权利。

最后，协定规定在符合一定条件时，起诉方可以通报被诉方，请求设立专家组审查争议事项。起诉方申请的条件包括：(1)被诉方未对磋商请求作出答复或者未进行磋商;(2)磋商未能在一定期限内解决争端。在收到设立专家组请求之日起10天内,争端各方应当进行磋商,同时考虑争端的事实、技术和法律方面,以就专家组的组成程序达成一致。起诉方和被诉方各自任命一名专家组成员后,应当就第三名专家组成员的任命达成同意,该第三名专家组成员为专家组主席。为协助达成此类同意,每一争端方可以向另一争端方提供一份最多三名专家组主席的被提名人名单。

第二,组织设置。区域全面经济伙伴关系协定为让卫生与植物检疫措施得到有效实施,设立了联络点和主管机关。联络点的设立是为了便利对卫生与植物检疫措施的相关事项进行沟通,如指定一个以上的联络点,明确其中一个联络点作为专用联络点,以答复另一缔约方关于联系哪一个适当联络点的咨询。每一缔约方应当通过联络点,向其他缔约方提供其主管当局的描述以及主管当局职能和责任的划分。而缔约方的主管机关可以按照共同同意的方式就协定涵盖的环境事项互相合作。如缔约方同意,鼓励缔约方与货物委员会共享各自主管机关此类合作的信息和经验。

六、跨大西洋贸易与投资伙伴关系协定

2013年6月,美国与欧盟启动自由贸易区谈判,谈判内容包括削减关税、消除贸易壁垒,共同应对金融危机等问题。跨大西洋贸易与投资伙伴协定是目前最大的自由贸易区,美欧高调推进,并非仅仅经济因素考虑,而是美欧企图重新掌握国际贸易"话语权",掌握国际经贸规则主动权。跨大西洋贸易与投资伙伴协定贸易协定注重强化环保条款的监管与执行力度,推动缔约方加强在环境承诺履行上的合作。

第一,加强环境合作。跨大西洋贸易与投资伙伴关系协定中有关环境事务的合作主要体现在技术咨询上,规定如果一方对食品安全、植物健康或动物健康或另一方提议或实施的措施有重大关切,该方可以要求进行技术磋商。并且,另一方应对此类请求作出回应,不得无故拖延,要求通常在15天内作出回应。同时,各方应努力提供所有必要的相关信息,

以避免对贸易造成不必要的干扰,并达成相互接受的解决方案,协商可以通过音频或视频会议进行。

第二,环境争端解决。跨大西洋贸易与投资伙伴关系协定旨在建立一个有效和高效的机制,以避免和解决缔约双方之间关于协议的解释和适用的任何争议,以期在可能的情况下达成共同商定的解决方案。协定规定,在缔约方存在争端时,首先应尝试通过协商调解来解决。协定规定一方应通过向另一方提出书面请求并抄送的方式寻求磋商,磋商应在收到请求之日起30天内举行,除非双方另有约定,磋商应在被请求方境内进行。协商应在收到请求之日起30日内视为结束,除非双方同意继续协商。在协商过程中,尤其是双方在这些程序中披露的所有信息和所采取的立场均应保密,且不得损害任何一方的权利。如果缔约方未能通过协商调解解决争议的,协定规定可以请求设立仲裁庭,启动仲裁程序。仲裁庭由三名仲裁员组成。自被诉方收到设立仲裁庭的请求之日起10日内,双方应协商就仲裁庭的组成达成协议。

第三,组织设置。为了监督卫生与植物检疫措施的有效实施,跨大西洋贸易与投资伙伴关系协定成立卫生与植物检疫措施联合管理委员会(JMC),由各方负责卫生与植物检疫措施的监管和贸易代表组成。该委员会的职能包括:(1)监督、审议并审查与卫生与植物检疫措施实施有关的所有事项;(2)为问题的识别、优先排序、管理和解决提供指导;(3)提供一个定期论坛,便于缔约方进行交流等。委员会可成立由缔约方专家级代表组成的工作组,以解决特定的卫生与植物检疫措施问题。当需要额外的专业知识时,经各方同意后,可以包括来自非政府组织的参与者。同时,协定规定缔约方可将任何卫生与植物检疫措施问题提交委员会,委员会应尽快审议提交给它的任何事项。

第二章 全球主要国家环境保护政策

随着国际社会以及公众对加强环境保护的呼声越来越强烈,世界主要国家加强了国内环境保护力度。本章将研究美国、日本、新加坡、中国等主要国家在环境立法、环境监管、公众环境参与、环境国际合作中的主要政策。

第一节 美国环境政策

一、环境立法

20世纪70年代被认为是美国环境保护的黄金十年,社会、政府、国会形成了空前一致的合力。1969—1979年,美国通过了27部环境保护法律和数百个环境管理条例。1970年国会通过《国家环境政策法案》(NEPA),宣称改善环境质量是联邦政府的责任,总统签署实施《国家环境政策法》,成立了联邦环境保护局(EPA)和国家环境质量委员会(CEQ)。1980年里根入主白宫,他寻求各种方法来消除或削弱环境管制,一直延续至老布什时期。1992年克林顿当选美国总统,他提倡并积极推进环境保护和可持续发展。签发了关于"环境正义"的执行命令,制定了一系列环境保护措施。1994年共和党人在第104届国会(1995—1997年)选举中获得成功,对环境政策猛烈攻击,指责环境法律法规拖累了经济发展,是基于不准确的风险评估进行的过度管制,对私有产权造成了不公正和不合法的侵害。小布什上任后立即宣布美国撤出有关气候变化的《京都议定书》,认为其对美国经济施加了不公平的负担。2001年他发布了国家能源计划,呼吁大幅提高国内能源产量,进一步放松在环境保护方面的管制。奥巴马执政时期提出《2009年美国清洁能源与安全法》(American Clean Energy and Security Act)的议案,规定了减少温室气体排放、向清洁能源经济过渡以及提供与农业和林业有关补偿的规定。2017年3月28日,特朗普签署《能源独立行政令》,以促进能源的清洁安全发展,放松了环境管制。表2-1列出20世纪70年代美国颁布的主要环境法律。

表2-1 20世纪70年代美国颁布的主要环境法律[①]

颁布年份	法律名称	颁布年份	法律名称
1970	国家环境政策法	1972	清洁水法案
1970	清洁空气法案	1973	濒危物种法案
1970	职业健康与健康法	1974	安全饮用水法案
1970	国家环境教育法	1975	危险物品运输法
1972	海洋保护及禁渔区法	1976	固体废物处置法
1972	消费产品安全法	1976	有毒物质控制法
1972	联邦杀虫剂、杀菌剂和灭鼠剂法	1976	资源保护和回收法
1972	噪声管制法	1977	清洁水法修正案
1972	水污染控制法	1977	清洁空气法修正案

二、公众参与

美国公众不仅参与环境保护政策的制定与实施,还在社会实践中对既有的环境保护政策加以反思,通过相关的团体活动表达对环境保护的意见和诉求。美国形成的多元化、开放式的环境保护公众参与模式,使该国环境保护政策越发成熟。表2-2列出了美国主要环保组织以及关注的议题。

---

① 孙世强、李华:《环境保护的国际经验与借鉴》,中国经济出版社2022年版,第42—43页。

表2-2 美国主要环保组织以及关注的议题[1]

组织名称	成立年份	主要议题
塞拉俱乐部	1892	环境教育与政策行动
国家野生动物联合会	1936	野生动物和土地保护
环境保护基金会	1967	各种环境教育、政策和法律
忧思科学家联盟	1969	科学和环境保护
国际绿色和平组织	1971	国际环境保护
大自然保护协会	1951	土地保护
雨林行动网络	1985	雨林保护
地球之友	1969	环境保护与正义

在环境政策制定的启动阶段,行政部门就必须通过各种方式向民众,特别是利益相关群体发出布告,并鼓励大家积极献言献策,让社会公众广泛参与到环境政策的制定中来。政府部门将初步拟定的环境政策在专门的联邦纪事上进行刊登,接受各种公众的评议、质疑或建议。社会公众可以是任何组织或个人,如工业集团、州政府、环保组织、普通民众和其他各类人员。在收到公众建议后,相应政府部门必须在规定时间内作出解释、答复,甚至修改。

三、环境合作

第一,美国地方政府环境合作。良好的州际关系是州际环境合作的基础。美国州际合作包括资源的分配与保护、污染防治、气候变化应对等领域。环境保护合作协议和环境保护合作资助保障了州际环境合作的有效运行。环境保护合作协议规定:各州政府与国家环保局一起针对本州的具体环境条件和问题,并结合环保局的总体环境规划而制定的本州的环境规划和目标。而且,为帮助完成各州的环境规划和目标,还给予一定的资金支持。

第二,环境保护的国际合作。尼克松总统执政时期,美国推动了国际

---

[1] 孙世强、李华:《环境保护的国际经验与借鉴》,中国经济出版社2022年版,第38页。

环境合作,促进与西欧、北美等地区的国家环境保护合作。同时加强与环境保护组织的合作,支持经济合作与发展组织开展环境领域专项行动,推动成立联合国环境规划署并设立联合国环境基金等。卡特政府时期成立的研究小组递交的报告中指出"美国必须在提高经济和环境生产力等工作中,在保护和利用全球共有的海洋和大气层的国际机构里,加强与各国的进一步合作"。这些标志着美国在环境保护的全球合作中有着长远的规划。

第二节 日本环境政策

一、环境立法

1958年日本制定了《公共水域水质保全法》和《工厂排污规制法》,1962年制定了专项的法令《烟尘排放规制法》,1967年起相继颁布《公害对策基本法》《大气污染防治法》《噪声管制法》等相关环境法律法规。在1992年联合国环境与发展大会后,日本将"阳光计划""月光计划""地球环境技术开发计划""能源计划"合并为新阳光计划,随后又出台相应的环境保护政策。1993年,日本制定《环境基本法》,同时废止了《公害对策基本法》。该部法律属于综合性法律,涵盖对工业废物、产品、肥料及土地利用等限制,还包括对环境污染的控制、对受害者安抚和对相关处罚的规定。

进入21世纪以后,日本提出以"自然资源""产品利用""废物处理"的线性流程组成的"开放式经济"和强调资源节约和循环的"再利用经济"模式。2000—2002年,日本先后就汽车产业可持续发展颁布《汽车循环法》等多部法律。2003年,日本政府制定了《循环型经济基本计划》,提出2010年把环境生产性(GDP/自然资源等的投入量)提高到39万日元/吨(比2000年度提高40%)的目标。2010年,日本众议院环境委员会通过了《气候变暖对策基本法案》,提出日本中长期温室气体减排目标,并建立碳排放交易机制以及征收环境税。2018年,日本设立战略能源计划,提出将在2030年将碳使用量从32%减少到26%,将可再生能源从17%增加到22%—24%,并将核能从6%增加到20%—22%,还宣布关闭140家燃煤电厂中的100家老旧低效燃煤电厂。2022年6月,日本政府发布《环境循环型社会生物多样性白皮书(环境白皮书)》,指出太阳能等可再生能源"在国内生产,也可有助于能源安全",再次提出"最大限度采用"的方针。白皮书还指出"加快向去碳化社会过渡很重要",强调采用可再生能源将创造新的就业机会,推动地方经济发展。

二、环境监管

1970年,日本内阁政府设立公害对策本部,以此作为国家层面的环境行政机关。随后内阁在公害对策本部基础上设立了环境厅,并将环境厅升格成环境省。日本内阁政府还设立《环境省设置法》,规定了环境省的主管事务。环境省除了与内阁其他省府承担生态环境监管以外,还对地球温暖化、臭氧层保护、循环利用和防止海洋污染等领域进行监管。在国家层面的环境监管中,还设置了农林水产省、外务省、经济产业省以及国土交通省等多个内阁部门在各自的职责范围内对生态环境进行监管。如农林水产省不仅承担着制定和监督执行环境保护型农业政策的职责,而且对与畜牧生产、农用地土壤污染防治等相关活动进行监管;外务省负责制定和执行与全球环境相关的合作与交流政策。

在地方层面的生态环境监管体制上,各地方政府根据《地方自治法》等法律相关规定,制定出生态环境保护与监管的规定。日本地方政府一般都设有专门的环保行政机构,承担着生态环境执法和监管职能。在《地方自治法》之下,地方政府在生态环境监管领域享有高度的自治权,只有在特殊情况下,环境省才可依据《地方自治法》对地方自治体的生态环境监管行为进行干预。如在环境大臣要求地方自治体改正违法行为或者采取必要改善措施的情形下,地方政府有服从的义务。

三、社会公众参与

日本政府通过颁布一系列环境法律和制定相关环境政策,赋予和保障社会公众的环境权益,并激励公众对环境损害行为进行监督和制约,增强公众对环境保护的参与意识。日本政府设立《行政机关保有信息公开法》《对环境省保有的行政公文提出公开请求作出公开决定的审查基础》《日本信息公开法》等相关法律,保障了公众对相关企业的知情权。日本政府还鼓励公众和社会组织参与环境保护,如设立《环境影响评价法》《大气污染防治法》《噪声控制法》等相关法律,还通过制定《公害纠纷处理法》《公害健康被害补偿法》等相关法律,用以保障公民对生态环境的监督权。

日本分别在1994年、2000年和2006年制订三个环境基本计划,这些环境计划不仅体现了日本政府对环境治理的决心,更是调动了地方团体、企业和国民等所有社会主体积极参与环保事业。其中,2006年,日本提出"从环境开拓新的富裕之路"环境政策主题,该主题从环境、经济和社会等方面实现综合提升。该项环境政策通过形成环保型可持续的国土和自然环境,支持帮助个人追求环保并实现富裕生活,推动"环境和经济的良性循环"。日本还不断加强国家、地方政府和国民间的参与和合作。比如,日本还就《循环型社会白皮书》所提出的方案,向国民征求意见,增强了公民参与意识。

四、环境合作

20世纪80年代后,日本政府提出综合安全保障战略,在解决国内环境问题后,将视野转向外部的环境问题,积极参与国际合作。1984年,日本政府提议设立"世界环境与发展委员会"。1989年,日本在东京召开地球环境会议,提出"地球环保技术开发计划"。20世纪90年代以后,日本更加注重国际间的交流与合作。1992年联合国环境发展大会上,日本承诺限制排放有毒气体,并承诺在五年内为世界环保事业提供10000亿日元的援助,援助额远超欧盟、美国等国家与组织。2000年以来,日本政府更加将环境问题上升到维护国家安全、促进国家发展和扩大国际影响的高度。2003年日本提出了"将环境作为日本企业强项"的"环境立国"的战略。2004年日本政府向在美国举行的八国首脑会议上提出并制定《3R

行动计划》的建议。2005年,《京都议定书》正式生效,作为第一份国际协议,该协议是全世界第一次以法规形式规定了温室气体排放量。随后2008—2012年,全球工业国家的工业二氧化碳排放量比1990年降低约5.2%。日本还积极推进联合国气候变化框架公约的实施,通过环境合作获取更高的国际地位。2007年,日本的环境合作路线开始转向气候问题,提出"美丽星球50"计划,该计划提出2050年前世界温室气体的排放量减少50%。此外,日本还设立基金帮助排放量较大的发展中国家减排。自1999年以来,中国、日本、韩国环境部长会议召开,探讨和解决共同面临的区域性环境问题,促进本地区可持续发展。在2021年召开的第22次中国、日本、韩国环境部长会议上,通过并共同签署了《中日韩环境合作行动计划(2021—2025)》和《第二十二次中日韩环境部长会议联合公报》探讨三方环境领域合作前景,并对全球环境议题交换意见。

第三节　新加坡环境政策

一、环境立法

为了应对环境问题,新加坡政府采取立法先行的做法。新加坡《刑法典》在第十四章第二百七十七条和第二百七十八条对故意污染水源及故意污染空气的犯罪行为作出了明确规定。新加坡政府还制订了一系列与环境保护相关的专门法律,并逐渐形成了以单行法为主的立法体系。1966年,新加坡颁布了独立以来第一部与环境保护相关的单行法《破坏法》,1985年对该法进行了修订,对一些破坏公共环境行为规定了相当严厉的处罚措施。此后,《公共环境卫生法》《濒危物种进出口法》《环境污染控制法》等单行法相继出台,明确地规范了相关领域内的违法行为以及相应的处罚措施。

《公共环境卫生法》颁布于1968年,内容较全面,包括噪声、墓地、游泳池、公共清洁、有毒工厂废物及一般垃圾收集控制,现行的是1987年颁布施行的公共环境卫生法,经过1989年、1992年、1996年、1999年和

2002年的几次修订。新加坡还颁布了《环境污染控制法》（取代了《清洁空气法》），主要包括空气污染控制、水污染控制、土壤污染控制、危险物质控制和噪声控制。新法案进一步提高了空气排放的标准，并给予现有的工业企业三年宽限期以达到新的排放标准，而新设立的工业企业以及现有企业引入的新设备和新的生产过程必须从2001年1月1日起就达到新标准。

新加坡几乎对所有野生动物都加以保护，并且有专门法律保护树木和其他植物。根据《公园和林木条例》对自然保护区和国家公园加以保护，违反其规定会受到高达5万新元的罚款或者长达6个月的监禁或者罚款与监禁并处。《渔业条例》对捕鱼产业进行了控制，航行在新加坡任何港口的渔船必须获得执照，利用炸药、毒药和拖网捕鱼的方法是受到禁止的，惩罚包括最高1万新元的罚金和（或）长达12个月的监禁。

二、环境督察

新加坡污染控制的一个重要战略就是加强环境监测，包括空气质量监测、水质量监测、有毒有害废物、噪声污染和固体废物的监测。

（一）空气污染控制

从2001年1月1日起，所有汽油和柴油驱动的客车和运载量不超过3500千克的轻型车辆必须符合欧盟排放标准；而重型车辆在登记前就必须符合91/542/EEC stage 2 的排放标准。从2003年7月1日起，所有摩托车在登记使用之前必须符合欧洲的废气排放标准。新加坡为了控制机动车的数量，规定购买汽车必须首先获得权利证书，并且需要竞投购买。每个证书有10年的有效期，过期后必须重新购买。

（二）水污染控制

新加坡岛中部占总面积约5%的中央蓄水区列为受保护的蓄水区域，不允许开发；占总面积约36%的包括克兰芝蓄水池、槟兰蓄水池、裕廊湖等在内的外围蓄水区域，只允许轻工业发展，各种内陆水域和海岸区域的水质量都要接受常规监测。新加坡污染控制处通过37条溪流和13个集水区的池塘来监测内陆水域的水质。集水区内14个蓄水池的水质量由污染控制局和公用事业局按季度对pH值水平、生化含氧量、总悬浮固体量和其他一些指标进行分析。同时,通过对柔佛州海峡的9个取样点和新加坡海峡的10个取样点的海水进行分析检测,以监测新加坡周围的海水质量。由生活、商业及工业产生的污水被收集并引入六个集中的污水处理点,在经过处理后达到标准水平再流入大海。新加坡排入公共下水道的污水受到《环境保护和管理条例》《排污排水条例》和一些相关法规的严格控制。相关法规中规定了各种排放标准。对这些规定的首次违反会受到10000新元的罚款以及每天收取300新元;如果再次违反,就处以20000新元的罚款以及每天收取500新元。

三、社会公众参与

新加坡政府先后出台了新加坡2012年绿色计划、国家再循环计划、无垃圾行动等政策。绿色计划的目标是政府、公私机构及民众三方合作,订立保持健康生活环境的十年规划,提出废物处理、清洁空气、自然保护等24个项目的155个行动计划,并定期进行检查、评估、监督及落实再循环计划。提出3"R"(Reduce—减量、Reuse—再利用、Recycle—再循环)方针,旨在号召居民减少垃圾产生,注意废物的循环和再利用,告诫公民有责任保持环境清洁,培养大家的环保意识。

为宣传环保理念,增加节能意识,新加坡政府和社会各界一直都想尽办法积极宣传。近期,新加坡主流华文媒体《联合早报》每逢星期一和星期四登载《绿色行动》专栏,定期提供环保信息和小"贴士",让大家在日常生活中减少浪费,把环保意识落实为行动。新加坡将环保教育视为民众终生教育,环境教育被列入了学校课程的一部分,鼓励每所学校至少成立一个环保俱乐部,设法在学校培养环保大使。

四、国际环境合作

新加坡积极参与国际环境问题合作,与联合国环境规划署、联合国开发署、东亚海域协调机构以及亚洲开发银行等机构保持密切的合作关系,签订的国际多边环境条约有:《濒危物种贸易公约》(1986年11月)、《保护臭氧层维也纳公约》(1989年1月)、《关于臭氧层耗损物质的蒙特利尔公约》(1989年1月)、《防止船舶污染国际公约》(1990年11月)、《联合国海洋法公约》(1994年11月)、《联合国生物多样性公约》(1995年12月)、《防止危险废物越境转移巴塞尔公约》(1996年1月)、《联合国气候变化框架公约》(1997年5月)、《防止沙漠化公约》(1999年4月)。

新加坡积极参与环境问题的双边和地区合作。在双边合作方面,新加坡与其近邻马来西亚和印度尼西亚通过了协商机制开展合作:马来西亚—新加坡环境联合委员会、印度尼西亚—新加坡环境联合委员会。新加坡积极参与东盟环境论坛,在东盟环境部长会议和东盟环境高级官员会议中发挥主导作用。制订了一系列有关环境问题的战略计划,其中比较重要的有:《东盟环境战略行动计划》(1994年4月)、《东盟越境污染合作计划》(1995年6月)、《关于环境和发展的雅加达宣言》(1997年9月)、《区域烟雾行动计划》(1997年12月),它们为东南亚地区的可持续发展提供了指导性计划。此外,新加坡还通过各种区域性的环保机构积极参与区域内的资源开发和保护活动,取得了许多实质性的进展,这方面的主要合作组织有:"东盟海洋资源保护组织""东南亚渔业发展中心",成员有新加坡、马来西亚、菲律宾和泰国,主要任务是为东南亚水域的渔业部门提供支持;"东盟石油理事会",该组织成立的目的是要加强本区域各国在石油开发和利用方面的合作与协调、保护海洋环境、防止海洋污染等。

新加坡还积极促进亚太地区的环境技术转让,其目标是将新加坡建设成为环保产业和环境技术的地区中心。为了满足本地区的环保技术需求,新加坡已经启动了几项技术转让方案,并把与发达国家的环境合作当作提高本国环境技术水平的有效途径,比如,"德国—新加坡环境技术机构"引进德国的环保技术和经验,共同开发亚洲环保市场。

五、环境税

新加坡财政部利用税收手段积极配合政府其他部门开展环境管理工作,针对新加坡水资源稀缺的状况,开征了开发、利用水资源的资源补偿税。于1991年4月1日起开始实施水资源保护税。目前实行的税率如下：对于家庭用户，每月用水量在40立方米以下的，税率为水费账单的30%；超过40立方米以上的部分，税率为45%；对于非家庭用户，税率统一为30%。

为了控制空气污染，减少吸烟带来的危害，还特别设立了香烟消费税，并多次提高税率。香烟消费税率1993年为每公斤115新元，经过1998年、2000年和2001年三次调整，目前已提高到每公斤180新元。自2003年9月1日起，将对香烟以"根"计税。关税政策也与环境保护密切相关。新加坡是一个自由港，绝大多数商品进口都是免税的。但是对某些商品却利用关税限制消费，这些商品大多是具有环境外部负效应的产品，如禁止进口和销售口香糖，对烟、酒和汽车征收高额关税。

为了鼓励采用清洁技术，《所得税法案》出台一项政策，对任何"有效污染控制设备"和"认证的节能设备"安装费用给予全额的补贴。财政部于1996年1月1日起，准许企业将投资于节能设备和高效污染控制设备的资金，在设备购买后一年内提取100%的折旧，并颁布了可享受该优惠政策的环保设备的类型和详细的技术标准。噪声和有害化学品污染是造成工业职业健康危害的两大主要因素，财政部规定从1998年1月1日起，凡采取有效措施降低这两种污染而引起的开支，也可以在一年内提取100%的折旧。

第四节　中国环境政策

一、碳排放权交易试点制度

碳排放交易制度是通过设定一个碳排放总量，然后逐年降低这一排放量来实现碳减排的制度安排。早在2011年我国就提出碳排放交易试点，并经国家发展和改革委员会批准确定了七个开展试点省市，分别是北京市、天津市、上海市、重庆市、广东省、湖北省、深圳市。之后又在2016年加入了福建省作为第八个获准开展碳排放交易试点的省市。2020年我国最新的《碳排放权交易管理办法（试行）》审议通过,并于2021年2月1日开始实施。《碳排放权交易管理办法（试行）》总共有八个章节,主要针对温室气体重点排放单位、碳排放配额的分配、登记、核查与清缴、碳排放交易、监督管理与惩罚机制等方面作出规定。

《碳排放权交易管理办法（试行）》明确了温室气体重点排放单位的范围以及移除标准。在碳排放配额的分配、登记、核查与清缴的问题上,该办法规定省级生态环境主管部门应当根据生态环境部制定的碳排放配额总量确定与分配方案,同时分配当以免费分配为主,但也允许按要求进行有偿分配。关于碳排放配额的核查,该办法中提到允许省级生态环境主管部门交由第三方机构进行核查,并规定了具体的程序事项。另外,该办法构建了完整的监督管理体系以及惩罚机制,提出"双随机、一公开"的监督管理方式,在监管过程中随机抽取检查对象,随机选派执法检查人员,抽查情况及查处结果及时向社会公开。另外,还针对生态环境部门的工作人员、全国碳排放注册和交易机构的工作人员以及重点排放单位的违规行为作出具体规定。

碳排放权交易的八个试点城市在碳排放交易管理上存在一定差异,主要包括碳排放配额的计算方式、分配方式。比如,北京市针对电力生产业、水泥制造业、石油化工生产业、热力生产和供应业、服务业、道路运输业及其他行业制定了相应的二氧化碳排放核算和报告要求标准。关于碳排放配额分配,北京市规定了四种方法,分别是基准线法、历史总量法、历史强度法和组合方法。具体地,石化、其他服务业（数据中心重点单位除外）、其他行业（水的生产和供应除外）采用历史总量法；其他行业中水的生产和供应采用历史强度法；交通运输业采用组合方法；其余的行业均采用基准线法来计算碳排放配额。关于碳排放配额的发放,北京市生态环境局根据《北京市企业（单位）配额核定方法》来核定当年的配额进行两次免费发放。具体地,第一次发放是配额预发,发放上年配额的70%,而第二次发放是排放量核定及配额调整核发。另外,北京市为了规范碳排放交易,还制定了《碳排放管理体系实施指南》和《碳排放管理体系建设实施效果评价指南》,以更好地建立并监督碳排放管理体系。

天津市为了规范碳排放交易,先后出台了一系列地方标准,比如《天津市碳排放权交易试点工作实施方案》规定了天津市碳排放交易的市场范围,明确了重点排放行业。另外还针对不同行业制定了两种企业配额分配方法,包括历史强度法和历史排放法。其中,除了建材行业和造纸行业采用历史强度法来计算企业配额以外,其余行业都采用历史排放法来计算企业配额。关于配额的发放,天津市同样是分两次发放,首先是直接发放,其次是核定后发放。

上海市碳排放交易配额分配方法共有三种,分别是行业基准线法、历史强度法和历史排放法,并规定优先采用前两种方法。具体地,发电、电网和供热等电力热力行业企业采用行业基准线法,工业企业以及航空、港口、水运、自来水生产行业企业采用历史强度法。而历史排放法针对的是商场、宾馆、商务办公、机场等,以及难以采用行业基准线法和历史强度法计算配额的工业企业。关于配额的发放,分为直接发放配额和有偿发放配额两种方式。直接发放配额是上海市生态环境局根据不同配额分配方法采取不同的流程免费发放配额,而有偿发放配额采用不定期竞价发放的形式。

湖北省出台的《湖北省碳排放权管理和交易暂行办法》,明确规定了碳排放配额的计算方法以及发放方式。计算方法共三种,包括标杆法、历史强度法、历史法。其中,水泥(外购熟料型水泥企业除外)企业采用标杆法;生产两种以上的产品、产量计量不同质、无法区分产品排放边界等情况的企业采用历史法;其余企业采用历史强度法。并且碳排放配额的分配均为免费发放。

广东省碳排放配额的计算方式,总共有三种方法,分别是基准线法、历史强度下降法以及历史排放法。其中,特别规定石化行业煤制氢装置应采用历史强度下降法来计算配额。广东省针对碳排放配额的发放选择使用免费发放与竞价这两种形式,每年定期发放有偿配额,并且针对不同的配额计算方式规定了不同的免费配额发放方式。另外,重庆市也公布了《重庆市碳排放权交易管理办法》,该办法规定碳排放配额发放包括免费和有偿发放两种方式,以免费发放为主,但也会预留一部分碳排放份额用于有偿发放。

二、环境保护相关税收

(一)碳税

碳税即碳排放税,是向使用含碳的化石燃料使用者所征的税。碳税机制是通过价格干预引导经济主体优化生产经营行为,实现碳减排目标。碳税制度最早是由北欧国家(包括芬兰、瑞典、挪威、丹麦以及荷兰)于20世纪90年代开始实施,后经欧盟大力推广,逐渐确定了统一的碳税标准。

北欧国家在已经并行实施碳税与碳排放交易一段时间后,其碳排放量明显减少。同时,经济合作与发展组织的报告提出碳排放交易与碳税这两种方法并行所付出的碳减排成本是最少的。之后,我国也开始考虑征收碳税可行性与必要性。就可行性而言,我国当时已经有资源税与环境税等与环境保护有关的税种,可以将碳税加入现有的环保税体系中去。就必要性而言,碳税可以通过提高使用含碳能源的成本,从而实现外部成本内部化,并且碳税的实施成本比碳排放交易更低。所以,将征收碳税提上议程显得尤为必要。但与欧盟国家单独设立碳税这一税种不同,我国是将其作为目前已有税种(如环境税、资源税等)中的一个税项进行征税。

(二)资源税

资源税是以各种自然资源为课税对象,为调节资源级差收入并体现国有资源有偿使用而征收的一种税。我国于1984年开征资源税,1986年和1994年先后又进行了改革。并于1993年正式发布了《中华人民共和国资源税暂行条例》,规范化了资源税的征收管理。但我国资源税的税负过低。主要是因为征税范围小以及计征方式不合理导致的,之前资源税的征收范围只包括原油、天然气、煤炭、铁矿石等矿产资源,有上百种非金属矿原矿并未纳入征收范围。另外,从量计征的征收方式使企业的纳税额只与产量挂钩,资源价格大幅上涨时企业纳税额也是不变的,这可能造成矿产开发企业为盈利而私下加大开采力度,形成掠夺式开采,严重浪费资源。针对这些问题,我国从2007年开始正式开展资源税改革,把原来从量计征的计征方式变为从价计征,将企业的纳税额与资源价格挂钩,利用市场机制来引导矿产开发企业合理开采。同时,上调了资源税的税率,陆续上调了原油、天然气、煤炭、铅锌矿石、铜矿石和钨矿石产品等自然资源的税率。这次除了计征方式的改变以及税率的提高,改革还扩大了资源税的征收范围、统一了油气资源税费制度。此后,2011年国务院修改了先前发布的《中华人民共和国资源税暂行条例》,再次修改了资源税的税目与税率。为了进一步规范资源税的征收管理,2020年国家税务总局发布了《关于资源税征收管理若干问题的公告》,公告规定了外购应税产品扣减的计算方法,修订了资源税纳税申报表,明确了优惠政策以及简化了办税流程。

(三)环境保护税

2016年我国正式通过了《中华人民共和国环境保护税法》,并于2018年开始正式实行。《中华人民共和国环境保护税法》加强了税收体系的绿色化,将当时实行的排污费制度向环境保护税制度转变,让环境保护税的征收工作变得有法可依。2018年起排污单位从缴纳排污费转为缴纳环境保护税。环境保护税主要针对污染破坏环境的特定行为征税,纳税主体包括企事业单位和其他生产经营者,但不包括居民个人。另外,环境保护税只对直接排放大气污染物、水污染物、固体废物和噪声这四大类污染物进行征收,间接排放行为不需要缴纳环境保护税。关于环境保护税的计算,主要是根据"四项指标、三个公式"来计算税额。其中,"四项指标"是指污染物排放量、污染当量值、污染当量数和税额标准,"三个公式"是指根据排放的应税污染物类别不同,税额的计算方法也有所不同。

三、中央及地方环境立法

中央层面的环境立法最早可追溯到1973年的《关于保护和改善环境的若干规定(试行草案)》,就环境保护作出了明确规定。之后,1978年的宪法中首次纳入环境保护条款,1979年颁布了《中华人民共和国环境保护法(试行)》,并于1989年颁布综合的环境保护立法,即《中华人民共和国环境保护法》。而后,相继颁布了一系列有关环境保护的法律,总的来说,有关环境保护的立法主要包括环境污染防治以及自然资源利用这两大方面。其中,环境污染防治的立法包括《中华人民共和国海洋环境保护法》《中华人民共和国放射性污染防治法》等,自然资源利用方面的立法包括《中华人民共和国煤炭法》《中华人民共和国草原法》等。我国也针对单项立法进行了一定的修订,并且新增了几部单项法律,逐渐完善了我国的环境保护法律体系。2014年,我国重新修订了《中华人民共和国环境保护法》,修订后的《环境保护法》条款综述增加到七十条,章节也增加到七个,对监督管理、保护和改善环境、防治污染和其他公害、信息公开和公众参与以及法律责任等方面作出规定。

除了新增和修订单独的环境立法,环境保护还被列入宪法、刑法等其他法律。例如,《中华人民共和国刑法》中的第六章第六节"破坏环境资源保护罪",对造成严重环境污染、破坏自然资源的行为作出了明确的惩罚规定。另外,中央层面还出台了各类环境保护行政法规、规章。例如,《中华人民共和国海洋石油勘探开发环境保护管理条例》《中华人民共和国野生植物保护条例》《防治船舶污染海洋环境管理条例》等。根据我国生态环境部网站纳入的法规标准,现在中央层面有关环境保护的法律共计40部,行政法规共计53项,规章共103件。另外,还制定了诸多的环境标准,包括水、大气、噪声、土壤等方面的环境标准。

2015年修订的《立法法》首次规定了设区的市可以在环境保护等三个方面的事务上制定地方性法规,地区环境立法也就应运而生。从省级层面来看,除北京市以及河南省外,其他的省份与直辖市都有综合性的环境保护管理条例。虽然北京市与河南省没有一部综合性的环境保护管理条例,但也陆续颁布了大气污染防治条例、建设项目环境保护管理条例等涉及环境保护方面的条例。

四、环境督察

早在2006年我国就通过设立区域环境保护督查机构,进行环境保护督查工作。并在2016年正式设立国家环境保护督察办公室,以便于开展中央环境督察工作,而且在2017年就完成了环境督查工作的全国覆盖。

第二章　全球主要国家环境保护政策

从监督对象来看，环境督察对象从最初以企业为主，而后将地方政府也纳入监督对象，并实现了党政同责。另外，还实现了环境保护"督查"向"督察"的转变。颁布并实施《环境保护督察方案(试行)》使环境保护督察更具权威性。

2014年的《综合督查工作暂行办法》明确将地方政府纳入监督对象，将环境督察对象变为政企并重。2018年，我国在按照《环境保护督察方案(试行)》开展第一轮环境督察工作后，发现该方案还存在部分内容需要细化。2019年中共中央办公厅、国务院办公厅出台了《中央生态环境保护督察工作规定》，这是党内第一部环境保护方面的法规，第二轮环境督察工作也将按照这一工作规定开展。这一工作规定对组织机构和人员、督察对象和内容、督察程序和权限、督察纪律和责任等方面作出了明确规定。规定成立中央生态环保督察工作领导小组和中央生态环保督察办公室，以组织、协调并推动环境督察工作的开展，并对组长、副组长以及组成部门作出详细规定。在有关督察对象和内容的部分，不仅将国务院有关部门和中央企业列入督察对象，而且提出中央生态环境保护督察工作着重对整改过程中的形式主义、官僚主义问题进行督察，着重查处环保工作中的"一刀切"问题。另外，环境督察的程序包括督察准备、督察进驻、督察报告、督察反馈、移交移送、整改落实和立卷归档等程序环节。《中央生态环境保护督察工作规定》的出台进一步规范化了环境保护督察工作，完善了我国的环境督察制度。

经过对前两轮环境督察工作的总结，2022年中共中央办公厅、国务院办公厅印发了《中央生态环境保护督察整改工作办法》，进一步完善了中央生态环境保护督察制度。这一工作办法主要在职责分工、工作程序、监督保障、纪律要求等方面作出规定。在职责分工方面，主要是对成立的中央生态环境保护督察工作领导小组及办公室以及相关部门在环境督察工作中应承担的职责作出相应规定。在工作程序上，明确了工作方案的编写、审批、报告等流程及实施细则。关于环境督察工作的监督，该办法规定主要通过清单化管理、定期抽查以及盯紧进度等方式来实现，针对环境督察工作中出现的工作不力问题，还给出了明确的应对措施，包括采取

67

通报、督导、约谈和专项督察等方法。另外,该工作办法还具体规定了环境督察工作中的纪律要求。

五、河长制

"河长制"最早是2003年浙江省长兴县为达到国家卫生城市的标准而设立实施的,主要是对当地河流及水系开展整治,以实现水体环境的改善与污染防治。2016年,中共中央办公厅、国务院办公厅为进一步健全河湖管理保护的长效机制,印发了《关于全面推行河长制的意见》,并于2018年实现了河长制的全覆盖,全国31个省(自治区、直辖市)都建立了河长制。《关于全面推行河长制的意见》中明确指出了河长制的主要任务,包括加强对水资源和河湖水域岸线管理的保护、水污染防治、水环境治理、水生态修复以及执法监管。并且提出通过加强组织领导、健全工作机制、强化考核问责以及加强社会监督四种措施来保障河长制的落实。

在河长制下,每个省都设置了设立党政双总河长,党政主要负责同志携手履行第一责任人职责,负责整个行政区域的河湖管理保护工作,负责河湖管理保护的总监督和调度。河长分为省、市、县、乡、村五级,各级河长有不同的工作侧重点。其中,市一级河长的工作侧重于统筹、协调、检查、督促和指导工作;县一级河长的工作侧重于统筹本地全流域水安全、治污、组织实施、经费保障与监督检查;乡一级河长的工作侧重于管好乡里的水体污染问题,以及镇村的河道保护宣传工作;村一级河长的工作侧重于河道垃圾的管理,并负责日常的河道巡查与保洁等。五级河长的体系进一步细化了河湖管理保护工作,形成了自上而下、上下贯通的管理体系以及"党政负责、水利牵头、部门协同"的工作机制。截至2021年,已有五级河长120多万名,其中省、市、县、乡级河长共计30多万名,村级河长共计90多万人。从我国生态环境部公布的全国地表水Ⅰ—Ⅲ类水水质断面比例数据来看,该项指标2020年为83.4%,相较于刚印发《关于全面推行河长制的意见》的2016年增长了近17%,可以看出河长制的实施有效改善了我国的水体环境。

第三章 自由贸易协定环境保护条款影响企业行为的理论机制

该部分首先将分析自由贸易协定对企业行为的影响以及由此产生的福利效应,其次将自由贸易协定环境保护条款分为国际环境监管与国际环境标准两个部分,并由此探讨它们对国际贸易规模以及出口产品质量的影响以及作用机制。

第一节 自由贸易协定贸易效应和福利效应理论模型

本部分借鉴了古泽和故西(Furusawa 和 Konishi,2007)、柳斯和津吹(Yanase 和 Tsubuku,2022)的模型。在古泽和故西(2007)、柳斯和津吹(2022)的设定中,不同国家专业化生产不同种类的商品,因此也就不存在产业内贸易的可能。本章则结合中国加入自由贸易协定的实际情况,将产业内贸易和产业间贸易同时纳入分析框架当中。此外,古泽和故西(2007)、柳斯和津吹(2022)考虑了厂商之间进行的价格竞争,本章则考虑产量竞争。

考虑一个两阶段的博弈模型:第一阶段,不同的国家根据自由贸易协定或最惠国规则制定针对本国进口商品的关税,以最大化社会福利;第二阶段,生产同一类商品的不同国家厂商进行产量竞争,以最大化厂商自身的利润。一个国家对特定种类商品的需求函数则由该国代表性消费者的偏好和预算约束共同决定。

本章将通过比较分析,探讨自由贸易协定所带来的贸易效应和福利效应。

一、基本模型

考虑一个由三个国家组成的经济体,借鉴古泽和故西(2007)、柳斯和津吹(2022)的处理,设定 i 国代表性消费者的效用函数如下:

$$u\left(q_i(\omega), q_{i0}; \omega \in \Omega\right) = \int_\Omega q_i(\omega)d\omega - \frac{1}{2}\int_\Omega q_i(\omega)^2 d\omega + q_{i0} \quad (3-1)$$

其中 ω 代表商品种类,Ω 为测度为1的商品种类集合,$q_i(\omega)$ 表示 i 国代表性消费者对第 ω 种商品的消费量,q_{i0} 表示作为 i 国代表性消费者的计价物。代表性消费者的预算约束为 $y_i = \int_\Omega p_i(\omega) q_i(\omega) d\omega + q_{i0}$,其中 $p_i(\omega)$ 表示消费者所面对的第 ω 种商品的零售价格。

结合代表性消费者的效用函数和预算约束,容易求得 i 国对第 ω 种商品的反需求函数如下:

$$p_i(\omega) = 1 - q_i(\omega) \quad (3-2)$$

不同的国家之间存在产业内贸易,体现为 i 国消费的第 ω 种商品可以由不同的国家供应,即 $q_i(\omega) = \int_{j \in N} q_{ji}(\omega)dj$,其中 $q_{ji}(\omega)$ 表示由 j 国销往 i 国的第 ω 种商品的数量,N 为测度为 $n=3$ 的国家集合。产业间贸易体现为任意一种商品都可以由不同的国家供应。

结合式(3-1)和式(3-2),我们可以得到消费者剩余为:

$$CS_i = u\left(q_i(\omega), q_{i0}; \omega \in \Omega\right) - y_i = \frac{1}{2}\int_\Omega q_i(\omega)^2 d\omega \quad (3-3)$$

厂商出口商品需要承担的贸易成本包括关税成本和非关税成本。非关税成本包括制度成本、运输成本和认证成本等。签署自由贸易协定可以降低自由贸易协定成员之间的关税成本,但是降低非关税成本则需要两国之间贸易制度和基础设施等软硬条件的改善。记 j 国厂商向 i 国出口第 ω 种商品需要承担的关税成本为 t_{ji},非关税成本为 τ_{ji},出厂价格为 $p_{ji}(\omega)$,则第 ω 种商品的零售价格与出厂价格之间的关系可以表示如下:

第三章 自由贸易协定环境保护条款影响企业行为的理论机制

$$p_i(\omega) = p_{ji}(\omega) + t_{ji} + \tau_{ji} \tag{3-4}$$

令 $t_{ji} = \tau_{ji} = 0$，即如果第 ω 种商品由本国生产，则不存在贸易成本，只有 j 国厂商向 i 国出口的商品存在贸易成本。我们假设一价定律满足，即对于任意的 $j \in N$，式（3-4）均成立。此外，我们假设非关税成本 τ_{ji} 小于 $1/6$，以确保均衡时 i 国厂商一定会出口商品到 j 国，且各个国家所制定的进口关税非负。

每个国家都可以生产 ω 种商品，并向本国和其他国家供给该种商品。与柳斯和津吹（2022）一致，为简化分析，我们假设商品生产不存在边际成本[①]。i 国生产第 ω 种商品厂商的利润函数可以刻画如下：

$$\pi_i(\omega) = \int_{j \in N} p_{ij}(\omega) q_{ij}(\omega) dj \tag{3-5}$$

i 国生产第 ω 种商品的厂商需要和其他国家生产相同种类商品的厂商进行产量竞争。结合式（3-2）和式（3-4），i 国生产第 ω 种商品的厂商出口到 j 国的商品数量（或本国销售的产品数量，如果 $j = i$）满足以下的一阶条件：

$$q_{ij}(\omega) = 1 - \int_{i \in N} q_{ij}(\omega) di - t_{ij} - \tau_{ij} \tag{3-6}$$

式（3-6）对不同国家生产 ω 种商品的厂商均成立。在产量竞争阶段，第 ω 种商品的均衡产量通过联立求解不同国家生产厂商的一阶条件得到。

对 i 进行积分可以得到 j 国销售的第 ω 种商品的总量为：

$$q_j(\omega) = \int_{i \in N} q_{ij}(\omega) di = t_{ij} \frac{1}{1+n} [n - t_j - \tau_j] \tag{3-7}$$

其中 $t_j = \int_{i \in N} t_{ij} di$ 表示 j 国对第 ω 种商品征收进口关税税率的总和，$\tau_j = \int_{i \in N} \tau_{ij} di$ 表示其他国家向 j 国出口第 ω 种商品所面临的非关税成本的总和。

将式（3-7）代入式（3-6），我们可以得到 j 国生产第 ω 种商品的厂商

[①] 考虑边际成本不会改变本书的主要结论。

出口到 j 国的商品数量为：

$$q_{ij}(\omega) = \frac{1}{1+n}[1 + t_j + \tau_j] - t_{ij} - \tau_{ij} \tag{3-8}$$

将式(3-7)代入式(3-2)，我们可以得到 j 国第 ω 种商品的零售价格为：

$$p_j(\omega) = 1 - q_j(\omega) = \frac{1}{1+n}[1 + t_j + \tau_j] \tag{3-9}$$

根据式(3-4)，我们可以得到 i 国生产第 ω 种商品的厂商出口到 j 国时的出厂价格为：

$$p_{ij}(\omega) = \frac{1}{1+n}[1 + t_j + \tau_j] - t_{ij} - \tau_{ij} \tag{3-10}$$

因此，i 国生产第 ω 种商品厂商的均衡利润可以表示为：

$$\pi_i(\omega) = \int_{j \in N} p_{ij}(\omega) q_{ij}(\omega) dj = \int_{j \in N} q_{ij}(\omega)^2 dj \tag{3-11}$$

因为式(3-7)至式(3-11)的右边均与 ω 无关，所以我们也可以把左边的 ω 去掉，即在纳什均衡处 i 国厂商的产量、价格和利润等表达式，与商品种类无关。

政府的目标函数是在不同的贸易规则（自由贸易协定或最惠国规则）下选择进口关税，以最大化本国的社会福利，而本国的社会福利则由消费者剩余和该国所有厂商的利润组成。i 国社会福利的表达式如下：

$$W_i = CS_i + \int_\Omega \pi_i(\omega) d\omega = \frac{1}{2}\int_\Omega q_i(\omega)^2 d\omega + \int_\Omega \pi_i(\omega) d\omega \tag{3-12}$$

为便于分析自由贸易协定的贸易效应和福利效应，我们以国家1作为重点研究对象。我们区分了两种情况：一是国家1和国家2相互之间签署自由贸易协定，但国家3不在自由贸易协定之内；二是国家之间不存在自由贸易协定，关税按照非歧视的最惠国原则制定。通过比较两种情况下，国家1的出口量变化和社会福利变化，我们就可以得到自由贸易协定所带来的贸易效应和福利效应。

二、比较分析

(一) 自由贸易协定

假设国家 1 与国家 2 之间签署自由贸易协定,此时,国家 1 和国家 2 之间的进口关税降为 0,即 $t_{21}^{FTA} = t_{12}^{FTA} = 0$。国家 1 和国家 2 则分别制定针对国家 3 的进口关税,国家 3 制定针对国家 1 和国家 2 的进口关税。国家 3 在制定关税时,采取非歧视的最惠国(MFN)原则,即对国家 1 和国家 2 制定相同的进口关税。不同国家在制定相应关税时,其目标是最大化本国的社会福利。求解该阶段的博弈均衡,我们可以得到国家 1 和国家 2 向国家 3 所征收的进口关税分别为:

$$t_{31}^{FTA} = \frac{1}{3}(1 - 3\tau_{21} - 3\tau_{31}) \tag{3-13}$$

$$t_{32}^{FTA} = \frac{1}{3}(1 - 3\tau_{12} - 3\tau_{32}) \tag{3-14}$$

国家 3 向国家 1 和国家 2 所征收的相同进口关税为:

$$t_{13}^{MFN} = t_{23}^{MFN} = \frac{1}{6}(1 - 3\tau_{13} - 3\tau_{23}) \tag{3-15}$$

在非关税成本 τ_{ji} 小于 1/6 的假设下,各个国家所制定的关税均大于零,即不会出现补贴进口商品的情况,这符合国际贸易的实际情况。

将式(3-13)至式(3-15)代入式(3-8),可以得到国家 1 厂商的本国销量和外国销量为:

$$q_{11}^{FTA} = \frac{1}{3} \tag{3-16}$$

$$q_{12}^{FTA} = \frac{1}{3} - \tau_{12} \tag{3-17}$$

$$q_{13}^{FTA} = \frac{1}{6}(1 - 3\tau_{13} + 3\tau_{23}) \tag{3-18}$$

在非关税成本 τ_{ji} 小于 1/6 的假设条件下,以上等式所代表的产量均大于零。

将式(3-13)至式(3-15)代入式(3-7),可以得到国家 1 消费者消费的商品数量为：

$$q_1^{FTA} = \frac{2}{3} \qquad (3-19)$$

由此，我们可以得到国家1的出口量为：

$$e_1^{FTA} = q_{12}^{FTA} + q_{13}^{FTA} = \frac{1}{2}(1 - 2\tau_{12} - \tau_{13} + \tau_{23}) \qquad (3-20)$$

国家1的社会福利为：

$$W_1^{FTA} = \frac{1}{36}[17 + 36\tau_{12}^2 + 9\tau_{13}^2 + 3\tau_{23}(2 + 3\tau_{23}) - 24\tau_{12} - 6\tau_{13}(1 + 3\tau_{23})] \qquad (3-21)$$

（二）最惠国原则

假设国家之间不存在自由贸易协定，国家1、国家2和国家3各自按照非歧视的最惠国原则，制定针对国外商品的进口关税。

不同国家在制定相应关税时仍然追求最大化本国的社会福利。求解该阶段的均衡条件，我们可以得到国家1、国家2所制定的进口关税分别为：

$$t_{21}^{MFN} = t_{31}^{MFN} = \frac{1}{6}(1 - 3\tau_{21} - 3\tau_{31}) \qquad (3-22)$$

$$t_{12}^{MFN} = t_{32}^{MFN} = \frac{1}{6}(1 - 3\tau_{12} - 3\tau_{32}) \qquad (3-23)$$

国家3所制定的进口关税仍由式(3-15)来刻画。在非关税成本 τ_{ji} 小于1/6的假设下，各个国家所制定的关税均大于零，即不会出现补贴进口商品的情况，这符合国际贸易的实际情况。

将式(3-15)、式(3-22)和式(3-13)代入式(3-8)，可以得到国家1厂商的本国销量和外国销量为：

$$q_{11}^{MFN} = \frac{1}{3} \qquad (3-24)$$

$$q_{12}^{MFN} = \frac{1}{6}(1 - 3\tau_{12} + 3\tau_{32}) \qquad (3-25)$$

$$q_{13}^{MFN} = \frac{1}{6}(1 - 3\tau_{13} + 3\tau_{23}) \qquad (3-26)$$

在非关税成本 τ_{ji} 小于 1/6 的假设条件下,以上等式所代表的产量均大于零。

将式(3-15)、式(3-22)和式(3-13)代入式(3-7),可以得到国家1消费者消费的商品数量为:

$$q_1^{MFN} = \frac{2}{3} \tag{3-27}$$

由此,我们可以得到国家1的出口量为:

$$e_1^{MFN} = q_{12}^{MFN} + q_{13}^{MFN} = \frac{1}{6}(2 - 3\tau_{12} - 3\tau_{13} + 3\tau_{23} + 3\tau_{32}) \tag{3-28}$$

国家1的社会福利为:

$$W_1^{MFN} = \frac{1}{36}[14 + 9\tau_{12}^2 + 9\tau_{13}^2 + 3\tau_{23}(2 + 3\tau_{23}) + 3\tau_{32}(2 + 3\tau_{32}) - 6\tau_{13}(1 + 3\tau_{23}) - 6\tau_{12}(1 + 3\tau_{32})] \tag{3-29}$$

(三)自由贸易协定的贸易效应和福利效应

自由贸易协定的贸易效应可以由前述两种情况下国家1的出口量变化来衡量,即:

$$e_1^{FTA} - e_1^{MFN} = \frac{1}{6}(1 - 3\tau_{12} - 3\tau_{32}) > 0 \tag{3-30}$$

自由贸易协定的福利效应可以由前述两种情况下国家1的社会福利变化来衡量,即:

$$W_1^{FTA} - W_1^{MFN} = \frac{1}{12}(1 - 3\tau_{12} + \tau_{32})(1 - 3\tau_{12} - 3\tau_{32}) > 0 \tag{3-31}$$

可以发现,在各个国家制定的关税均为非负的情况下,式(3-30)、式(3-31)的表达式大于零。我们可以把上式的结果归纳为以下的命题:

命题:本国加入自由贸易协定可以产生贸易创造效应,并提高社会福利水平。

本国加入自由贸易协定后,本国与自由贸易协定成员之间的关税成本将会下降,这增加了本国与自由贸易协定成员之间的贸易往来。本国厂商向自由贸易协定成员出口商品的利润将增加,从而带来贸易量的增加。事实上,通过对比式(3-17)、式(3-18)、式(3-25)和式(3-26)可以发现,本国向非自由贸易协定成员的出口并没有增加,贸易创造效应来源于本国增加了对自由贸易协定成员的出口量。我们也可以观察到关税的变化。为最大化本国的社会福利,本国会选择提高针对非自由贸易协定成员的关税。一方面,这会促使消费者转而增加相对廉价的自由贸易协定成员商品的需求,从而提高本国的消费者剩余;另一方面,这会增加本国厂商在本国销售商品的市场容量,从而提高本国厂商的利润。两方面均会给本国带来更高的社会福利水平。

第二节　环境政策对企业绿色创新的影响机制

就理论而言,环境规制改变了企业生产经营成本、研发投资(绿色研发)规模和流向,从而影响技术进步的速度。环境规制是否也通过上述途径造成技术进步方向的改变,从而影响企业污染减排。本书将借鉴阿德姆奥卢等(Acemoglu 等,2012)的建模思想,在内生技术进步的框架下,分析环境规制造成技术进步偏向的内在机制。

一、偏好、生产与环境质量

考虑到环境因素对消费者效用水平的影响,代表性消费者的效用函数可表达为:

$$U = \int_0^\infty (\ln C_t + \ln E_t) e^{-\rho t} dt \tag{3-32}$$

式(3-32)中的 C_t 为消费者在时间 t 对最终商品的消费量,E_t 表示 t 时间的环境质量,并且效用函数满足稻田条件。

假设最终产品是由两种中间产品作为投入品生产的,生产函数为固定替代弹性(CES)生产函数,基本形式为:

$$Y = \left[(A_c Y_c)^\alpha + (A_d Y_d)^\alpha \right]^{\frac{1}{\alpha}} d, \ -\infty < \alpha \le 1 \tag{3-33}$$

式(3-33)中的 Y 是最终产品的总产出,Y_c、Y_d 分别为两种中间投入品数量,前者属于清洁投入,后者为污染投入(因为生产中使用了能源),A_c,A_d 分别为中间品的生产效率。

假设生产中间产品 c 仅使用劳动这单一要素,其生产函数为:$Y_c = \theta L_c$,劳动工资为 1。求解利润最大化方程:$\pi_c = p_c Y_c - L_c$,得到:

$$p_c = 1/\theta \, p_c = 1/\theta \tag{3-34}$$

中间产品 d 的生产则需要劳动和能源两种要素,生产过程中因使用了不可再生资源而产生了环境污染。生产函数采取柯布—道格拉斯(Cobb-Dougls)型:$Y_d = L_d^\delta K_d^{1-\delta}$,劳动工资为 1。中间产品 d 的利润方程:$\pi_d = p_d L_d^\delta K_d^{1-\delta} - L_d - p_R R$,求关于劳动和能源的一阶条件,得到:

$$p_R = (1-\delta) L_d / \delta R \tag{3-35}$$

由于不可再生资源的生产来自对有限资源存量的开采,参照格里莫和鲁热(Grimaud 和 Rouge,2006)的研究,能源生产部门利润最大化条件:

$$\pi_R = \int_t^{+\infty} p_R(t) R(t) \, e^{-\int_t^s r(s)ds} dt \tag{3-36}$$

假设能源开采成本为 0,能源存量 S 满足动态方程:$R_t = -\dot{S}_t$,由霍特林(Hotelling)规则,得到能源价格增长率:

$$g_{pR} = r \tag{3-37}$$

式中的 r 为利率。

二、环境规制与技术进步的偏向

令消费者初始的财富水平为 W,消费者的预算约束满足:$\dot{W} = rW - C$,对消费者效用函数式(3-1)求解在预算约束下的效用最大化,并利用凯恩斯—拉姆齐(Keynes-Ramsey)规则,建立现值水平的哈密顿(Hamiltonian)方程:$H(C,W,\lambda) = \ln C + \ln E + \lambda [rW - C]$,运用凯恩斯—拉姆齐规则,求一阶条件,得到:$H_C = \frac{1}{C} - \lambda = 0$、$H_W = \rho\lambda - \dot{\lambda}$,将上述条件建联立方程后,可以得到:

$$g_C = g_C = r - \rho \tag{3-38}$$

最终产品生产部门因使用了污染投入品,产生环境污染,需要向政府交纳一笔环境税或增加环保投入,将污染排放控制在国家标准之内。该部门利润函数可表示为:

$$\pi = pY - p_c Y_c - \tau \cdot p_d Y_d \qquad (3-39)$$

式(3-39)中的 $\tau = 1 + \eta$,并且 η 表示单位污染投入品的减污投资,或单位污染投入品缴纳的环境税,τ 反映环境规制强度的大小,该数值越大,说明环境规制越强。求利润函数的一阶条件:

$$p_c Y^{\alpha-1} A_c^{-\alpha} Y_c^{1-\alpha} = \tau \cdot p_d Y^{\alpha-1} A_d^{-\alpha} Y_d^{1-\alpha} \qquad (3-40)$$

根据式(3-34)、式(3-35)、式(3-37),得到:$g_{PR} = g_{Ld} = g_{Ld} - g_R = r$,$g_Y = g_{Ac} + g_{Yc} = g_{Ad} + g_{Yd}$,在 $\dot{A}_c = nA_c L_m$,$\dot{A}_d = nA_d L_n$ 的约束下,求最终产品生产部门的利润函数式(3-39)的一阶条件,可推导出 $A_c Y_c / A_d Y_d$ 为常数。利用上述关系,将式(3-40)改写为:

$$g_\tau = g_{Ad} - g_{Ac} + g_{pc} - g_{pd} \qquad (3-41)$$

式(3-41)中的 $g_{Ad} - g_{Ac}$ 反映清洁投入部门与能源使用部门之间生产效率增长率的相对差异。当 $g_{Ad} > g_{Ac}$ 时,能源使用部门相对于清洁投入部门,具有更高的生产效率,技术进步呈现出能源偏向性。由式(3-34)、式(3-35),可将式(3-41)进一步改写为:

$$g_\tau = g_{Ad} - g_{Ac} + 2(1-\delta) g_{Kc} - (1-\alpha-\beta) r \qquad (3-42)$$

根据式(3-42),环境规制是否会导致技术进步能源偏向,与资本增长率有很大关系。当资本增长率不变或下降的情况下,随着环境规制强度 g_τ 的提高,将会扩大 g_{Ad},g_{Ac} 之间差距,增强技术进步能源偏向程度;但是,在资本增长率也增长的情况下,提高环境规制强度并非必然增强技术进步偏向性:当环境规制强度 g_τ 提高1倍,而资本增长幅度小于 $1/2(1-\delta)$ 时,环境规制作用下的技术进步仍是能源偏向的;但是,当资本增长幅度超过 $1/2(1-\delta)$ 时,技术进步偏向将发生逆转,环境规制不能促进技术进步能源偏向。[①]

[①] 从长期来看,资本与能源之间存在互补关系,资本增长将随着能源消耗增长,在一定程度上抵消环境规制对技术进步偏向的正向影响。因此,资本增长幅度较大时,环境规制作用效果可能会发生逆转。

三、引致型创新与技术进步的能源偏向

模型式(3-42)表达了在环境规制的冲击下,增加了企业使用能源的成本,导致技术进步的能源偏向。然而,该模型并没有说明在生产经营成本增加的情况下,企业为何会出现技术进步能源偏向。本书认为,企业为了应对环境规制,将改变内部研发流向和结构,部分研发人员将由清洁投入部门转向能源使用部门,提高能源使用部门的技术水平,并使该部门具有更高的生产效率和创新能力,从而出现技术进步能源偏向。

由于技术创新或生产效率的提升来源于研发活动,本书用研发人员及其变动情况,反映上述两个部门的技术进步。L_m、L_n 分别为清洁投入部门和能源使用部门的研发人数。根据式(3-33),生产效率或技术创新可表达为:$\dot{A}_c = n A_c L_m$,$\dot{A}_d = n A_d L_n$,式中的 n 是外生参数。清洁投入部门与能源使用部门的技术进步增长率为:

$$g_{Ac} = n L_m$$
$$g_{Ad} = n A_d L_n \tag{3-43}$$

由于 $L_c + L_d + L_m + L_n = 1$,同时利用式(3-42),得到两部门研发人数的表达式:

$$L_n = \frac{g_\tau + (1 - L_c - L_d) n + 2(1 - \delta) g_{Kc} - (1 - \alpha - \beta) r}{2n}$$
$$L_m = \frac{- g_\tau + (1 - L_c - L_d) n + 2(1 - \delta) g_{Kc} - (1 - \alpha - \beta) r}{2n} \tag{3-44}$$

根据式(3-44)可以看出,当环境规制强度提高后,能源使用部门的研发人员将增加,清洁投入部门的研发人员将随之减少。随着研发人员在部门间流动,技术进步将出现能源偏向趋势,偏向程度在一定程度上仍然依赖于资本增长率的变动幅度。粗略地看,本书的研究结果与阿塞莫格鲁、格里莫和鲁热等人的结论不一致。他们认为,环境规制将导致技术进步偏向于绿色技术。实际上,这两种表述具有内在的统一性。因为绿色技术指的是那些能够充分利用自然资源,在生产和使用过程中尽可能地降低对环境危害的技术,而提高能源利用效率、减少污染排放的技术,

无疑属于绿色技术的范畴。从这个意义上讲,技术进步能源偏向,也就意味着绿色技术偏向,将推动企业绿色创新。

第三节 自由贸易协定环境保护条款的作用机制

自由贸易协定深度化过程不仅涉及由边境规则向边境内规则的深入,而且,因缔结自由贸易协定国家的异质性以及各国倾向加入多个相互重叠的自由贸易协定,使自由贸易协定深度化对贸易收益的影响机理变得非常复杂。如何结合复杂、交叉的现实环境,从本质上把握自由贸易协定规则深度化对贸易利得的影响机理是进行自由贸易协定规则国际谈判的关键点。

随着社会各界对生态安全和环境质量的广泛关注,把环境与贸易联系起来逐渐成为社会各界的共识,环境保护条款也成为新一轮国际经贸规则谈判的重要组成部分。早在1992年,美国、加拿大、墨西哥三国签署北美自由贸易协定中就包含了卫生与植物检疫措施、与技术性贸易壁垒规则、投资条款的"环境措施"等多个环境保护条款,对不符合环境保护要求的产品或服务实行进口限制,从而有效地解决了北美地区自由贸易与投资所涉及的环境问题。自此之后,在自由贸易协定谈判中增加环境保护条款以及设置环境争端解决机制的做法也逐渐被许多国家采纳。经济合作与发展组织报告显示:尽管在多哈回合谈判中发展中国家与发达国家之间就环境问题存在一定分歧,许多国家在环境保护承诺方面还犹豫不决。但是,在最近签署的自由贸易协定中包含一些强有力环境承诺条款的案例正在快速上升。据统计,除去非英语表述以及无法获取的自由贸易协定之外,全球约85%的自由贸易协定中包含了与环境相关条款(OECD,2007;李丽平等,2015)。

自由贸易协定环境保护条款属于深度一体化的边境内条款,可以有效地降低贸易政策不确定性,产生贸易创造效应。同时我们也应该注意到,签署自由贸易协定环境保护条款建立起环境争端解决机制、污染产品

第三章 自由贸易协定环境保护条款影响企业行为的理论机制

市场准入制度等,反映了成员在环境保护政策方面加强相互协调的趋势。自由贸易协定环境保护条款能够起到对国内产业规制的作用,实现节能减排目标,也深刻地影响了出口产品的国际竞争力。此外,自由贸易协定环境保护条款对不同污染密集产品贸易还将产生异质性的影响。从企业层面来看,企业为了应对自由贸易协定环境保护条款的外部冲击,可能将更多的资源集中于生产具有较高竞争力的产品,放弃竞争力较低的产品,从而可能减少污染产品出口而增加清洁产品出口(Bernard 等,2010;Mayer 等,2014)。然而,自由贸易协定环境保护条款也可能会推动企业绿色创新,引导企业采取更加清洁的技术和要素投入,使企业生产过程"清洁化",可能提高污染产品竞争力,促进企业增加污染产品出口。可见,自由贸易协定环境保护条款对清洁产品(污染产品)出口的影响存在不确定性。最终结果可能取决于自由贸易协定环境保护条款与各国国内环境规制强度。

与国内环境政策相似的是,国际环境保护规则能够引导产业发展、促进节能降耗,并影响企业出口贸易规模及出口产品质量。国际环境保护规则也存在对出口贸易影响的不确定。一方面,国际环境保护规则可能成为国际贸易的"催化剂"。因为国家间国际环境政策达成一致,向进出口国家显示了该国加强环境保护的决心,也向消费者传递了确保其健康和安全的重要信息。因此,国际环境保护规则可以引发更高的市场需求,促进出口贸易及出口产品质量升级(Bernauer 和 Nguyen,2015;Brandi 等,2020)。另一方面,国际环境保护规则也可能成为国际贸易的"刹车板"。对于那些缺乏实施高标准环境保护规则所需基础设施的国家,遵守高标准规则将产生显著的"遵从成本",使生产商和出口商付出高昂代价,增加了生产成本,对国际贸易产生了明显的抑制作用(Harris 等,2002;Cagatay 和 Mihci,2006;任力、黄崇杰,2015)。特别是,当前自由贸易协定错综复杂,形成了"意大利面碗"效应(Kohl 和 Trojanowska,2015)。国际环境保护规则也不统一,一些发达国家在其主导的自由贸易协定中设置了更高标准的环境保护规则,这种做法无疑增加了外国生产者的适应成本。符合多种标准的生产将会降低出口生产商的竞争力,抑制了出口贸易规模增长(Moenius,2006;Kareem 和 Martínez-Zarzoso,2020)。

国际环境保护规则主要包括了环境例外条款、投资条款、卫生与植物检疫措施、技术性贸易壁垒、一般贸易义务在环境上的豁免条款、环境技术合作、环境法律、政府采购、环境产品市场准入、环境争端解决机制等。从约束对象或约束程度角度来看,大致可以分为环境监管和环境标准两大类。这两大类环境保护规则对出口贸易的影响存在较大差异。

(1)国际环境监管与出口贸易

环境监管是一个国家或地区为确保环境权益而开展的监督、监测与综合分析。国际环境监管有别于国内环境监管,其执行过程大多需要建立专门的国际环境监管机构,并制定国际环境立法。比如,美国贸易代表办公室就专门成立了环境资源办公室(ENR)负责处理国外环境问题以及国外影响美国贸易利益时采取的环境措施。欧盟建立了环境污染问题立法以及环境执法、环境影响评价、环境信息、环境改善手段等一整套体系。在签署各类贸易协定中均需依据《欧盟条约》对环境保护各项措施进行指导。更重要的是,国际环境监管得以执行还依赖于成员有效地执行环境法律、承诺环境相关标准。比如,在北美自由贸易协定中就提出"为鼓励贸易或投资承诺不减损国内环境法律";美韩自由贸易协定中规定"通过削弱或减少在其环境法律赋予的保护来鼓励贸易或投资的做法是不合适的"。国际环境监管规则会增加一国法律执行成本以及企业环境遵从成本,从而不利于出口规模的提升。同时,加强国际环境监管对成员起到了威慑作用,也会迫使国内企业改进技术和生产装备,从而促进出口产品质量升级。

(2)国际环境标准与出口贸易

国际环境保护规则中设置环境标准的最初目的是协调不同国家建立相对统一的生产标准以及产品标准(Benner 和 Tushman,2002;Pekovic 和 Rolland,2016)。国际环境标准对降低国内环境监管失效、开发环保新技术、增加环保设施等方面提供了必要保证(Grolleau 等,2012)。国际环境标准对公司融资、组织运营、创新创业等方面也会产生一定的积极影响(Kaynak 和 Hartley,2005;Pekovic 和 Galia,2009)。当前,国际环境保护规则中的环境标准已经演变成为出口的"硬约束",这就要求该国产品必须符合对象国环境标准才能出口,在一定程度上将会制约出口贸易增长。而且,一旦国际环境标准超出本国标准或者同一产品出口多个市场面临多个标准时,出口企业将产生明显的"遵从成本",不利于出口贸易增长(Kareem 和 Martínez-Zarzoso,2020)。从信号传递的角度来看,国际环境标准可以向国外进口商及消费者传递有关产品性能、品质、安全等方面的相关信息,一些不可观测的环境信息更加公开化,发挥出"公共信号"作用,从而激励出口产品质量升级(Pekovic,2010)。设置国际环境标准能够降低贸易壁垒带来的不确定性,降低交易成本,也将促进出口产品质量升级。而且,高级别的环境标准可以帮助出口企业应对市场竞争带来的挑战,从而激励高质量产品出口。

就国际环境保护监管与国际环境标准的比较而言,当前,自由贸易协定协议文本中大多是在"序言"中概括性地提及环境保护,表达出环境合作的目标与意愿。国际环境保护条款的承诺水平以及法律约束力相对较低。因此,国际环境监管规则对出口产品质量升级的影响程度相对较弱。国际环境标准是出口的"硬约束",相对于环境监管规则,对出口产品质量升级能够产生更大的推动作用。

理论机制一:实施国际环境监管与国际环境标准都将制约出口贸易增长,却可以推动出口产品质量升级。而且,国际环境标准是出口的"硬约束",相对于环境监管规则,更有助于出口产品质量升级。

自由贸易协定对出口贸易产生"创造效应"还是"转移效应"充满着较大的争议(Kpodar 和 Imam,2016;Lim 和 Breuer,2019)。自由贸易协定自身特征以及成员的地理、要素禀赋及制度等因素发挥了重要作用(Baier 等,2004;Kohl 和 Trojanowska,2015)。可以预见,国际环境保护规则对出口贸易的影响将会在不同类型国家与不同类型产品中产生非对称影响。

从产品层面来看,国际环境保护规则会对不同污染密度产品出口规模及出口产品质量产生不同的影响。出口企业为了使产品满足国际环境标准,应对国内外环境规制,可能将更多的资源用于生产具有较高竞争力的产品,放弃竞争力较低的产品,从而可能减少污染产品出口而增加清洁产品出口(Bernard 等,2010;Mayer 等,2014)。我们也应该注意到国际环境保护规则也可能会激励企业技术创新,推动企业采取更加清洁的技术和要素投入,使企业生产过程"清洁化"。相比较而言,污染密集型企业由于出口受到了更高程度的制约,难以投入更多的资源用于产品质量升级。可见,国际环境保护规则更有助于促进清洁产品出口及产品质量升级。

从国别层面来看,对于环境规制强度较低的国家,国际环境保护规则将会产生明显的环境遵从成本,使当地企业面临更加严峻的出口竞争压力,削弱了环境敏感产品的比较优势,产生了巨大的出口转移或破坏效应。对于环境规制强度相对较高的国家,国际环境保护规则不仅不会影响国内企业生产成本,这些国家企业反而可以凭借环境高标准以及自身优势较容易地进入他国市场,同时提高了本国市场的准入门槛,产生较为显著的贸易创造效应。当贸易伙伴为环境规制强度较高的国家时,因其对环境保护要求高,不利于本国出口规模增长(任力、黄崇杰,2015);同时,国内出口企业由此面临更加激烈的市场竞争,迫使企业通过研发新产品、购买国外新技术等途径开发出与环境规制强度较高的国家市场相容的高质量产品,对出口产品升级产生了较大的激励作用。倘若贸易伙伴为环境规制强度较低的国家,国际环保规则对出口企业成本递增效应相对较弱,对出口贸易规模增长产生相对较弱的抑制作用;同时,因贸易对象国的环境规制强度较弱,企业也没有足够的动力进行技术改造,以及绿色技术创新,出口产品质量升级较为缓慢。

理论机制二:国际环境保护规则对不同类型国家与不同类型产品的出口产生了非对称影响。国际环境保护规则更加显著地制约了污染密集型产品出口及出口产品的质量升级;出口到环境规制强度高的国家相对于环境规制弱的国家,国际环境保护规则更加显著地制约了出口贸易规模增长,却更加显著地推动出口产品质量升级。

国际环境保护规则将会在成员内部扩散与传播,并对成员之外的国家产生溢出效应和示范效应,继而影响成员之间以及成员与非成员企业生产与出口行为(Saikawa 和 Urpelainen,2014)。由于全球贸易与投资规则中大多包含了与环境保护相关条款,这就要求外商直接投资及国际贸易不仅要符合东道国的环境政策,也需要符合国际环境规则,继而影响其生产、投资与出口行为(Prakash 和 Potoski,2007;Perkins 和 Neumayer,2010;Saikawa 等,2014)。具体到本书的研究主题,涉及国际环境保护规则如何影响出口贸易。对此学术界研究甚少,也很零散,代表性文献仅有两篇。沃格尔(Vogel,1995)指出,进口国通过对进口产品规定相应的产品标准就可以使它们的环境法规"国际化"。遵守这些环境法规和标准将映射在出口产品的成本与价格之中。沃格尔(1995)、德雷兹内(Drezner,2001)认为,国际环境保护规则主要从进口国向出口国扩散,对出口产品起到了约束作用。这两篇文献初步探索了国际环境政策的扩散效应,以及扩散路径,但并未系统地考察国际环保规则的微观传导机制。我们认为,国际环境保护规则通过产品价格及产品种类的调整,产生了市场筛选效应,进而影响出口贸易。

(1)国际环保规则与产品价格

在面临全球性环境污染问题时,发达国家往往会刻意提高国际环保标准,甚至将国别的高标准推广至区域、超区域乃至全球,并成为各国普遍遵守的强制性规则。国际环境保护规则尽管可以激励发展中国家污染密集型企业技术创新,改进资源配置的结构与效率,使用更加清洁的投入,提高生产率,降低生产成本。但是,发展中国家污染密集型企业普遍存在环保投入不足、环境设备薄弱等问题,高标准的国际环保规则将产生巨大的环境遵从成本,增加了生产成本与产品价格。我们也应注意到,价格效应也会在不同类型的产品间产生非对称性影响。国际环境保护规则对污染密集型产品产生了更加显著的环境遵从成本,更加明显地促进污染密集型产品的生产成本与出口价格,降低了国际贸易的比较优势,制约了污染密集型产品出口贸易及出口产品质量升级。

(2)国际环保规则与产品种类

在多产品企业中发生的产品转换行为并非企业退出市场,而是企业根据内外部环境以及竞争优势的变化主动地调整产品组合(Bernard 等,

2010)。已有文献指出,市场竞争加剧、消费者偏好改变、技术进步等因素都将促进企业淘汰效率低的产品转向生产效率高的产品,从而出现产品转换行为(Ma 等,2014)。面对国际环境保护规则的冲击,那些污染密集型企业将产生较高的环境遵从成本,可能会主动地降低污染密集型产品的生产与出口,减少污染产品的出口种类;国际环境保护规则对非污染企业及产品不会产生负面影响,反而可以强占更多的市场份额,增加清洁产品出口种类。因此,国际环境保护规则将会降低污染密集型产品的出口种类,抑制污染密集型产品出口贸易及出口产品质量升级。

  理论机制三:国际环境保护规则通过产品价格及产品种类的调整,产生市场筛选效应,进而影响出口贸易。而且,国际环境保护规则更加显著地造成了污染密集型产品出口价格上升以及出口种类下降,制约了污染密集型产品出口规模增长。

第四章　自由贸易协定规则深度化与国际贸易的实证研究

以美国为代表的发达国家先后发起了《跨太平洋伙伴关系协定》（TPP）、《跨大西洋贸易与投资伙伴关系协定》等超大规模自由贸易协定谈判；2018年美国、加拿大和墨西哥达成了新的自由贸易协定《美墨加协定》；欧盟启动了《欧盟—加拿大伙伴关系协定》（CETA）、《欧盟—日本伙伴关系协定》（EJEPA）。自由贸易协定经贸规则向边境内延伸的"深度化"，反映了缔结自由贸易协定国家在处理知识产权保护、环境保护等与贸易相关的国际事务上加强合作、相互协调的趋势。一些原本是一国政府管辖的内部事务，逐渐转换成各国普遍遵守的规则（Ghoneim等，2012；Lim和Breuer，2019）。自由贸易协定深度化降低了成员之间的贸易成本，推动了成员之间贸易增长、经济增长以及社会福利水平的提升；但是，我们也应该注意到自由贸易协定深度化，可能会提高成员的遵从成本，从而产生贸易转移效应，并降低贸易收益。比如，在最近签署的自由贸易协定中大多会加入环境保护条款，显示出各成员加强环境保护的决心。自由贸易协定环境保护条款尽管可以引导企业采取更加清洁的技术和要素投入，优化要素配置，使企业生产过程"清洁化"，但是，对于基础设施薄弱、环境规制强度较低的国家，自由贸易协定环境保护条款将增加环境遵从成本，降低产品的国际竞争力，从而抑制了出口贸易（Bernard等，2010；Mayer等，2014）。

更为重要的是，自由贸易协定深度化进程及其对进出口贸易的影响程度还与成员的制度环境密切相关。芬斯特拉和刘易斯（Feenstra和Lewis，1991）认为国内政治因素会影响是否签署构建自由贸易协定。政府也可能会通过故意夸大国内贸易保护势力的政治压力,迫使双方作出激励相容条件下的关税减让。埃格尔和拉尔克(Egger 和 Larch,2008)指出,过去的区域自由贸易区会对将来建立的自由贸易区起到正面的推动效应。而且,这个推动效应会随着两国之间的距离增加而递减,也会受到两国政治力量的影响。鲍和王(Bao 和 Wang,2019)认为,政治因素、经济因素以及自由贸易协定自身结构均会影响自由贸易协定的发展速度与深度。一国的市场制度、行政体制、法律体系等制度环境影响生产效率以及贸易成本,从而影响自由贸易协定贸易效应。

当前,国际经济格局以及全球治理体系面临着重大转变。中国政府坚定支持多边贸易体制,坚决反对单边主义和保护主义,维护多边贸易体制的权威性和有效性,同时,中国政府也在稳步推动自由贸易协定战略。2014 年 12 月,习近平总书记在中共中央政治局就加快自由贸易区建设进行第十九次集体学习时再度强调,要"逐步构筑起立足周边、辐射'一带一路'、面向全球的自由贸易区网络,积极同'一带一路'沿线国家和地区商建自由贸易区,使我国与沿线国家合作更加紧密、往来更加便利、利益更加融合"①。2019 年召开的第十九届四中全会上,中央再次提出"推动贸易和投资自由化,推动构建面向全球的高标准自由贸易区网络"②。

本书将运用拓展的引力模型,以中国 22 个自由贸易协定伙伴为研究对象,运用 2004—2018 年 HS6 产品层面数据,考察自由贸易协定深度化对进出口贸易的影响效应,以及贸易效应如何受到制度环境的影响。

第一节 实证模型与数据来源

一、模型设定与变量说明

本章参照贝尔和伯格斯特兰(Baier 和 Bergstrand,2007)的模型设定

---

① 《习近平谈治国理政》第二卷,外文出版社 2017 年版,第 101 页。
② 中共中央党史和文献研究院编:《十九大以来重要文献选编》(中),中央文献出版社 2021 年版,第 294 页。

方法,采用以下基本计量模型,考察中国与伙伴自由贸易协定深度化对中国进出口贸易的影响特征。

$$\ln Export_{ijkt} = \alpha_0 + \alpha_1 FTADepth_{ijt} + \alpha_2 \ln GDP_{it} + \alpha_3 \ln GDP_{jt} \\ + \alpha_4 \ln Dist_{ij} + \alpha_5 Contig_{ij} + \alpha_6 Rate_{ijt} + \varepsilon_{ijt} \quad (4-1)$$

$$\ln Import_{ijkt} = \beta_0 + \beta_1 FTADepth_{ijt} + \beta_2 \ln GDP_{it} + \beta_3 \ln GDP_{jt} \\ + \beta_4 \ln Dist_{ij} + \beta_5 Contig_{ij} + \beta_6 Rate_{ijt} + \varepsilon_{ijt} \quad (4-2)$$

其中,下标 i、j、k、t 分别代表中国、自由贸易协定伙伴、产品和时间。因变量 $Import_{ijkt}$ 是指中国对自由贸易协定伙伴 j 的农产品 k 在 t 年的进口金额;$Export_{ijkt}$ 是指中国对自由贸易协定伙伴 j 的农产品 k 在 t 年的出口金额,这两个变量分别表示中国与自由贸易协定伙伴之间进出口贸易流量。鉴于与中国签订自由贸易协定的伙伴开展国际贸易存在大量的零点贸易,我们在进出口贸易金额基础上加1然后取对数处理,避免了因零点贸易而造成的结果不稳健。

解释变量 $FTA\,Depth_{ijt}$ 表示 t 年 i 国和 j 国之间对应的自由贸易协定深度化程度。霍恩等(2010)将现存于世界贸易组织框架之内的经贸规则界定为"第一代贸易政策",属于边境规则;将全新的、尚未包含在现行世界贸易组织谈判框架之下的经贸规则界定为"第二代贸易政策",也属于边境内规则。本章在霍恩等(2010)分类基础上,将世界贸易组织框架下包含的14项规则界定为边境规则,将尚未包含在世界贸易组织中的38项全新规则界定为边境内规则。在此基础上,构建自由贸易协定总体"深度化指数""核心深度化指数""WTO+指数""WTO-X 指数""关税指数"和"非关税指数"6项指标衡量自由贸易协定的深度化程度。

1. 自由贸易协定总体深度化指数(Total)

对自由贸易协定中包含的所有条款的"深度化"程度进行简单加总,并对其进行标准化处理,得到自由贸易协定的总体深度化指数。该指标越大,表明自由贸易协定深度化程度越高。

$$Totaldep_i = \frac{Totaldepth_i}{\text{Max}(Totaldepth_i)} = \frac{\sum_{i=1}^{52} Provision_k}{\text{Max}(Totaldept_i)}, i = 1, \cdots, n \quad (4-3)$$

其中，$Provision_k$ 表示各议题的"深度"一体化程度，$Totaldept_i$ 表示协定 i 的总体深度化程度。

2. 自由贸易协定核心深度化指数（Core）

本书从全部议题（52项）中筛选出18项频繁出现、用途广泛的议题作为核心议题。其中，边境规则核心议题和边境内规则核心议题分别为11项和7项。基于式（4-1）可以计算出自由贸易协定核心深度化指数①。

3. "WTO+"指数（Wtoplus）和"WTO-X"指数（Wtox）

本书依据霍恩等（2010）的分类，基于"第一代"贸易规则并借鉴式（4-1），可以得到"WTO+"指数，基于"第二代"贸易规则可以得到"WTO-X"指数。

4. 关税指数（Tariff）和非关税指数（Nontariff）

依据该议题属于关税减让和非关税减让议题，基于关税减让规则借鉴式（4-3）可以得到关税指数。基于非关税减让规则借鉴式（4-3）可以得到非关税指数。

控制变量：(1) GDP_{it} 和 GDP_{jt} 分别是中国和自由贸易协定伙伴 j 的实际GDP。一般而言，国内生产总值越高，表明该国市场规模越大，越有利于该国进出口贸易。(2) $Dist_{ij}$ 表示两国首都之间地理距离。中国与贸易伙伴之间地理距离接近，国际贸易的交易成本就可能越低，越有利于双方开展国际贸易。(3) $Contig_{ij}$ 表示两国是否具有共同语言。如果贸易伙伴之间使用同一种语言或者同一语系的语言，交流成本与贸易成本就会相对较低，从而有利于双边贸易发展。(4) $Rate_{ij}$ 表示中国与伙伴的汇率。人民币相对于伙伴货币的价格越高，有利于中国对伙伴进口，而不利于中国产品出口。相反，如果人民币相对于伙伴货币的价格越低，则有利于中国对伙伴出口而不利于进口。

---

① 工业产品减让、农业产品减让、海关程序、出口税、卫生与植物检疫措施、技术性贸易壁垒、反倾销、反补贴、TRIMs、与贸易有关的知识产权协定和资本的自由流动11项议题为边境规则；国有企业、公共补助、政府采购、服务贸易总协定、竞争政策、投资和知识产权保护7项为边境内规则。

为了进一步检验自由贸易协定深度一体化及制度质量的交互作用对中国进出口贸易的影响,在式(4-1)和式(4-2)中加入交互项,建立以下的计量模型:

$$\ln Export_{ijkt} = \alpha_0 + \alpha_1 FTA\,Depth_{ijt} + \alpha_2 IQ_{jt} + \alpha_3 FTA\,Depth_{ijt} \times IQ_{jt}$$
$$+ \alpha_4 \ln GDP_{it} + \alpha_5 \ln GDP_{jt} + \alpha_6 \ln Dist_{ij} + \alpha_7 Contig_{ij}$$
$$+ \alpha_8 Rate_{ijt} + \varepsilon_{ijt} \qquad (4-4)$$

$$\ln Import_{ijkt} = \beta_0 + \beta_1 FTA\,Depth_{ijt} + \beta_2 IQ_{jt} + \beta_3 FTA\,Depth_{ijt} \times IQ_{jt}$$
$$+ \beta_4 \ln GDP_{it} + \beta_5 \ln GDP_{jt} + \beta_6 \ln Dist_{ij} + \beta_7 Contig_{ij}$$
$$+ \beta_8 Rate_{ijt} + \varepsilon_{ijt} \qquad (4-5)$$

其中,IQ_{jt} 表示中国自由贸易协定伙伴的制度质量,式(4-4)和式(4-5)增加了变量 IQ_{jt} 和 $FTA\,Depth_{ijt}$ 的交互项系数。此外,为了降低变量之间的多重共线性,本章对模型中进行交互的两个变量分别进行了中心化处理,解决了数据之间的多重共线性。理论上而言,制度是为约束个人行为而人为制定的规范,包括正式约束(政治规则、法律等)、非正式约束(价值观念、风俗习惯等)。本章把正式制度分为政治制度(7 个子指标)、经济制度(6 个子指标)和法律制度(2 个子指标)三大类共 15 个子指标,对这 15 个子指标的得分进行加总,得到制度环境指数。其中,政治制度包括了政治民主度、政治稳定性、政府效能、政府规模、监督质量、腐败控制、政府清廉度;经济制度变量包括了商业自由度、贸易自由度、财政自由度、货币自由度、投资自由化、金融自由度 6 个指标;法律制度包括了法制完善度和产权保护度(谢孟军,2013)。参照全球政治治理指标数据库及全球遗产基金会对 15 个子指标的赋值,加总后得到的分值越高代表制度质量越高。

二、样本选择与数据来源

本章根据中国已签署的自由贸易协定伙伴情况,选择澳大利亚、智利、冰岛、新西兰、韩国、新加坡、瑞士、文莱、哥斯达黎加、柬埔寨、秘鲁、印度尼西亚、老挝、马来西亚、缅甸、巴基斯坦、菲律宾、泰国、越南、马尔代夫、毛里求斯、格鲁吉亚 22 个国家作为样本,时间区间为 2004—2018 年,其中中国与格鲁吉亚、马尔代夫和毛里求斯都是于2017年之后签订的自贸协定,生效时间较晚,数据样本相对较少。自由贸易协定文本数据来自中国自由贸易区服务网。中国与自由贸易协定伙伴之间进出口数据来自联合国贸易商品统计数据库(COMTRADE)提供的HS6分位数据。测度制度质量指标的相关数据来源分别来源于"全球政治治理指标"数据库(The Worldwide Governance Indicators,WGI)、全球遗产基金会网站(The Heritage Foundation)。两个组织对各国GDP、汇率等数据来源于世界银行数据库、中国统计年鉴、全球双边贸易数据库(CEPII)、经济合作与发展组织官网数据库等。各变量描述统计见表4-1。

表4-1 变量描述性统计

变量	观测值	均值	标准差	最大值	最小值
ln$import$	1443969	2.7715	5.1913	24.7292	0
ln$export$	1443969	6.0788	6.331	22.4338	0
$Total$	1443969	0.0277	0.2943	1	0.2258
$Core$	1443969	0.42291	0.3428	1	0.4615
$Wtoplus$	1443969	0.425	0.3413	1	0.05
$Wtox$	1443969	0.1473	0.2538	1	0.4667
$Tariff$	1443969	0.5992	0.4101	1	0.8333
$Nontariff$	1443969	0.1879	0.2842	1	0.08
IQ	1443969	984.9918	77728.16	1261.894	219.778
lnGDP_i	1443969	29.4593	0.6202	30.2417	28.3016
lnGDP_j	1443969	25.6976	1.565	28.1131	20.8746
ln$Dist$	1443969	8.5101	0.738	9.8564	6.8624
$Rate$	1443969	345.0673	771.5342	3484.16	0.1374
$Contig$	1443969	0.1246	0.3303	1	0

第二节 自由贸易协定深度化影响国际贸易的实证结果分析

一、基准回归分析

本章采用自由贸易协定深度化的6个指标(以"覆盖力"计算的)对基准模型进行最小二乘回归,考察自由贸易协定深度化对中国进出口贸易的影响。回归结果如表4-2和表4-3所示。总体上看,自由贸易协定深度一体化对中国与22个贸易伙伴之间进口和出口均有促进作用。在进口方面,自由贸易协定深度"总指数"系数为0.0642,在1%的水平上显著,在出口方面,自由贸易协定深度"总指数"系数为1.0771,同样在1%的水平上显著,这说明自由贸易协定深度"总指数"对中国出口规模的正面影响要大于对进口的影响。相应地,估计出的自由贸易协定核心深度化指数的系数分别为0.0599和0.9894,反映出自由贸易协定核心深度化对进出口贸易的正面影响,以及核心深度化对出口的影响相应也是大于进口。估计出的"WTO+"指数和"WTO-X"指数对中国进出口贸易的影响效应的结果,显示出了"WTO+"指数和"WTO-X"指数对进出口贸易均有显著的促进作用。其中"WTO-X"指数对双边贸易流量的促进作用略高于"WTO+"指数,"WTO-X"指数的影响效应在这6个指标中也是最强的。分别估计关税措施和非关税措施对中国进出口贸易流量的影响,结果表明,实施关税减让措施和降低非关税壁垒措施对中国进出口贸易均起到了促进作用,结果说明了双边关税和非关税一体化程度越高,贸易国之间的农产品流动越强。这同时也说明,关税壁垒和非关税壁垒仍然对贸易产生巨大的负面影响,关税一体化的提升应该作为贸易协定谈判的重点。[①]

[①] 以"约束力"条款计算出的自由贸易协定深度化指数为解释变量,考察了自由贸易协定深度化对中国进出口的影响,结果也表明了自由贸易协定深度化对中国进出口贸易的促进程度,并且适用于争端解决机制的"约束力"条款对中国进出口规模的促进作用略低于"覆盖力"条款。

表 4-2　自由贸易协定深度化对中国进口规模的回归估计结果

变量	进口规模					
	（1）	（2）	（3）	（4）	（5）	（6）
$Total$	0.0642*** （0.0091）					
$Core$		0.0599*** （0.0.0073）				
$Wtoplus$			0.0651*** （0.0074）			
$Wtox$				0.1248*** （0.0128）		
$Tariff$					0.1483*** （0.0069）	
$Nontariff$						0.0857*** （0.0103）
观测值	1435763	1435763	1436763	1435763	1435763	1435763
R^2	0.0169	0.0169	0.0169	0.0169	0.0169	0.0169

注：*、**、*** 分别表示在 10%、5%、1% 的水平上显著。

表 4-3　自由贸易协定深度化对中国出口规模的回归估计结果

变量	出口规模					
	（1）	（2）	（3）	（4）	（5）	（6）
$Total$	1.0771*** （0.0126）					
$Core$		0.9894*** （0.0101）				
$Wtoplus$			1.0334*** （0.0103）			
$Wtox$				1.7659*** （0.0178）		
$Tariff$					1.4749*** （0.0097）	
$Nontariff$						1.3261*** （0.0144）
观测值	1435763	1435763	1435763	1435763	1435763	1435763
R^2	0.0170	0.0170	0.0170	0.0170	0.0170	0.0170

注：*、**、*** 分别表示在 10%、5%、1% 的水平上显著。

二、自由贸易协定深度化与制度质量的交互作用估计结果分析

已有文献指出,制度质量比较高的国家(或地区)政治稳定性比较高,市场经济体制比较完善,法律法规比较健全。所以,贸易伙伴的制度质量越高,对自由贸易协定文本的覆盖范围更加广泛,同时对于文本约定的条款具有更强的法律执行力促进了协定文本的法律约束力。所以,理论上,国家制度质量在自由贸易协定深度一体化以及法律"约束力"对中国农产品进出口贸易规模的影响中会起到积极的促进作用。

基于本章的研究目的,我们把自由贸易协定深度化与制度质量对中国进出口产品的交互回归结果列于表4-4。估计结果显示自由贸易协定总体深度化指数、"WTO-X"指数以及关税指数对中国进口规模的回归系数分别为0.0471、0.0759、0.1728以及在1%的水平上显著,分别加入它们与制度质量IQ的交互项之后,交互项系数分别为0.0044、0.0005以及-0.0006,且在1%的水平上显著,这表明除了关税指数以外,制度质量对于其他指数的效应均存在加强的作用,而对于关税指数的效用是削弱的。而在出口方面,回归结果可以看出制度质量对这六个指标的效用都是加强的。

表4-4 自由贸易协定深度化及制度质量对中国进出口规模交互效应估计结果

变量	进口规模(1)	进口规模(2)	进口规模(3)	出口规模(4)	出口规模(5)	出口规模(6)
$Total$	0.0471*** (0.0325)			1.0299*** (0.0129)		
$Total \times IQ$	0.0044*** (0.0001)			0.0012*** (0.0005)		
$Wtox$		0.0759*** (0.0137)			1.6189*** (0.0191)	
$Wtox \times IQ$		0.0005*** (0.0005)			0.0016*** (0.0007)	

续表

变量	进口规模 （1）	进口规模 （2）	进口规模 （3）	出口规模 （4）	出口规模 （5）	出口规模 （6）
Tariff			0.1728*** （0.0071）			1.5745*** （0.0098）
Tariff×IQ			−0.0006** （0.0003）			−0.0027** （0.0004）
观测值	1435763	1435763	1435763	1435763	1435763	1435763
R^2	0.0185	0.0185	0.0185	0.0185	0.0185	0.0185

注：*、**、*** 分别表示在 10%、5%、1%的水平上显著。

第三节 异方差及滞后效应

一、异方差问题

为了解决贸易引力模型中对数线性化方程存在的异方差问题，许多文献采取了赫克曼最大似然估计、拟泊松最大似然估计（PPML）、HMR[①]模型等多种方法（秦臻、倪艳，2014）。席尔瓦和特内里罗（Silva 和 Tenreyro,2006）认为，在因变量条件方差与其条件均值成正比的情况下，拟泊松最大似然估计比其他处理异方差的方法获得的结果更加稳健。基于此，本章采取拟泊松最大似然估计，结果列于表4-5。以进口规模为被解释变量，估计出的自由贸易协定深度化参数值均为正值，并且通过了1%的显著性检验。以出口规模为被解释变量，得到的自由贸易协定深度化参数值也均为显著性正值。该结果与表4-2和表4-3的结果基本是一致的，同样表明了自由贸易协定深度化能够促进中国进出口贸易增长。

---

① Helpman,E.,Melitz,M. and Rubinstein,Y.,Estimating Trade Flows：Trading Partners and Trading Volumes,*Quarterly Journal of Economics*,Vol.123,2008,pp.441−487.

表 4-5 拟泊松最大似然估计（PPML）结果

变量	进口规模(1)	进口规模(2)	出口规模(3)	出口规模(4)
$Total$	0.4188*** (0.0053)		0.1226*** (0.023)	
$Wtox$		0.7059*** (0.0067)		0.0778*** (0.0026)
观测值	1435763	1435763	1435763	1435763
R^2	0.0058	0.0058	0.0058	0.0058

注：*、**、*** 分别表示在10%、5%、1%的水平上显著。

二、滞后效应问题

为了解决自由贸易协定条款的"覆盖力"和"约束力"可能存在滞后效应造成的结果不稳健，在实证研究中时间引入哑变量。本章将样本期间分为 2004—2011 年和 2011—2018 年两个阶段，当样本期间在 2011—2018 年时，令 $year=1$；当样本期间在 2004—2011 年时，令 $year=0$。在控制了控制变量之后，2011—2018 年相对于 2004—2011 年，自由贸易协定深度化对进出口贸易流量均有更加显著的影响，结果列于表 4-6。

表 4-6 滞后效应检验结果

变量	进口规模(1)	进口规模(2)	进口规模(3)	出口规模(4)	出口规模(5)	出口规模(6)
$Total \times year$	0.4626** (0.0197)			1.8824*** (0.0265)		
$Core \times year$		0.3352*** (0.0148)			1.4764*** (0.0199)	
$Tariff \times year$			0.2249*** (0.0109)			1.0525*** (0.0146)
观测值	1435763	1435763	1435763	1435763	1435763	1435763
R^2	0.2645	0.2645	0.2645	0.2645	0.2645	0.2645

注：*、**、*** 分别表示在10%、5%、1%的水平上显著。

第四节　国家—产品的异质性检验

一、国家异质性检验

国家间在要素禀赋、制度环境、经济规模等多个层面的差异性,导致了自由贸易协定的差异化贸易效应。考虑到发达国家和发展中国家在进出口市场上的差异性,本书将基于国家异质性考察自由贸易协定深度化对中国进出口规模的影响。当进出口伙伴为发达国家时,取值为1;当产品进出口国家为发展中国家时,取值为0。估计结果如表4-7所示,发现Total、Core参数值均为显著正值。在以进口规模为被解释变量时的回归结果中,估计出的自由贸易协定深度化与country交互项均为显著正值,而以出口规模为被解释变量时,估计出的交互项却为显著负值。结果表明与发展中国家相比,自由贸易协定深度化对中国向发达国家进口产品的贸易具有更加显著的促进作用,对中国向发达国家的出口贸易具有更加显著的抑制作用。相对于发展中国家,发达国家市场制度、法律法规更加完善,对于进口的产品要求更高,一定程度上会抑制中国产品的出口。

表4-7　国家异质性检验结果

变量	进口规模（1）	进口规模（2）	出口规模（3）	出口规模（4）
$Total$	0.1448*** (0.0207)		0.9991*** (0.0279)	
$Total \times country$	0.1558*** (0.0331)		−0.1652** (0.0045)	
$Core$		0.1765*** (0.0109)		1.096*** (0.0255)
$Core \times country$		0.0009*** (0.0259)		−0.4928** (0.0035)
控制变量	是	是	是	是
观测值	1435763	1435763	1435763	1435763
R^2	0.1645	0.1645	0.1645	0.1645

注:*、**、***分别表示在10%、5%、1%的水平上显著。

二、产品异质性

当前,大量文献研究了自由贸易协定对不同类型产品的贸易效应。本章将产品分为农产品与工业品,分别考察自由贸易协定深度化的影响效应。估计结果如表4-8所示,自由贸易协定深度化促进了农产品与工业品的进出口贸易,但是对两者的影响程度还是存在一定差异的。自由贸易协定深度化对中国农产品贸易的正面影响程度普遍低于工业品。主要原因在于农产品包括初级农产品与加工农产品,其中初级农产品主要来自种植业、畜牧业等行业或者作为动植物的活体进口,各国对其贸易均有较严格的要求,倘若再实施新的边境内措施对其影响不大。而工业品就不同了,各国国内管制程度相对较低,实施自由贸易协定深度化措施将对这类产品产生较大程度的影响。

表4-8 产品异质性检验结果

变量	农产品 进口规模	农产品 出口规模	工业品 进口规模	工业品 出口规模
$Total$	0.0781*** (0.0271)		0.1042*** (0.0186)	
$Core$		0.5716*** (0.0326)		0.9281*** (0.0206)
控制变量	是	是	是	是
观测值	149055	149055	1286708	1286708
R^2	0.0186	0.0186	0.0186	0.0186

注:*、**、***分别表示在10%、5%、1%的水平上显著。

本章在自由贸易协定逐渐趋向深度一体化背景下,根据中国已签署的自由贸易协定,选择澳大利亚、韩国、瑞士、东盟等22个国家作为样本,时间区间为2004—2018年,构建了拓展的引力模型,考察自由贸易协定深度化对中国进出口贸易的影响。本书得出以下结论:自由贸易协定深度化促进了中国进出口贸易,并且对中国出口的促进作用显著大于对进口的促进作用。基于国家与产品异质性的检验,结果表明:自由贸易协定深度化对中国向发达国家进口产品的贸易具有更加显著的促进作用,对中国向发达国家的出口贸易具有更加显著的抑制作用;自由贸易协定深度化对中国农产品贸易的正面影响程度普遍低于工业品。从中得到以下启示:一方面,我国应拓展自由贸易协定伙伴,推动经贸规则的深度化。促进贸易伙伴间环境保护、技术合作、可持续发展等新议题上协调一致。另一方面,通过实施高水平自由贸易协定倒逼国内相关制度完善。当前,我国改革已进入到深水区,改革的难度越来越大、改革的成本越来越高,通过扩大对外开始促进国内改革已成为一个重要战略举措。加快自由贸易协定建设、加强同国际经贸规则对接是中国高水平对外开放的重点工作之一。同时,不能一味地瞄准"高标准",而应遵循产业发展自身规律,选择"标准适当"的经贸规则,为国内产业发展营造良好的经贸环境。

第五章　自由贸易协定规则深度化与农产品贸易逆差

改革开放以来,中国逐步融入全球生产体系,紧密地与世界市场联结,推动了对外贸易快速增长。中国货物进出口额占全球货物贸易总额的比重由1978年的0.8%上升至2019年的11.9%。1994年之前,中国对外贸易的顺差与逆差是交替出现的;1994年之后,一直保持对外贸易顺差格局。近年来,随着中国经济结构调整以及中美经贸摩擦的冲击,贸易顺差有所回落,但顺差规模依然处于世界前列。西方国家一些政客大肆渲染中国长期贸易顺差是引发国际金融危机的根源,发表此等言论的目的是转嫁其国内矛盾、实行贸易保护主义以及其他不可告人的战略意图。

事实上,中国并非在全部产品上均保持贸易顺差。从2004年开始,中国农产品贸易就处于持续逆差状态。2004年农产品贸易逆差额为47.3亿美元,此后,逆差规模持续攀升。2019年中国农产品贸易总额为2284.3亿美元(同比增长5.5%),其中,出口总额为785.7亿美元,进口总额为1498.5亿美元,贸易逆差扩大至712.8亿美元。2004—2019年,中国农产品贸易逆差年均增长接近20%。① 以大豆为例,1995年中国一直是大豆净出口国,随着跨国粮商对全球大豆产业链的控制,2000年开始我国就成为世界上最大的大豆进口国,导致本土大豆的生产和加工逐步萎缩,影响到农民收入甚至粮食安全。

---

① 2020年1月15日中美之间达成第一阶段贸易协定规定,2021年中国从美国进口农产品相对于2017年增加195亿美元。中国对美国农产品贸易逆差将扩大至361亿美元。

自由贸易协定环境保护条款与企业行为

党的十八大以来,以习近平同志为核心的党中央始终把农业安全问题作为治国理政的头等大事来抓①,习近平总书记强调:"保障国家粮食安全是一个永恒课题,任何时候这根弦都不能松"②"中国人的饭碗要牢牢端在自己手里,而且里面应该主要装中国粮。"③党的十九届五中全会指出,"坚决把解决好'三农'问题作为全党工作重中之重,走中国特色社会主义乡村振兴道路""提高农业质量效益和竞争力。适应确保国计民生要求,以保障国家粮食安全为底线"。④ 尽管我国没有必要每年都维持农产品贸易顺差,但贸易持续逆差暴露出农业比较优势丧失,农业外循环结构失衡,并可能引起"内外循环"不协调,甚至危及农业安全。在构建农业"双循环"新发展格局中,重点在于增强国内大循环以及国内国际双循环畅通。其中,国内与国际规则协同,是保证两个循环畅通的关键。这就启发我们研究自由贸易协定深度化对中国农产品贸易的影响,探寻农产品贸易逆差的改善途径。

就自由贸易协定深度化与农产品贸易之间关系而言,尽管自由贸易协定深度化会降低农产品贸易成本,降低政策的不确定性,推动成员之间农产品贸易扩张,但是,自由贸易协定深度化也可能使国内外标准差距过大的国家,产生"遵从成本",从而降低生产效率,削弱农产品国际竞争力,抑制出口而推动进口,加剧农产品贸易逆差。基于此,本章将选择中国与 21 个自由贸易协定伙伴农产品 HS6 位代码数据,检验自由贸易协定深度化对中国农产品贸易净值的影响;基于规则、产品与国家多维异质性视角,考察自由贸易协定深度化对中国农产品贸易净值的异质性影响。

---

① 2013 年 12 月 9 日习近平总书记主持召开中央财经领导小组第四次会议上确立了新的粮食安全观以及国家粮食安全战略。相关资料见《领航新时代中国经济航船——从中央财经领导小组会议看以习近平同志为核心的党中央驾驭中国经济》,新华网,2018 年 3 月 31 日。Http://www.xinhuanet.com/2018—03/31/c_1122619515.htm。

② 中央文献研究室编:《十八大以来重要文献选编》(上),中央文献出版社 2014 年版,第 660 页。

③ 习近平:《论把握新发展阶段、贯彻新发展理念、构建新发展格局》,中央文献出版社 2021 年版,第 142 页。

④ 中共中央党史和文献研究院编:《十九大以来重要文献选编》(中),中央文献出版社 2021 年版,第 801 页。

第五章 自由贸易协定规则深度化与农产品贸易逆差

相对于已有文献,本章创新之处在于以下几个方面:第一,立足于构建农业"双循环"新发展格局,基于农业外循环"失衡"、内外循环"失调"的典型事实,探寻了自由贸易协定深度化对农产品贸易逆差及农业安全的影响,所得结论及政策建议,将服务于我国参与区域经济合作,以及构建"合作共赢"的新型自由贸易区网络等国家重大战略。第二,探索性阐释了自由贸易协定深度化影响农产品贸易的作用机制。阐明"深度化"自由贸易协定深度化对贸易净值的影响程度还取决于农业生产率。第三,基于中国与自由贸易协定伙伴的HS6代码数据,建立改进的引力模型,验证了自由贸易协定深度化有助于中国农产品贸易逆差改进。

第一节 制度型开放:从"边境开放"到"规则协同"

第二次世界大战结束后,以美国为代表的西方国家建立了以世界贸易组织为核心的多边贸易体制,遵循对等和互利原则,通过大幅度削减关税,实现贸易自由化。按照乌拉圭农业协议,建立了世界贸易组织农业贸易规则的多边协议框架。然而,世界贸易组织《农业协议》是原则性的,自身存在诸多不完善和不合理性,发展中国家和发达国家之间存在不平等待遇,在一定程度上降低了世界贸易组织《农业协议》的约束力。

近年来,以单边主义、保护主义和民粹主义为特征的逆全球化浪潮,对多边贸易体系形成了巨大冲击,世界贸易组织在多边贸易体制中的作用趋于弱化。同时,世界贸易组织框架下多哈回合谈判始终无法有效回应各国关于农业及可持续发展等议题的强烈诉求,在服务贸易、电子商务、知识产权保护等新议题上也没有取得实质性进展。世界贸易组织改革迫在眉睫,而且还导致了自由贸易协定快速增长,催生出全面与进步跨太平洋伙伴关系协定、美墨加协定等一批大型区域自由贸易协定。自由贸易协定规则覆盖范围、约束强度、推行标准都趋于提高,不再局限于解决关税减免、市场准入等"边境上"问题,而是逐步深入到"边境内",推动贸易与投资的自由化及便利化。自由贸易协定深入到边境内规则,反映

自由贸易协定环境保护条款与企业行为

了成员加强自由贸易协定深度化的趋势,也为新一轮全球化提供了制度保障。

中国政府积极倡导和推动全球多边贸易体制,以积极姿态加入世界贸易组织,并接受世界贸易组织国际经贸规则体系,履行加入世界贸易组织的承诺,大规模削减关税。农产品进口关税平均税率由2001年的23.2%下降至2018年的15.2%。远低于发达国家和发展中国家成员的平均水平。中国农产品进口规模随之迅速扩大,2001—2018年,中国农产品进口额增长了10.6倍,推动了农产品贸易持续逆差。即便如此,美国等西方国家仍指责中国农业政策违背了世界贸易组织农业多边框架原则。

面对全球贸易体制的缺陷以及外部环境的变化,中国逐步推动制度型开放。2018年年底中央经济工作会议指出:"要适应新形势、把握新特点,推动由商品和要素流动型开放向规则等制度型开放转变。"①党的十九届五中全会再次提出,"实行高水平对外开放,开拓合作共赢新局面"②。制度型开放是适应全球化新特征以及更高水平开放的必然要求,是由"边境开放"向"边境内开放"拓展和延伸,从而推动国际国内规则协同。通过构建面向全球的高标准自由贸易区网络以及建设自由贸易试验区,推动国际规则协同,实现行业管理、市场体系、商事制度等各领域深化改革与高水平开放的有机融合,逐步建立起与国际高水平对接的规则体系。

2020年年底,15国正式签署《区域全面经济伙伴关系协定》,至此,中国签署的自由贸易协定达到19个,覆盖26个国家和地区。全球范围内自由贸易协定总数达到2315个,拥有20个以上自由贸易协定国家已经达到74个。中国自由贸易协定建设还存在较大的拓展空间。在经贸规则方面,中国自由贸易协定深度化程度还不高,以边境规则为主,边境内规则覆盖率相对较低。以环境保护规则为例,我国签署具有法律约束

---

① 《2018年中央经济工作会议》,共产党员网,2018年12月24日。
② 中共中央党史和文献研究院编:《十九大以来重要文献选编》(中),中央文献出版社2021年版,第807页。

力的环境保护规则仅占6%,而美国、德国及韩国这一指标分别为83%、64%和44.4%。因此,我国实施的边境内规则与国际高标准规则相比还有较大差距,应主动与国际高标准规则进行对标对表。

农产品是关系人类及动植物生命安全的特殊商品,各国在签署农产品贸易相关条款时,除了农产品关税、出口补贴之外,还包括了原产地、卫生与植物检疫措施、环境保护、投资、技术性贸易壁垒、技术合作、市场准入等条款。中国已经签署的自由贸易协定中,几乎每个协定都包含了原产地、卫生与植物检疫措施、环境保护等规则,而投资、技术性贸易壁垒等规则较少覆盖。最近签署的区域全面经济伙伴关系协定,就包括了原产地规则、卫生与植物检疫措施、技术性贸易壁垒、电子商务等涉农规则。中美两国达成的第一阶段经贸协议中,要求农产品贸易符合卫生与植物检疫措施(SPS)、国际食品法典委员会(CAC)规定的食品安全标准、国际兽医组织(OIE)制定的动物健康标准、国际植物保护公约(IPPC)制定的植物健康标准等。

第二节 "双循环"视角下中国农产品贸易逆差与农业安全:典型事实

在全球化进程受阻、新冠疫情等外部冲击下,以及解决新时期国内供给侧与需求侧之间不平衡矛盾的现实需要,党中央提出加快构建以国内大循环为主体、国内国际双循环相互促进的新发展格局。农业安全不仅是实现"双循环"新发展格局的战略基础,也是构建"双循环"的核心内容。"双循环"视角下的农业安全应是立足国内市场、确保国内产能为主、进口为辅的战略安排。充分发挥国内市场的主体作用,保障农产品供给安全;同时,注重国际合作,优化农产品进口结构,保持进口适度规模,从而确保实现中国人的饭碗主要"装自己的粮食"。

一、农业内循环"强劲"

新中国成立以来,中国用全球9%的耕地,生产出全球25%的粮食,养活了全球20%的人口,成功地实现了从"吃不饱"到"吃得饱""吃得好"的历史性转变。改革开放至今,农产品国内生产供应能力显著提高,农产品产量几乎每年都处于递增态势。1978—2019年,中国粮食产量从3.04亿吨,增长到6.64亿吨,并连续5年稳定在总产6.5亿吨以上。其中,水稻从1978年的1.37亿吨增长到2019年的2.09亿吨,年均增长3.7%。小麦从0.54亿吨增长到1.33亿吨,玉米从0.56亿吨增长到2.61亿吨。粮食生产连续保持"17年丰"。近年来,我国谷物、肉类、棉花、茶叶等农产品产量都稳居世界首位。粮食单产不断提高,从1978年的2527.3公斤/公顷增加到2019年的5720公斤/公顷。中国居民食物消费量快速增长。根据联合国粮农组织(FAO)提供的数据,1961—2017年,中国居民每人每天平均能量摄入量由1439大卡增加到3194大卡,超过世界平均水平10个百分点。从人均消费量来看,2015—2019年平均人均粮食产量为476公斤,其中人均谷物为443公斤,高于我国原定人均粮食400公斤的安全线。粮食产销库存率都处于历史高位,也超过了粮食合理储备的上限。稻米、小麦、玉米等主要农产品的自给率在95%以上。从供需平衡角度来看,中国农产品国内循环强劲,保证了农业安全。

二、农业外循环"失衡"

合理利用国际市场和资源是农业外循环的重要内容。当前,因贸易规则衔接等问题,特别是,高标准经贸规则以及质量认证制度,造成我国农产品出口困难。同时,中国实施较低的农产品进口关税,进口大幅增长,并且进口持续大于出口,导致外循环结构"失衡",为我国粮食安全累积了极大风险。

谷物及大豆等大宗农产品贸易失衡尤为突出。谷物和谷物粉农产品的进口量从2012年的1398万吨逐年上升,2015年锐增到3270万吨高峰,之后平稳下降至1800万吨。谷物和谷物粉的出口量具有较小数量级,但亦有上升趋势,从2015年的47.84万吨上升到2019年的323.6万吨。谷物贸易依存度的变化趋势,与其进口量的变化趋势相对一致,从2012年的2.41%上升至2015年的5.03%,随后下降到2019年的2.84%。

豆类贸易安全问题就不那么乐观了。大豆进口量从2012年的5838万吨逐年持续上升,于2017年锐增到9553万吨,增长率达到63.63%。随后几年一直保持在较高水平,2019年为8851万吨,2020年进口量高达10032万吨。相对而言,大豆出口量极小数量级,并逐年下降,从2012年的32万吨下降到2019年的11万吨。中国大豆贸易依存度一直处在高位,从2012年的81.66%上升到2015年的86.98%,之后一直保持在83%以上的高位状态。2012—2019年,中国大豆自给率均保持在20%以下,2015年最低,仅为12.63%。中国豆类安全受到的潜在威胁较大,应值得重视。

三、农业内外循环衔接"失调"

依靠农业内循环与外循环双轮驱动,两个循环相互促进是解决我国"三农"问题、实现乡村振兴的坚强保证。当前我国农业内外循环不协调、不衔接,内外循环难以真正连通起来。

(一)农业内循环对"双循环"支撑性较弱

长期以来,农产品国内生产成本高企,制约了内循环对"双循环"的支撑性和带动性。从农产品价格对比来看,2018年小麦国内生产成本为385.88美元/吨,进口成本为276.858美元/吨,高出39.37%;玉米国内生产成本为301.65美元/吨,进口成本为145.90美元/吨,高出106.75%;大豆国内生产成本为745.57美元/吨,进口成本为432.61美元/吨,高出72.34%。从生产效率来看,中国耕地资源缺乏,农业效率低下。中国2015年每公顷耕地农林渔业人均增值为36020.83美元,虽高于印度的13248.12美元及俄罗斯的15619.64美元,但远低于美国的173051.8美元、法国的219016.2美元、新西兰的639453.8美元及日本的849108.7美元。可见,中国农业生产效率与世界农业强国相比差距巨大。

(二)农业外循环对"双循环"赋能性较低

农业国际国内规则不统一,导致外循环对"双循环"赋能性不够。从世界贸易组织农业协议来看,2004年以后,我国将农业课税调整为农业补贴,遭到了美国提起世界贸易组织争端解决机构的诉讼。中国粮食支持政策面临着世界贸易组织规则下"黄箱"支持限制的实质性约束。从原产地规则、卫生与植物检疫措施、技术性贸易壁垒等涉农的边境内规则来看,我国实施的标准相对较低,制约了农业发展。发达国家往往实施严格的生物性污染及化学品残留标准,无疑提高了中国农产品出口的技术门槛,制约了农产品出口。

第三节 实证模型与变量说明

一、计量模型的设定

贸易引力模型是估算贸易政策或自由贸易协定对双边贸易流量影响的主要实证方法。现有文献大多是在引力模型中引入两国是否签署自由贸易协定这一虚拟变量,考察自由贸易协定对双边贸易的影响。这种研究方法的缺陷在于无法精准地刻画自由贸易协定深度化的影响,也无法分离出边境规则与边境内规则作用效果的异质性。本书在引力模型框架下,引入自由贸易协定深度化指数,探讨自由贸易协定深度化对农产品贸易的影响。基准回归模型如下:

$$\ln Strade_{ijkt} = \alpha_0 + \alpha_1 Cons_{ijt} + \alpha_2 \ln Agr_{it} + \alpha_3 \ln Agr_{jt} + \alpha_4 \ln Dist_{ij} \\ + \alpha_5 Ngh_{ij} + \alpha_6 Ctig_{ij} + \alpha_7 Tariff_{jkt} + \varepsilon_{ijkt} \quad (5-1)$$

式(5-1)中的下标 i、j、k、t 分别代表中国、贸易伙伴、产品和年份。因变量 $\ln Strade_{ijkt}$ 表示中国农产品贸易净值,以中国农产品进口规模与出口规模之差表示,并取绝对值。为了避免样本中存在大量零值贸易而造成的结果不稳健,采取 $\ln(Strade_{ijkt} + 1)$ 处理。解释变量 $Cons_{ijt}$ 表示中国与伙伴在 t 年度的规则协同程度。控制变量包括了中国和贸易伙伴的农业总产值($\ln Agr_{it}$,$\ln Agr_{jt}$)、两国地理距离($Dist_{ij}$)、两国是否接壤(Ngh_{ij})、两国语言距离($Ctig_{ij}$)、贸易伙伴进口产品关税($Tariff_{jkt}$)、中国进口产品关税($Tariff_{jkt}$)。考虑到农业"内循环"与"外循环"的相互作

第五章 自由贸易协定规则深度化与农产品贸易逆差

用,国内农产品市场规模将会对贸易净值产生重要影响。为此,本书采取中国和贸易伙伴农产品总产值而不是实际GDP。

自由贸易协定深度化尽管能够降低成员之间的贸易壁垒,促进贸易与投资自由化。然而,成员要素禀赋及技术基础不同造成的生产效率差异,对国际规则反应和接受程度也将是不同的,必将影响贸易效应。因此,自由贸易协定深度化对国际贸易的影响程度还取决于农业生产率。基于此,引入农业劳动生产率、自由贸易协定深度化指数与农业劳动生产率的交互项,考察农业劳动生产率的调节效应。

$$\ln Strade_{ijkt} = \alpha_0 + \alpha_1 Cons_{ijt} + \alpha_2 TFP_{ijt} + \alpha_3 Cons_{ijt} \times TFP_{ijt}$$
$$+ \alpha_4 \ln Agr_{it} + \alpha_5 \ln Agr_{jt} + \alpha_6 \ln Dist_{ij} + \alpha_7 Ngh_{ij}$$
$$+ \alpha_8 Ctig_{ij} + \alpha_9 Tariff_{jkt} + \varepsilon_{ijkt} \quad (5-2)$$

式中的 TFP_{ijt} 表示 t 年中国相对于伙伴的农业劳动生产率。

二、变量选取表示

1. 自由贸易协定深度化指数

本章以自由贸易协定深度化指数表示国家间规则协同程度,包括两个指标。

第一,总体深度化指数(Cons)。根据 HMS 分类方法,自由贸易协定包含了 52 项条款,其中,6 项条款是与关税减让相关的条款,包括了工业产品减让、农产品减让、反倾销、反补贴、与贸易有关的投资协议(TRIMs)以及与贸易有关的知识产权协议等,剩余的 46 项条款为非关税条款。对自由贸易协定"是否包含条款""是否具有法律约束力"等指标进行赋值。如果自由贸易协定中没有包含该条款赋值 0,包含该条款但没有法律约束力,赋值为 1,包含了具有法律约束力的条款赋值为 2,将数值进行加总之后,求出非关税条款占比 Ons_{ij},即:$Cons_{ij} = \dfrac{\sum_{i=1}^{46} Provision_{ik}}{\sum_{i=1}^{52} Provision_{ij}}$,式中的 $Provision_{ik}$ 是根据 HMS 分类的自由贸易协定条款。对其进行标准化处理,得到自由贸易协定总体深度化指数(Cons)。该指标数值越大,表明自由贸易协定深度一体化程度越高,各国政策协同性越强。

$$Cons_{ij} = \frac{ons_{ij} - \min(ons_{ij})}{\max(ons_{ij}) - \min(ons_{ij})}, i.j = 1,\cdots,n \qquad (5-3)$$

第二,核心深度化指数(ICons)。在自由贸易协定的 52 项条款中筛选出与农产品贸易密切相关的 7 项条款,包括了原产地、卫生与植物检疫措施、环境保护、投资、技术性贸易壁垒、技术合作、市场准入等核心条款,其余的为非核心条款。对核心条款赋值后,进行加总,求出核心条款占比 $Ions_{ij}$。对其进行标准化处理,得到自由贸易协定核心深度化指数(ICons):

$$ICons_{ij} = \frac{Ions_{ij} - \min(Ions_{ij})}{\max(Ions_{ij}) - \min(Ions_{ij})}, i.j = 1,\cdots,n \qquad (5-4)$$

2. 农业劳动生产率(TFP_{ijt})

以农业相对生产率,即中国农业生产率与伙伴农业生产率的比值表示。其中,各国农业生产率是以农业劳动生产率(农业产值与农业就业人数的比值)表示的。

3. 控制变量

(1) Agr_{it}、Agr_{jt} 分别是中国和贸易伙伴的农业总产值。国内农业总产值越高,表明"内循环"越坚实,对农业"外循环"有着更强的支撑,有助于贸易规模扩张。(2) $Dist_{ij}$ 是两国地理距离,以两国首都之间的地理距离表示。中国与贸易伙伴之间的地理距离接近,国际贸易的交易成本就可能越低,越有利于农产品双边贸易的发展。(3) Ngh_{ij} 表示两国是否接壤。如果中国与自由贸易协定伙伴边境接壤,贸易成本相对较低,有助于农产品双边贸易增长。(4) $Ctig_{ij}$ 表示两国的语言距离。一般而言,贸易伙伴之间使用同一种语言或同一语系,语言距离较为接近,双边贸易成本就会相对较低,有利于双边农产品贸易发展。世界语言结构地图集数据库(The World Atlas of Language Structures Online)对全球 2679 种语言特征进行了描述与计量,包括语音特征、词汇特征、语法特征、语用特征等多个类别。本章从世界语言结构地图集数据库中提取贸易伙伴语言的各个特征描述,并与汉语(普通话)逐一进行比较。倘若某一语言特征属同一特征类型的记为 0,有差异的记为 1,将特征值进行量化并加总之后,得到该种语言与汉语之间的语言距离。(5) $Tariff_{jkt}$ 表示贸易伙伴的进口产品关税。贸易伙伴的关税壁垒会阻碍中国出口,从而影响贸易净值。

三、数据来源

本章利用 2004—2018 年中国与自由贸易协定伙伴之间的农产品贸易数据。其中伙伴的选择依据自由贸易协定文本,该数据来自中国自由贸易区服务网。选择与中国已签署自由贸易协定的 21 个伙伴,包括澳大利亚、智利、冰岛、新西兰、格鲁吉亚、韩国、毛里求斯、新加坡、瑞士、文莱、哥斯达黎加、柬埔寨、秘鲁、印度尼西亚、老挝、马来西亚、缅甸、巴基斯坦、菲律宾、泰国、越南。

农产品贸易数据来自联合国贸易商品统计数据库(COMTRADE)提供的 HS6 分位数据。当前,农产品范围的界定主要有三个标准:包括《国际贸易标准分类》(SITC 编码)、《海事合作理事会税则商品分类目录》(CCCN 编码)以及《商品名称及编码协调制度》(HS 编码)。由于国际海事理事会通过了 HS 编码统一作为国际农产品核算的工具,本章根据 HS 编码界定农产品。HS 将产品分为 21 类、97 章。其中,1—4 类,24 章为农副产品。主要分类如下:第一类,活动物;动物产品;第二类,植物产品;第三类,动、植物油、脂及分解产品;精制的食用油脂;动、植物蜡;第四类,食品、饮料、酒及蜡、烟草、烟草及烟草代用品的制品。

国家层面的 GDP 数据来自世界银行数据库。两国首都之间距离、两国是否相邻、两国是否具有共同语言等数据来自全球双边贸易数据库(CEPII)(The CEPII Gravity Database)。语言距离的原始数据来自世界语言结构地图集(The World Atlas of Language Structures Online)。关税数据来自世界贸易组织综合数据库。农业产值数据来源于 FAQ 粮农组织数据库,农业就业人数指标来自 Penn World Table 9.0 数据库。

第四节 自由贸易协定深度化影响农产品贸易的实证结果分析

一、基准回归

基于式(5-1)检验自由贸易协定深度化对中国农产品贸易净值的影响,结果列于表5-1。估计出的自由贸易协定总体深度化指数(Cons)和自由贸易协定核心深度化指数(ICons)均为负值,且通过了显著性检验。结果表明,随着自由贸易协定深度化程度增强,自由贸易协定深度化程度提高,将有利于缩小我国农产品贸易逆差。已有学者论证了自由贸易协定深度化相对于"浅层次"关税削减,具有更强的贸易创造效应。本章研究是对现有文献的延展。

从理论上而言,自由贸易协定深度化对中国农产品贸易产生了正反两方面影响:一方面,我国农业生产经营方式粗放,政府对农业生产过程中实施的环境保护、市场竞争、质量保障、知识产权保护等方面的管制措施较少,与国外在边境内规则方面存在一定差距。随着自由贸易协定深度化程度提高,将会加大中国农产品的"遵从成本",抑制出口;同时,因自由贸易协定深度化降低了贸易壁垒以及贸易政策不确定性,推动我国进口,从而加剧贸易逆差。另一方面,随着自由贸易协定深度化程度提高,促进我国农产品生产、流通、储存等环节的国内管制规则与国际规则相互衔接,为农产品出口提供了制度保障,从而有助于农产品贸易逆差改善。实证结果表明,后者的作用力超过了前者,从而出现农产品贸易逆差改善的结果。实证结果揭示出我国应加快由商品(要素)流动型开放向制度型开放的转变。在农产品行业规则、行业标准等方面,密切跟踪国际高标准规则演进趋势,系统推进与国际规则相衔接的国内改革,缩小与国际高标准规则的差距,从而缓解农产品贸易逆差,确保国家农业安全。

从表5-1的列(1)、列(2)与列(3)、列(4)结果对比来看,ICons对贸易净值的影响程度高于Cons,该结果说明了与农产品贸易相关规则协同相对于其他类型规则协同对农产品贸易逆差改善产生了更大的作用。

表5-1 基本回归结果

变量	农产品贸易净值 (1)	农产品贸易净值 (2)	农产品贸易净值(剔除贸易顺差样本) (3)	农产品贸易净值(剔除贸易顺差样本) (4)
$Cons$	-1.4615*** (0.4824)		-1.1099** (0.5305)	
$ICons$		-4.2335*** (0.5181)		-1.8061** (0.5196)
$\ln Agri$	1.2735*** (0.0452)	1.3010*** (0.0444)	0.5301*** (0.0284)	0.5319*** (0.0279)
$\ln Agrj$	0.0699*** (0.0255)	0.0477* (0.0256)	0.5229*** (0.0244)	0.5315*** (0.0244)
$Dist$	-0.0001*** (0.0000)	-0.0001*** (0.0000)	-0.0001*** (0.0000)	-0.0001*** (0.0000)
Ngh	-0.5950*** (0.1597)	-0.6689*** (0.1598)	-0.8221*** (0.1487)	-0.8079*** (0.1490)
$Ctig$	0.5104*** (0.1126)	0.6121*** (0.1118)	0.6019*** (0.0946)	0.6143*** (0.0940)
$Tariff$	2.2282*** (0.4776)	1.2402*** (0.1610)	0.0050*** (0.0014)	0.0055*** (0.0014)
常数项	-25.4243*** (1.1277)	-25.6005*** (1.1050)	-18.0822*** (0.8959)	-18.3673*** (0.8727)
R^2	0.0352	0.0369	0.1161	0.1157
样本数	46657	46657	33165	33165

注:括号内数字为相应的产品层面的聚类稳健标准误;*、**、***分别表示在10%、5%、1%的水平上显著。后2列报告的是删除了贸易顺差的样本。

二、稳健性检验

基准模型的实证检验可能因引力模型的遗漏变量问题、反向因果关系等造成的内生性问题以及贸易流量数据中普遍存在异方差问题而导致结果的不稳健,本书将采取以下方法予以解决。

当前,一些学者采取了工具变量法解决内生性问题,并以两个国家之间是否与某个共同的国家签署过其他自由贸易协定、自由贸易协定贸易额与该国贸易总额的比重等指标作为自由贸易协定深度化的工具变量。

这种处理也遭到了一些学者的反对,他们认为这些指标也可能是内生性的,面板数据模型的固定效应要比工具变量能够更好地解决内生性问题。为此,本章采取固定效应模型解决内生性问题。为了解决贸易引力模型中对数线性化方程存在的异方差问题,许多文献采取了赫克曼最大似然估计法、拟泊松最大似然估计法(PPML)等多种方法。席尔瓦和特内里罗认为,在因变量条件方差与其条件均值成正比的情况下,拟泊松最大似然估计法比其他处理异方差的方法获得的结果更加稳健。基于此,本章采取拟泊松最大似然估计法,结果见表5-2。

采用固定效应模型估计之后,估计出的Cons和ICons参数值均为负值,并且通过了1%的显著性检验。结果表明,自由贸易协定深度化程度提高,将会促进农产品贸易逆差改善。采取拟泊松最大似然估计法的结果列于列3—列4,估计出的Cons和ICons参数值均为显著的负值,同样表明了自由贸易协定深度化能够使中国农产品贸易逆差得以改善。表5-2证明了实证结果具有较强稳健性。

表5-2 稳健性检验结果

变量	固定效应		拟泊松最大似然估计法	
	(1)	(2)	(3)	(4)
Cons	-0.9877*** (0.3820)		-5.9357*** (0.9523)	
ICons		-3.9334*** (0.4076)		-10.1914*** (1.6627)
控制变量	是	是	是	是
R^2	0.1911	0.1931	0.1012	0.1013
样本数	46657	46657	46657	46657

注:括号内数字为相应的产品层面的聚类稳健标准误差;*、**、***分别表示在10%、5%、1%的水平上显著。

三、调节效应检验

理论分析表明,农业生产率是决定农产品是否出口以及贸易净值规模的决定性因素。为此,基于式(5-2)考察自由贸易协定深度化是否在农业生产率的调节效应作用下影响农产品贸易净值。

第五章 自由贸易协定规则深度化与农产品贸易逆差

表 5-3 报告了引入农业生产率及其与自由贸易协定深度化指数交互项的估计结果。估计出的 Cons 与 Icons 参数值在四个回归结果中均为显著负值,再次验证了自由贸易协定深度化有助于农产品贸易逆差改善。TFP 参数值为负值,尽管有列(2)结果不显著,总体来看,农业生产率能够起到改善农产品贸易净值的作用。① 估计的 Cons×TFP 以及 ICons×TFP 的系数均为显著负值,说明了随着农业生产率的提高,自由贸易协定深度化对农产品贸易净值的影响趋于减弱,反映出农业生产率对自由贸易协定深度化的贸易效应发挥了调节作用。② 农产品贸易净值在根本上取决于农业生产率。因此,切实提升中国农业生产率,增强农产品国际竞争力,是防止农产品贸易失衡,确保农业安全的重要举措。

表 5-3 农业生产率调节效应的检验结果

变量	农产品贸易净值		农产品贸易净值(剔除贸易顺差样本)	
	(1)	(2)	(3)	(4)
Cons	−1.4348*** (0.4849)		−1.3125*** (0.4890)	
ICons		−4.2351*** (0.5181)		−4.1780*** (0.5192)
TFP	−0.0103 (0.0197)	−0.0186* (0.0101)	−0.0146 (0.0199)	−0.0382* (0.0213)
Cons×TFP			−0.1122*** (0.0378)	
Icons×TFP				−0.0487** (0.0192)
控制变量	是	是	是	是
R^2	0.1349	0.1365	0.1351	0.1366
样本数	46657	46657	46657	46657

注:括号内数字为相应的产品层面的聚类稳健标准误差;*、**、*** 分别表示在 10%、5%、1% 的水平上显著。

---

① 我们分别以农产品进口额和出口额为被解释变量进行回归后,发现估计出的 TFP 参数值分别为正值和负值,表明了提高农业生产率将会抑制中国农产品进口而促进农产品出口。

② 本书测算结果表明,中国农业相对生产率较低,与澳大利亚相比为 0.038,与智利相比为 0.293,但高于越南、老挝等东盟国家。

第五节 规则—产品—国家三重异质性检验

一、自由贸易协定边境内规则异质性

当前,世界各国签署的自由贸易协定中几乎都包含了原产地规则、卫生与植物检疫措施、环境保护规则等与农产品贸易密切相关的边境内规则。为此,本章将进一步检验这三种代表性规则对中国农产品贸易的影响。

以自由贸易协定条款中是否包含原产地规则(环境保护规则、卫生与植物检疫措施)表示自由贸易协定深度化,包含有这一规则的取值1,不包含的取值0,估计结果列于表5-4的列(1)—(3);然后,再以是否包含具有法律约束力的原产地规则(环境保护规则、卫生与植物检疫措施)表示自由贸易协定深度化,相应取值1和0,估计结果列于表5-4的列(4)—(6)。

表5-4 自由贸易协定异质性规则的实证结果

异质性规则	是否包含原产地规则			是否包含具有法律约束力的原产地规则		
	(1)	(2)	(3)	(4)	(5)	(6)
环境保护规则	0.8861*** (0.1271)			1.1590*** (0.1343)		
原产地规则		−1.0932*** (0.1928)			−0.9846*** (0.2071)	
卫生与植物检疫措施			0.9041*** (0.1184)			1.0199*** (0.1292)
控制变量	是	是	是	是	是	是
R^2	0.1382	0.1375	0.1386	0.1704	0.1628	0.1685
样本数	46657	46657	46657	33165	33165	33165

注:括号内数字为相应的产品层面的聚类稳健标准误差;*、**、*** 分别表示在10%、5%、1%的水平上显著。后3列的实证检验还删除了贸易顺差的样本。

第五章 自由贸易协定规则深度化与农产品贸易逆差

估计结果表明,自由贸易协定环境保护规则在可检验水平上显著地促进农产品贸易逆差。这在很大程度上是因环境保护规则促进中国农产品进口增长而抑制了农产品出口增长造成的。我们需要特别强调的是,环境保护规则对中国农产品进口产生了促进作用。样本中与我国农产品贸易规模较大的国家主要是东盟国家,这些国家往往具有较低的环境规制强度,实施自由贸易协定环境保护规则降低了这些国家的比较优势,可能会抑制这些国家向中国出口。但是,事实却是相反的。主要原因在于东盟等国属于农业大国,国内农业资源丰富、农产品种类繁多,同时这些国家农产品与我国进口的农产品具有高度互补性,甚至有些产品还是我国重要农产品(比如,植物油、薯类等)的唯一供给国。即使这些国家比较优势下降,也不大可能影响我国向这些国家进口。除此之外,自由贸易协定伙伴中的澳大利亚、韩国等国,相对于我国具有更高的国内环境规制强度和规制范围。自由贸易协定环境保护条款不仅没有削弱伙伴的贸易比较优势,反而促进了这些国家产品出口。

自由贸易协定原产地规则(Rules of Origin)在可检验水平上促进中国农产品贸易逆差改善。自由贸易协定原产地规则对生产过程中的原材料及中间产品来源地、加工环节所在地、原产地申报程序等作出规定,防止非成员的"搭便车"行为。初级农产品本身的生长特征,决定了此类农产品很容易符合原产地规则,严格的原产地规则对初级农产品进出口贸易的限制程度不高;加工农产品的原材料及中间产品可能并非来自本地,原产地规则对加工农产品出口贸易就产生了一定的限制作用。比如,为了符合原产地规则的要求,出口企业生产要素的本地化程度高,可能需要将原来从低成本的非成员的进口转移至高成本的成员,由此将增加了生产成本,降低了国际竞争力。本章估计结果表明,原产地规则有助于我国农产品贸易逆差改善,反映了我国实施原产地规则与国际规则差距相对较小。

研究还发现,实施自由贸易协定卫生与植物检疫措施在可检验水平上显著地促进农产品贸易逆差,在一定程度上反映出卫生与植物检疫措施促进中国农产品进口增长,而抑制农产品出口增长。卫生与植物检疫措施主要用于保护成员领土内的人类或动植物免受病虫害、生物性污染、化学品残留污染以及物理性污染等。发达国家为了减少国内市场竞争,达到向国内特殊利益集团输送利益以及满足政治动机的目的。通过实施高标准的卫生与植物检疫措施,形成技术性贸易壁垒,将市场留给本国利益集团,抑制发展中国家农产品出口。已有文献指出,实施卫生与植物检疫措施是发展中国家遭遇非关税壁垒的重要方式之一。本章实证结果表明我国与国际高标准卫生与植物检疫措施存在一定差距,卫生与植物检疫措施显著地抑制了中国农产品出口增长,从而促进农产品贸易逆差扩大。

产品异质性。农产品可分为初级农产品和加工农产品,本书将HS01—14章确定为初级农产品、HS15—24章为加工农产品。自由贸易协定深度化与异质性农产品贸易净值的估计结果显示,Cons 与 Icons 参数值大多数为显著的负值(见表5-5)。研究结果表明,自由贸易协定深度化促进了中国初级农产品和加工农产品逆差改善。就影响程度而言,自由贸易协定深度化对初级农产品贸易的影响作用更强。初级农产品主要来自种植业、畜牧业等行业,作为动植物的活体进口,极易给进口国带来动物疫病和植物病虫害,进而对食品安全、居民健康、动植物生长造成危害。因此,自由贸易协定深度化程度对初级农产品贸易具有较强的影响。加工农产品尽管也可能携带有毒微生物、病原菌、化学品残留或物理性污染物,但经过高温或化学工艺处理之后,风险性及危害性大大降低。相较而言,世界各国对加工农产品贸易的管制措施就没那么严格了。自由贸易协定深度化程度对加工农产品贸易的影响程度相对较小。

表5-5 产品异质性的估计结果

变量	初级农产品		加工农产品	
	(1)	(2)	(3)	(4)
$Cons$	-3.0613*** (0.7017)		0.1982 (0.6631)	

续表

变量	初级农产品		加工农产品	
	（1）	（2）	（3）	（4）
ICons		-4.3398*** (0.7399)		-4.1673*** (0.7308)
控制变量	是	是	是	是
R^2	0.1297	0.1298	0.1506	0.1537
样本数	25961	25961	20696	20696

注：括号内数字为相应的产品层面的聚类稳健标准误差；*、**、*** 分别表示在10%、5%、1%的水平上显著。

二、国家异质性

由于各国在制度环境及经济发展水平方面存在较大差异，自由贸易协定深度化程度差异较大。中国与不同类型国家签署自由贸易协定对农产品贸易将产生异质性影响。本章将样本国家分为发达国家和发展中国家两组分别进行估计。估计出的 Cons 与 ICons 参数值均为显著的负值，结果表明了自由贸易协定深度化有助于缩小我国与发达国家以及发展中国家的农产品贸易逆差（见表5-6）。但就影响程度而言，两类国家之间还是存在一定差异的。与发展中国家规则协同对中国农产品逆差改善的影响程度更强。这个结果在一定程度上表明了发达国家国内管制水平较高，自由贸易协定深度化不会对发达国家农产品产生明显的"遵从成本"，反而可能会提高农业比较优势。自由贸易协定深度化对我国向这些国家出口增进及贸易逆差改善的影响程度较弱。我国与发展中国家之间规则协同就不同了，我国一些国内管制措施及标准高于许多发展中国家。自由贸易协定深度化有助于我国向这些国家出口，从而推动农产品贸易逆差改善。

表5-6 国家异质性的估计结果

变量	发达国家		发展中国家	
	（1）	（2）	（3）	（4）
$Cons$	−1.2344** (0.5561)		−5.0959*** (1.3486)	
$ICons$		−3.8992*** (1.0268)		−4.6240*** (0.6282)
控制变量	是	是	是	是
R^2	0.1404	0.1419	0.1413	0.1433
样本数	17195	17195	29462	29462

注：括号内数字为相应的产品层面的聚类稳健标准误差；*、**、***分别表示在10%、5%、1%的水平上显著。

本章回顾了全球贸易体系演变以及中国对外开放历程，总结出制度型开放就是由"边境开放"拓展至"规则协同"。基于中国农产品持续逆差导致的外循环"失衡"、内外循环"失调"，影响国家农业安全的典型事实，研究了自由贸易协定深度化对农产品贸易净值的影响以及贸易逆差改善路径。基于产品层面数据的实证检验，结果表明自由贸易协定深度化会促进我国农产品贸易逆差改善，而且，农业生产率对自由贸易协定深度化的贸易效应起到了调节作用。自由贸易协定深度化对农产品贸易净值的影响还因规则、产品及国别的不同而产生异质性影响。为了促进农业"双循环"坚实与畅通，确保国家农业安全，适当收窄农产品贸易逆差是非常有必要的。顺应新一轮全球化新趋势，加强制度型开放、统筹国际国内规则协同也是本书蕴含之义。

基于此，本章提出以下几方面的政策建议：第一，提高中国在全球经贸规则制定中的话语权。当前，自由贸易协定中设置何种边境内规则以及规则标准强度已是各国经贸谈判的焦点。同时，我们也应充分认识到发达国家与发展中国家之间争夺规则制定权的长期性和艰巨性。只有通过深入研究边境内规则发展趋势、研判边境内规则对我国的潜在影响，才能提高我国在全球经贸规则制定中的话语权。第二，统筹构建"区域统一""标准适当"的规则体系。在"合作共赢"、实现"人类命运共同体"的

第五章　自由贸易协定规则深度化与农产品贸易逆差

理念下,建立起公平、公正、合理的经贸规则,吸引更多国家参与构建区域内统一的规则。为此,需要与区域内各国进行规则谈判和制度协调,协商解决各国因宗教、民族、文化、制度、政治和经济发展模式等方面差异带来的规则争议。以体现"最大公约数"的原则,确定区域内统一的规则。同时,我国不能一味地瞄准或者跟进国际"高标准"而应遵循产业发展自身规律,根据我国及广大发展中国家的产业发展优劣势,选择"标准适当"的经贸规则。第三,提升农业生产率,减轻自由贸易协定深度化的负面冲击。一方面,要以培育农业龙头企业、农业高新技术企业、农民合作组织为重要战略支撑,带动农业的规模化、产业化水平,提高农业全要素生产率。另一方面,占据农业价值链高端环节。在农机、化肥、农药、种子等技术密集环节以及农产品加工、销售等流通环节,提升技术水平,缩小与外资企业差距,提高本土涉农企业生产效率。此外,还应完善我国农产品的法律体系并对接国际标准。通过完善农产品法规体系,提高农产品的生产过程、加工过程、加工方法、加工环境等多个环节的安全控制要求,促进农产品提质增效。

第六章　自由贸易协定环境保护条款与污染产品进出口贸易的实证

　　随着全球气候变暖以及生态环境恶化,社会各界已经意识到世界贸易与投资深刻地影响着全球环境质量。如何实现自由贸易与环境改善的双赢局面逐渐成为自由贸易协定谈判以及全球治理的重要议题。在自由贸易协定议题中加入环境产品市场准入、环境争端解决机制等环境保护条款已成为自由贸易协定新一代经贸规则的重要组成部分。事实上,在自由贸易协定中加入环境议题最早可追溯到1971年欧盟和海外国家与领土(OCT)签署自由贸易协定提出的国际贸易"应该促进环境的可持续管理"。在1994年美国、加拿大和墨西哥达成的北美自由贸易协定中已经出现环境保护的实质性条款。据统计,在全球已经签署并仍在生效的自由贸易协定文本中,绝大部分都包含了与环境保护相关的条款(李丽平等,2015)。

　　为了顺应全球自由贸易协定发展新趋势,致力于维护全球自由贸易体系和开放型世界经济格局,我国政府积极推动自由贸易区发展战略。党的十八大报告中提出"统筹双边、多边、区域次区域开放合作,加快实施自由贸易区战略";2015年12月国务院发布《关于加快实施自由贸易区战略的若干意见》,该文件详尽地描述了中国实施自由贸易区战略"逐步构筑起立足周边、辐射'一带一路'、面向全球的高标准自由贸易区网络"。2019年召开的第十九届四中全会上,中央再次提出"推动贸易和投资自由化,推动构建面向全球的高标准自由贸易区网络"[①]。

[①] 中共中央党史和文献研究院编:《十九大以来重要文献选编》(中),中央文献出版社2021年版,第294页。

第六章　自由贸易协定环境保护条款与污染产品进出口贸易的实证

在我国已经建立的自由贸易区中,关税、配额、许可证等边境开放措施仍然是经贸规则谈判的焦点,自由贸易协定边境内条款覆盖率相对较低,与高标准的自由贸易协定规则相比还有较大差距。自由贸易协定包含的环境保护条款大多数是在文本的"序言"中原则性地表述"环境保护",比如,中国—智利自由贸易协定在"序言"中提出"以保护和保持环境的方式促进可持续发展";中国—新西兰自由贸易协定中提出"谨记经济发展、社会发展及环境保护是可持续发展中相互依存、相互加强的组成部分"等。此外,还有一些环境保护条款是以加强"环境合作"方式提出的。比如,中国—秘鲁、中国—新加坡自由贸易协定提出了环境产业合作、环境技术合作等内容。但是,在环境服务市场准入、国民待遇限制、环境例外等超越世界贸易组织范围的环境保护条款相对较少,也缺乏环境争端解决机制等具有法律约束力的条款。自由贸易协定环境保护条款呈现出覆盖面较广,但法律约束力较低的特点。

从现有文献来看,大多验证了加入自由贸易协定对双边贸易流量的增进作用。比如,陈雯(2009)运用引力模型的"单国模式"考察了中国—东盟签署中国—东盟自由贸易协定对进出口贸易的影响。研究发现,中国—东盟自由贸易协定的建立在一定程度上促进了中国同东盟国家的进出口贸易。郎永峰(2010)指出,缔结中国—东盟自由贸易协定对成员外商直接投资及经济增长起到了积极的促进作用。源(2014)研究了日本与新加坡、墨西哥、马来西亚等国家签订的12个双边自由贸易协定和1个区域自由贸易协定后,关税降低提高了产品出口规模。麦和斯托亚诺夫(2015)考察了加拿大与美国实施自由贸易协定对加拿大贸易流量的影响,加拿大与美国实施自由贸易协定后关税水平下降了0.3%—0.35%,显著地促进了加拿大贸易增长。昆萨和安(2017)分析了韩国—澳大利亚自由贸易协定对两国贸易的影响,发现韩国—澳大利亚自由贸易协定推动了两国之间双边贸易以及两国与世界其他国家的国际贸易。除此之外,还有一些文献研究了中—韩自由贸易协定、中—澳自由贸易协定、中—新自由贸易协定等协定的贸易效应,大多发现自由贸易协定促进了两国之间的贸易合作,双边贸易总额有较大幅度的提升(宋晶恩,

2011；沈铭辉、张中元，2015）。随着自由贸易协定条款向边境内条款深度化发展，一些学者就自由贸易协定知识产权保护条款、竞争中立条款、原产地条款等边境内高标准条款的贸易效应展开了前瞻性研究（韩剑等，2018；冯帆、杨力，2019）。研究发现，自由贸易协定边境内条款对出口贸易产生了一定的抑制作用，并指出包括中国在内的发展中国家应该谨慎地对待国际经贸高标准规则。然而，现有文献尚未深入考察自由贸易协定环境保护条款对进出口贸易的影响，也无法对中国应设置怎样的自由贸易协定环境保护条款提出政策建议。

本章将运用拓展的引力模型，基于中国与19个自由贸易协定伙伴产品层面数据，考察自由贸易协定环境保护条款对中国进出口贸易的影响以及对污染密集型产品进出口贸易的影响。相对于已有文献，本章的贡献在于以下三个方面：第一，深入到自由贸易协定边境内条款，考察环境保护条款的贸易效应。现有文献大多考察自由贸易协定的总体贸易效应，而忽视了自由贸易协定具体条款的贸易效应。本章利用中国建成的自由贸易协定探讨环境保护条款对进出口贸易的影响，推动了自由贸易协定贸易效应的研究微观化和深入化。第二，深入到产品层面，考察自由贸易协定环境保护条款对污染密集型产品进出口规模及种类变动的影响。本章不仅揭示了双边贸易流量的变动原因，而且探寻了贸易结构变动的微观机制。第三，探索运用多种计量方法获取稳健性估计结果。文章采取最小二乘法估计、拟泊松最大似然估计（PPML）、赫克曼两步法估计等多种检验方法，考察自由贸易协定环境保护条款对污染密集型产品进出口贸易的影响，保证了估计结果的稳健性。

第一节 制度背景与特征事实

从中国自由贸易协定的实践来看，已经生效的自由贸易协定数量不多。据商务部统计，截至2021年年底，已经生效的自由贸易协定（包括区域贸易协定）有16个，正在谈判的有14个，涉及26个国家和地区。覆盖国家相对狭窄，伙伴主要集中在东北亚、东南亚、中亚、南亚、西亚海湾及

第六章 自由贸易协定环境保护条款与污染产品进出口贸易的实证

南太平洋等区域,并且以发展中国家为主。从自由贸易协定所包含的条款来看,主要包括出口关税、反补贴、反倾销、政府采购等边境条款,也包括竞争政策、环境保护、劳动力市场监管、环境保护、国有企业、环境保护等边境内条款。表6-1列出了自由贸易协定五种主要条款的覆盖率和承诺率,其中关税减让为边境条款,其余四种为边境内条款。我们发现自由贸易协定环境保护条款的覆盖率在四种边境内条款中是最高的,反映了我国政府积极关注贸易与环境的持续发展,努力改善生态环境。但是,自由贸易协定环境保护条款的承诺率却仅有6%,说明了我国签署的环境保护条款大多数为"宣言式"的,缺乏法律约束力。

表6-1 中国签署自由贸易协定的条款比较 （单位:%）

条款	条款平均覆盖率	条款平均承诺率
出口关税	94	94
竞争政策	50	0
环境保护	94	6
劳动力市场监管	43	0
环境保护	81	50

注:条款的覆盖率指的是包含该条款的自由贸易协定数量与自由贸易协定总数之比,条款承诺率是指包含了具有法律约束力条款的自由贸易协定数量与自由贸易协定数之比。

图6-1刻画了中国向自由贸易协定伙伴在2008—2017年进出口规模以及污染密集型产品进出口规模变动情况,总体来看,中国向自由贸易协定伙伴进口规模和出口规模均存在上升趋势。值得注意的是,2008年和2016年出现了两次较大的拐点。2008年中国与自由贸易协定伙伴之间进出口规模双双下滑。我们认为主要受到美国金融危机以及随之而来的欧债危机的冲击,对中国进出口贸易产生较大负面影响。2016—2017年的拐点,跟欧美国家出现的"逆全球化"以及"民粹主义"思潮有很大关系。特朗普政府退出多边主义进程,以加强"国家安全"的名义,加强了

贸易和投资保护主义措施,严重破坏了世界贸易秩序,引起了中国进出口规模的短期下滑。

从图6-1还可以看出,中国污染密集型产品出口规模并未出现明显的下降,并且在样本期间变动幅度不大,而污染密集型产品进口规模存在一定的上升趋势。接下来,考察中国与自由贸易协定伙伴污染密集型产品进出口种类变动情况(见图6-2),发现中国向自由贸易协定伙伴进口污染密集型产品种类和出口污染密集型产品种类均是平稳变动的,并未出现明显的上升或下降趋势。图中结果显示出自由贸易协定具有较为显著的进口贸易创造效应。出现这个结果可能跟我国国内环境规制强度逐年提高,企业通过进口污染密集型产品替代国内生产,以规避国内环境规制等因素有关。此外,我国污染密集型产品出口规模及种类没有出现明显下降,这是否跟自由贸易协定环境保护条款的法律约束力较低没有引起污染密集型产品成本较大幅度上升有关,还不得而知。自由贸易协定环境保护条款是否会制约中国污染密集型产品进出口贸易,还需要进一步展开实证检验。

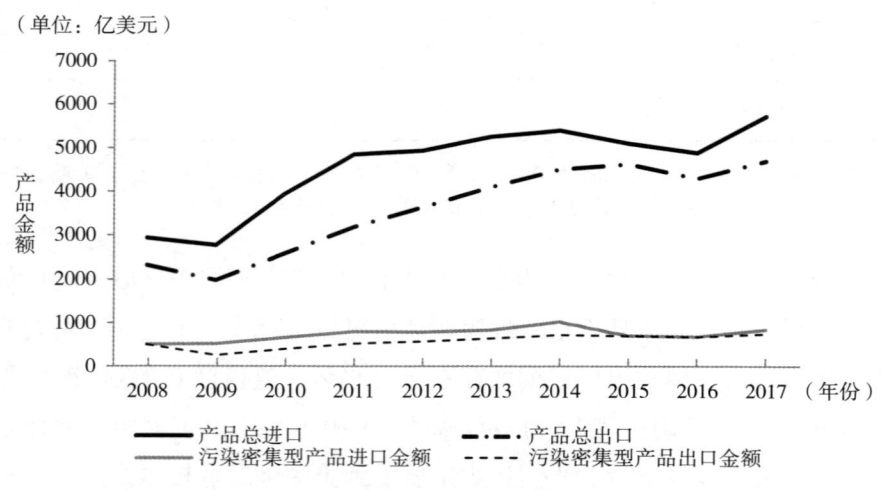

图6-1 2008—2017年中国与自由贸易协定伙伴产品进出口及污染密集型产品进出口规模变动趋势

第六章　自由贸易协定环境保护条款与污染产品进出口贸易的实证

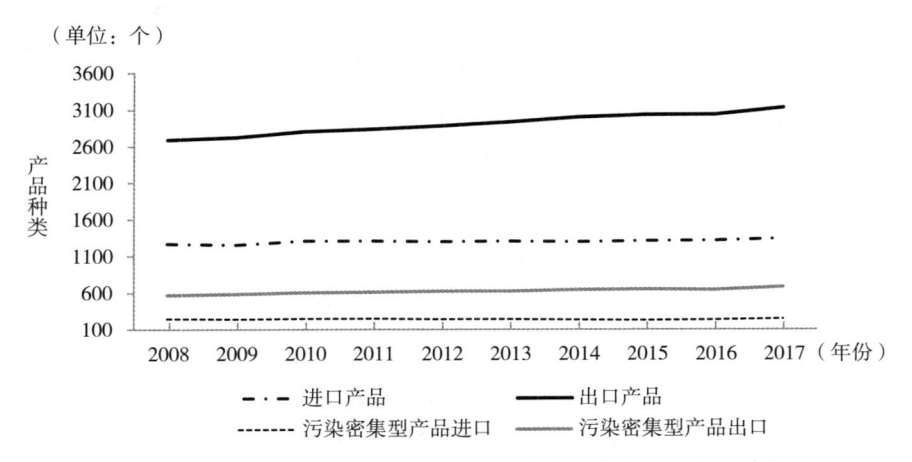

图 6-2　2008—2017 年中国与自由贸易协定伙伴产品进出口种类及污染密集型产品进出口种类变动趋势

第二节　实证研究方案设计

一、模型设定与变量说明

本章在安德森和温科普(Anderson 和 van Wincoop,2003)引力模型框架下,引入自由贸易协定环境保护条款,探讨自由贸易协定环境保护条款对缔约国进出口贸易的影响以及对污染密集型产品进出口贸易的影响。按照贸易引力模型的建模思想,还加入了各国国内环境规制强度、经济总量、地理距离、共同语言等特征因素,构建以下的基准回归模型:

$$\ln Export_{ijkt} = \beta_0 + \beta_1 EPR_{ijt} + \beta_2 PR_{it} + \beta_3 PR_{jt} + \beta_4 \ln GDP_{it} \\ + \beta_5 \ln GDP_{jt} + \beta_6 \ln Dist_{ij} + \beta_7 Contig_{ij} + \varepsilon_{ijt} \quad (6-1)$$

$$\ln Import_{ijkt} = \theta_0 + \theta_1 EPR_{ijt} + \theta_2 PR_{it} + \theta_3 PR_{jt} + \theta_4 \ln GDP_{it} \\ + \theta_5 \ln GDP_{jt} + \theta_6 \ln Dist_{ij} + \theta_7 Contig_{ij} + \varepsilon_{ijt} \quad (6-2)$$

式(6-1)和式(6-2)中的下标 i、j、k、t 分别代表中国、贸易伙伴、产品和年份。因变量 $Import_{ijkt}$ 表示中国对贸易伙伴 j 的产品 k 在 t 年的进口额;$Export_{ijkt}$ 则为中国对贸易伙伴 j 的产品 k 在 t 年的出口额。由于与中

127

国签订自由贸易协定国家并非在所有类别产品上均存在进出口贸易,因此样本中就会存在大量的零点贸易,我们采取 $\ln(Import_{ijkt}+1)$ 和 $\ln(Export_{ijkt}+1)$ 处理,避免了因零点贸易而造成的结果不稳健。解释变量 EPR 表示自由贸易协定环境保护条款,以两个指标进行度量:第一,自由贸易协定中是否包含环境保护条款(EPR1)。如果包含环境保护条款取值为 1,否则为 0;第二,自由贸易协定环境保护条款是否具有法律约束力(EPR2)。参照盛斌、果婷(2014)的做法,将具有法律约束力的自由贸易协定环境保护条款取值为 1,不具有法律约束力的取值为 0。

控制变量:(1) PR_{it},PR_{jt} 分别表示中国和贸易伙伴的国内环境规制强度。本书是以环境颗粒物质导致过早死亡的福利成本占 GDP 的百分比来衡量环境污染程度。该指标数值越小,表明该国的环境质量越高、环境规制强度越高。(2) GDP_{it},GDP_{jt} 分别是中国和贸易伙伴的实际 GDP,代表市场规模。国内外市场规模越大,越有利于形成相互需求的贸易关系,进出口贸易规模就可能越大。(3) $Dist_{ij}$ 表示两国首都之间的距离,中国与贸易伙伴之间地理距离接近,国际贸易的交易成本就可能越低,越有利于双边贸易的发展。(4) $Contig_{ij}$ 表示两国是否具有共同语言。一般而言,贸易伙伴如何使用同一种语言,双边贸易成本就会相对较低,从而有利于双边贸易发展(陈勇兵等,2015)。

为了进一步检验自由贸易协定环境保护条款对污染密集型产品进出口规模的影响,建立以下的计量模型:

$$\ln Export_{ijkt} = \beta_0 + \beta_1 EPR_{ijt} + \beta_2 Pollution_s \times EPR_{ijt} + \beta_3 PR_{it}$$
$$+ \beta_4 PR_{jt} + \beta_5 \ln GDP_{it} + \beta_6 \ln GDP_{jt} + \beta_7 \ln Dist_{ij}$$
$$+ \beta_8 Contig_{ij} + \varepsilon_{ijt} \quad (6-3)$$

$$\ln Import_{ijkt} = \theta_0 + \theta_1 EPR_{ijt} + \theta_2 Pollution_s \times EPR_{ijt} + \theta_3 PR_{it}$$
$$+ \theta_4 PR_{jt} + \theta_5 \ln GDP_{it} + \theta_6 \ln GDP_{jt} + \theta_7 \ln Dist_{ij}$$
$$+ \theta_8 Contig_{ij} + \varepsilon_{ijt} \quad (6-4)$$

上述模型相对于基准模型增加了交互项 $Pollution_s \times EPR_{ijt}$,交互项系数表示自由贸易协定环境保护条款对中国污染密集型产品进出口的影响效应。下标 s 表示产品分组,用来区别污染密集型产品和清洁产品。

其中的 $Pollution_s$ 表示产品属性的哑变量,倘若产品 s 属于污染密集型产品取值为1,清洁产品取值为0。

由于不同类型污染密集型产品的污染排放物以及对环境危害程度是不同的,自由贸易协定环境保护条款对这些产品进出口贸易的影响也可能是异质性的。为此,本书使用巴斯(Busse,2004)对污染行业的分类标准,将工业化学品行业、纸和纸浆行业、非金属矿产业、钢铁行业、非铁金属行业 5 个行业确定为污染密集型行业,考察自由贸易协定环境保护条款对这些行业产品进出口贸易的异质性影响。为此,本书构造 $Sector_n \times Pollution_s \times EPR_{ijt}$ 这个连乘变量,其中 $Sector_n$ 表示是否属于污染密集行业的虚拟变量。拓展后的计量方程如下:

$$\ln Export_{ijkt} = \beta_0 + \beta_1 EPR_{ijt} + \beta_2 Sector_n \times Pollution_s \times EPR_{ijt} \\ + \beta_3 PR_{it} + \beta_4 PR_{jt} + \beta_5 \ln GDP_{it} + \beta_6 \ln GDP_{jt} \\ + \beta_7 \ln Dist_{ij} + \beta_8 Contig_{ij} + \varepsilon_{ijt} \tag{6-5}$$

$$\ln Import_{ijkt} = \theta_0 + \theta_1 EPR_{ijt} + \theta_2 Sector_n \times Pollution_s \times EPR_{ijt} \\ + \theta_3 PR_{it} + \theta_4 PR_{jt} + \theta_5 \ln GDP_{it} + \theta_6 \ln GDP_{jt} + \theta_7 \ln Dist_{ij} \\ + \theta_8 Contig_{ij} + \varepsilon_{ijt} \tag{6-6}$$

二、样本的选择与数据来源

自由贸易协定文本数据来自中国自由贸易区服务网,并根据中国已签署的自由贸易协定,选择贸易流量相对较大的 19 个国家,包括澳大利亚、智利、冰岛、新西兰、韩国、新加坡、瑞士、文莱、哥斯达黎加、柬埔寨、秘鲁、印度尼西亚、老挝、马来西亚、缅甸、巴基斯坦、菲律宾、泰国、越南等国作为样本,时间区间为 2008—2017 年。产品层面的贸易数据来自联合国贸易商品统计数据库(COMTRADE)提供的 HS6 分位数据。当前关于污染密集型产品的界定并不统一,大多数文献采取产品污染密度,即单位产出的污染排放量作为划分污染密集型产品的依据或者以"污染治理和控制支出"(PACE),即单位产出污染治理和控制支出作为划分污染密集型产品的依据。本书根据巴斯(2004)的研究,将"污染治理和控制支出在总成本中所占比重"高于 1.8% 的行业确定为污染密集型行业,包括工业化学品行业、纸和纸浆行业、非金属矿产业、钢铁行业、非铁金属行业等5个行业。其中工业化学品行业包括有机化学(51)、无机化学(52)、工业肥料(562)、其他化工原料(59);纸和纸浆行业包括纸浆和废纸(251)、纸和硬纸板(641)、切割纸和纸板(642);非金属矿产业包括非金属矿产品(66);钢铁行业包括钢和铁(67);非铁金属行业包括银和铂(681)、铜(682)、镍(683)、铅(685)、锌(686)、锡(687)以及其他非铁金属(689)。国内外环境污染程度的数据来源于经济合作与发展组织数据库。国家层面的 GDP 数据来自世界银行数据库。两国首都之间距离、两国是否具有共同语言等数据来自全球双边贸易数据库(CEPII)(The CEPII Gravity Database)。

第三节 自由贸易协定环境保护条款影响国际贸易的实证结果分析

一、自由贸易协定环境保护条款与进出口贸易规模

为了检验自由贸易协定环境保护条款对双边进出口贸易规模的影响,我们首先对贸易引力方程式(6-1)和式(6-2)进行基本回归分析,并使用了聚类变量的聚类稳健标准误,回归结果见表6-2。研究发现,加入控制变量后,自由贸易协定环境保护条款对总进口的回归系数分别为0.2101、3.2058,且在1%的水平上显著;自由贸易协定环境保护条款对总出口的回归系数分别为-0.1004、-1.9235,上述参数均在1%的水平上显著。结果说明了采用两种方法度量自由贸易协定环境保护条款,在可检验水平上均显著地促进了进口规模增长,抑制了出口规模增长。现有文献已经指出,环境政策对一国进出口贸易的影响主要通过改变其在国际贸易中的比较优势来实现的(任力、黄崇杰,2015)。实施国内外环境规制政策导致企业增加生产成本,从而抑制出口的结论得到了广泛证实。比如,哈里斯等(2002)对经济合作与发展组织成员、尤格和米尔扎(Jug 和 Mirza,2005)对欧盟、萨利姆和哈坎(Selim 和 Hakan,2006)对31个国

第六章 自由贸易协定环境保护条款与污染产品进出口贸易的实证

家的研究,均得到了较为一致的结论。本书需要特别说明的是自由贸易协定环境保护条款为何会促进中国进口规模增长。可能的原因在于自由贸易协定伙伴中澳大利亚、韩国等国与我国双边贸易流量较大,而且这些国家相对于我国具有更高的国内环境规制强度和规制范围。自由贸易协定环境保护条款不仅没有削弱伙伴的贸易比较优势,反而提升了产品竞争力,促进了伙伴产品到出口我国,从而造成了我国进口规模增长。

表6-2 自由贸易协定环境保护条款对进出口贸易规模影响的基本回归分析

变量	进口规模 (1)	进口规模 (2)	出口规模 (3)	出口规模 (4)
$EPR1$	0.2101*** (0.0125)		-0.1004*** (0.0315)	
$EPR2$		3.2058*** (0.7637)		-1.9235*** (0.0261)
PRi	-0.0542 (0.0800)	-0.0433 (0.0723)	0.4105*** (0.1058)	0.3888*** (0.1123)
PRj	0.5806*** (0.1784)	0.6235*** (0.1654)	0.5183** (0.2378)	0.5080** (0.2164)
$\ln GDPi$	0.0351 (0.1142)	0.0264 (0.1028)	1.4064*** (0.4075)	1.3991*** (0.3847)
$\ln GDPj$	0.4725* (0.2307)	0.5466* (0.2288)	0.9904 (0.6183)	0.8412 (0.7812)
$Dist$	-1.3747** (0.4973)	-9.5922** (4.3334)	-2.0532* (1.1614)	-3.5411 (2.5659)
$Contig$	1.9795 (1.2820)	17.4203** (7.8046)	0.0935 (3.1691)	0.0024* (0.0112)
R^2	0.2253	0.2258	0.1083	0.1088
样本数	785080	785080	785080	785080

注:括号内数字为相应的聚类稳健标准误;*、**、*** 分别在10%、5%、1%的水平上显著。如没有特别说明,以下各表同。

此外，研究还发现两个口径度量的自由贸易协定环境保护条款对进出口规模的影响效果存在一定的差异性。理论上而言，具有法律约束力的自由贸易协定中环境保护条款（EPR2）属于强制性条款，有助于促进企业内部资源配置以及产品范围的调整，对进出口贸易的影响程度相对较高。而非强制性条款中的拓展条款多具有复杂性和隐蔽性特点，对进出口产品贸易影响较弱（Amurgo-Pachego，2006；魏昀妍、樊秀峰，2018）。本书实证结果与理论预期也是吻合的。估计出的 EPR2 参数值（及其绝对值）高于 EPR1，显示出具有法律约束力的环境保护条款对进出口规模的影响程度更高。

关于控制变量，中国国内环境规制强度的提高，将会抑制中国出口产品规模的增长，对于进口抑制作用无显著；伙伴环境规制强度的提高能够抑制中国进出口规模的增长。中国与伙伴 GDP 增长，均促进了中国进出口规模的增长。研究还发现，当两国使用共同语言，地理距离较为接近，也将促进双边进出口规模的增长。

二、自由贸易协定环境保护条款与污染密集型产品进出口规模

自由贸易协定环境保护条款对污染密集型产品和清洁产品进出口贸易将产生异质性影响（DÜr 等，2014；Kohl，2014）。对于污染密集型产品而言，较为严格的自由贸易协定环境保护条款增加了企业环境遵从成本，引起出口规模下降。同时，较为严格的自由贸易协定环境保护条款也会将污染密集型产品挡在国门之外，抑制其进口。对于清洁产品就不同了，自由贸易协定环境保护条款不会增加其生产成本，反而有利于提升它们的市场竞争力，促进其进出口贸易增长。

本章基于式（6-3）—式（6-4），加入交互项 $Pollution_s \times EPR_{ijt}$。从表 6-3 的前两列可以看出，EPR 对进口规模的回归系数分别为 0.9542、4.7100，在 1%的水平上显著，表明了自由贸易协定环境保护条款对于总的进口规模存在显著的促进作用，与表 6-2 结果是类似的。在加入交互项之后，交互项系数为 -0.0038、-0.2348，后者在 5%的水平上显著，说明

了相对于清洁产品,污染密集型产品的进口受到了抑制,反映了自由贸易协定环境保护条款更有助于清洁产品进口。由于自由贸易协定环境保护条款对伙伴清洁产品几乎没有负面影响,反而可能会提高它们的国际竞争力,促进这些产品进入我国市场。因此,自由贸易协定环境保护条款更有助于清洁产品进口。

表6-3　自由贸易协定环境保护条款对污染密集产品进出口规模影响的实证结果

变量	进口规模		出口规模	
	(1)	(2)	(3)	(4)
$EPR1$	0.9542*** (0.0557)		-1.3471*** (0.1689)	
$Pollution \times EPR1$	-0.0038 (0.0171)		-0.0264 (0.0279)	
$EPR2$		4.7100*** (0.1857)		-1.5238*** (0.3484)
$Pollution \times EPR2$		-0.2348** (0.0982)		-0.1961** (0.0689)
控制变量	是	是	是	是
样本数	785080	785080	785080	785080
R^2	0.2252	0.2277	0.1090	0.1098

从表6-3的后两列可以看出,EPR对出口规模的回归系数分别为-1.3471、-1.5238,均在1%的水平上显著,在加入交互项之后,交互项回归系数分别为-0.0264、-0.1961,并且后者在5%的水平上显著。结果说明了自由贸易协定环境保护条款对于总的出口规模存在显著的制约作用,并且,相对于清洁产品,自由贸易协定环境保护条款对污染密集型产品出口产生了更大的抑制作用。这个结论与本书理论预期也是一致的:自由贸易协定环境保护条款增加了中国污染密集型产品的生产成本,降低了污染密集型产品国际市场竞争力,从而在一定程度上抑制了污染产品出口规模增长。

三、自由贸易协定环境保护条款与不同类型污染密集型产品进出口贸易

由于污染密集型产品不仅生产过程中的污染排放强度以及主要污染排放物差异很大,而且,国内外环境规制政策对它们的作用机制以及影响效果也是不同的。因此,自由贸易协定环境保护条款对不同类型污染密集型产品进出口贸易也将产生异质性影响。为了研究自由贸易协定环境保护条款对中国不同类型污染密集型产品进出口规模的影响,基于式(6-5)—式(6-6)开展检验,相应的估计结果见表6-4。

表6-4 自由贸易协定环境保护条款对不同污染密集型行业产品进出口规模影响实证结果

变量	工业化学品		纸和纸浆		非金属矿物		钢铁		非铁金属	
	进口规模	出口规模	进口规模	出口规模	进口规模	出口规模	进口规模	出口规模	进口规模	出口规模
$Sector_n \times Pollution_s \times EPR1_{ij}$	-1.9858*** (0.6268)	-0.4365 (0.5483)	0.7333* (0.4068)	-0.5896** (0.0379)	0.6745 (0.4509)	-2.3147*** (0.3998)	1.5999 (1.3994)	1.0511 (1.4616)	1.6542*** (0.0127)	-2.3876*** (0.1136)
$Pollution_s \times EPR1_{ij}$	2.4176* (1.2605)	0.1357 (1.3133)	1.2989 (0.8837)	-0.0462 (1.0193)	1.2771 (0.9798)	-0.3860 (1.0784)	1.1237 (0.7236)	-0.2527 (0.8100)	1.1808 (0.9171)	0.1643 (1.0156)
$EPR1$	1.4434** (0.5641)	-3.8269** (1.4144)	1.4517** (0.5632)	-3.8266** (1.4141)	1.4491** (0.5638)	-3.8292** (1.4143)	1.4425** (0.5660)	-3.8304** (1.4154)	1.4518** (0.5632)	-3.8277** (1.4140)
控制变量	是	是	是	是	是	是	是	是	是	是
观察值	440760	440760	440760	440760	440760	440760	440760	440760	440760	440760
R^2	0.1563	0.0905	0.1560	0.0905	0.1560	0.0906	0.1561	0.0906	0.1561	0.0906

根据前文分析,以工业化学品行业、纸和纸浆行业、非金属矿产业、钢铁行业、非铁金属行业5个行业的产品作为污染密集型产品。在回归模型中加入了交互项 $Pollution_s \times EPR_{ijt}$ 以及 $Sector_n \times Pollution_s \times EPR_{ijt}$。以各行业产品进口规模为被解释变量的回归模型中,工业化学品行业的交互项系数 $Sector_n \times Pollution_s \times EPR_{ijt}$ 为显著的负值,其余四个行业交

互项均为正值。该结果说明了自由贸易协定环境保护条款仅对工业化学品行业产品进口产生抑制作用,而对于其他行业进口均产生不同程度的促进作用。特别是对纸和纸浆与非铁金属行业进口具有显著的促进作用。在不同污染密集型行业产品出口方面,交互项 $Sector_n \times Pollution_s \times EPR_{ijt}$ 系数出现了较大差异。其中,纸和纸浆、非金属矿物、非铁金属行业产品的交互项系数为负值,并且通过了1%水平的显著性检验。工业化学品业的交互项系数为负值,但不显著;钢铁业的交互项系数为正值,也不显著。该结果说明了自由贸易协定环境保护条款对纸和纸浆、非金属矿物、非铁金属行业产品的出口产生了显著的抑制作用,该结果与表6-2和表6-3的估计结果是相近的,与许源等(2014)所得到的金属冶炼业、金属制品及非金属矿物业等行业出口受环境政策负面影响较大的结论基本上是吻合的。然而,估计结果并不支持自由贸易协定环境保护条款对钢铁行业出口产生负面影响。钢铁行业是国民经济的基础性产业,是各国经济发展不可缺少的原材料。近年来,我国通过产业结构调整,钢铁企业进行了产品升级与优化,市场竞争力持续增强。以钢铁均价为例,我国钢铁均价与德国钢铁均价之比为0.77、与日本的比值为0.84、与韩国的比值为0.76、与俄罗斯的比值为0.85。我国钢铁价格优势非常明显,即使是实施了自由贸易协定环境保护条款对钢铁出口的影响相对较小。

第四节 稳健性检验与实证研究拓展

一、解决异方差和样本选择偏差问题

在贸易引力模型的实证研究中,最小二乘法估计可能会因异方差以及样本选择等问题导致估计偏差。首先,面临异方差问题。由于对数线性贸易引力模型中的系数并不是弹性系数,模型中存在异方差问题。其次,面临样本选择偏差问题。中国对伙伴进出口存在大量的零值贸易,倘若忽略零值贸易的样本,就会造成样本选择的偏误。本书拟采取拟泊松

最大似然估计(PPML)估计,解决异方差问题。考虑到拟泊松最大似然估计方法无法解决贸易零值问题。赫克曼等(2008)引入企业异质性假设,但又不要借助于企业层面数据,仅需采取两步的赫克曼修正估计技术就可以解决数据缺陷及样本选择偏误造成的估计偏差问题。本书拟采取赫克曼两步估计解决贸易零值问题。

(一)拟泊松最大似然估计(PPML)

为了解决贸易引力模型中对数线性化方程存在的异方差问题,本章采取拟泊松最大似然估计以有效解决异方差问题。表6-5列出了拟泊松最大似然估计结果。以进口规模为被解释变量,估计出的EPR1和EPR2为正值,并且通过了1%的显著性检验。结果表明了自由贸易协定环境保护条款促进了进口贸易增长。加入交互项之后,交互项系数为显著负值。以出口规模为被解释变量,估计出的EPR1、EPR2以及交互项均为显著负值。结果表明了自由贸易协定环境保护条款促进了总的进口规模增长,自由贸易协定环境保护条款更有助于清洁产品进口;自由贸易协定环境保护条款制约了总的出口规模增长,并且,对污染密集型产品出口产生更大限度的抑制作用。估计结果与表6-2和表6-3的结论基本是一致的,表明估计结果是稳健的。

表6-5 拟泊松最大似然估计结果

变量	进口规模			出口规模		
	(1)	(2)	(3)	(4)	(5)	(6)
EPR1	0.1268*** (0.0006)			-0.0021*** (0.0002)		
EPR2		0.0852*** (0.016)	0.0931*** (0.017)		-0.0008*** (0.011)	-0.0034*** (0.011)
Pollution×EPR2			-0.0335*** (0.0026)			-0.0202*** (0.0023)
控制变量	是	是	是	是	是	是
样本数	248569	248569	248569	555537	555537	555537
R^2	0.5486	0.6228	0.6271	0.2754	0.2753	0.2767

(二)赫克曼(Heckman)两步法估计

由于样本中存在大量零值,如果直接进行最小二乘法估计,则会因为非随机选择带来的样本选择偏差而产生有偏估计。本章首先建立二元选择变量模型,即以中国向自由贸易协定伙伴是否存在该产品进出或出口的二元变量,并进行极大似然估计,计算出进出口贸易概率以及逆米尔斯比率。其次对下面的方程采取最小二乘法估计。

$$\ln Export_{ijkt} = \beta_0 + \beta_1 EPR_{ijt} + \beta_2 Pollution_s \times EPR_{ijt} + \beta_3 PR_{it}$$
$$+ \beta_4 PR_{jt} + \beta_5 \ln GDP_{it} + \beta_6 \ln GDP_{jt} + \beta_7 \ln Dist_{ij}$$
$$+ \beta_8 Contig_{ij} + \ln\{exp[\delta_k(z_{ijkt} + IMR_{ijkt}) - 1]\}$$
$$+ \eta_k IMR_{ijkt} + \varepsilon_{ijt} \tag{6-7}$$

$$\ln Import_{ijkt} = \theta_0 + \theta_1 EPR_{ijt} + \theta_2 Pollution_s \times EPR_{ijt} + \theta_3 PR_{it}$$
$$+ \theta_4 PR_{jt} + \theta_5 \ln GDP_{it} + \theta_6 \ln GDP_{jt} + \theta_7 \ln Dist_{ij}$$
$$+ \theta_8 Contig_{ij} + \ln\{exp[\delta_k(z_{ijkt} + IMR_{ijkt}) - 1]\}$$
$$+ \eta_k IMR_{ijkt} + \varepsilon_{ijt} \tag{6-8}$$

式中的 z_{ijkt} 是第一阶段方程的线性估计值,IMR_{ijkt} 是逆米尔斯比。$\ln\{exp[\delta_k(z_{ijkt} + IMR_{ijkt}) - 1]\}$ 反映了进出口的贸易效应。估计结果列于表6-6,各列中的卡方统计量及其P值均显示出模型中并不存在异方差问题。结果表明自由贸易协定环境保护条款促进了总的进口规模增长、制约了总的出口规模增长。自由贸易协定环境保护条款对污染密集型产品及清洁产品产生了异质性影响。相对于污染密集型产品,自由贸易协定环境保护条款更有助于清洁产品进口;自由贸易协定环境保护条款对污染密集型产品出口产生了更大的抑制作用。

表6-6 赫克曼估计结果

变量	进口规模			出口规模		
	(1)	(2)	(3)	(4)	(5)	(6)
EPR1	2.1403*** (0.3090)			-0.7103*** (0.043)		
EPR2		2.9333*** (0.2647)	3.0358*** (0.2649)		-1.6153*** (0.0139)	-1.5483*** (0.0149)

续表

变量	进口规模			出口规模		
	(1)	(2)	(3)	(4)	(5)	(6)
Pollution×EPR^2			−0.4080*** (0.0363)			−0.3231*** (0.0263)
控制变量	是	是	是	是	是	是
样本数	785080	785080	785080	785080	785080	785080
卡方统计量 (P值)	11.42 (0.556)	20.84 (0.612)	20.03 (0.587)	30.01 (0.711)	93.03 (0.548)	93.80 (0.532)

二、实证研究内容的拓展

实证研究内容在以下两个方面拓展：第一，考察自由贸易协定环境保护条款对进出口产品种类的影响。多产品企业在环境规制的冲击之下，不仅会进行进出口规模的调整，而且会改变内部资源配置，调整进出口产品种类。也就是说，可能会剔除污染密集型产品进出口种类，而增加清洁产品进出口种类。第二，重新度量自由贸易协定环境保护条款。以自由贸易协定中包含环境保护条款的数量（EFTA3）表示自由贸易协定环境保护条款。本章采取爬虫的方法，获取各个自由贸易协定文本中的"环境"一词的数量。

表6-7列出了自由贸易协定环境保护条款影响进出口产品种类的估计结果。在以进口种类为被解释变量的估计结果中，三个指标度量的自由贸易协定环境保护条款变量参数值均为显著的正值。表明了自由贸易协定环境保护条款能够显著地促进中国进口种类增长。以出口种类为被解释变量的估计结果，自由贸易协定环境保护条款变量参数值均为负值，且大多通过了显著性检验。结果表明了自由贸易协定环境保护条款能够显著地抑制中国出口种类增长。

表6-7 自由贸易协定环境保护条款对进出口产品种类影响的估计结果

变量	进口种类 （1）	进口种类 （2）	进口种类 （3）	出口种类 （4）	出口种类 （5）	出口种类 （6）
EPR1	4.7979*** (1.0429)			-0.0110** (0.0040)		
EPR2		1.8613*** (0.3183)			-0.0087 (0.0373)	
EPR3			1.8838*** (0.3226)			-0.4365*** (0.0802)
固定效应	是	是	是	是	是	是
R^2	0.9898	0.9898	0.9898	0.7951	0.7379	0.8174
样本数	785080	785080	785080	785080	785080	785080

为了考察上述结果是否与产品污染密集程度有关，继续以污染密集型产品进出口种类为被解释变量展开实证检验，结果列于表6-8。结果表明，自由贸易协定环境保护条款能够显著地促进中国污染密集型产品进口种类增长，制约污染密集型产品出口种类增长。得到了与以污染密集型产品规模进出口规模为被解释变量类似的估计结果。

表6-8 自由贸易协定环境保护条款对污染密集型产品进出口种类影响的估计结果

变量	污染密集型 产品进口 种类 （1）	污染密集型 产品进口 种类 （2）	污染密集型 产品进口 种类 （3）	污染密集型 产品出口 种类 （4）	污染密集型 产品出口 种类 （5）	污染密集型 产品出口 种类 （6）
EPR1	5.6487*** (0.9865)			-0.0170** (0.0063)		
EPR2		2.3051*** (0.2848)			-0.0198 (0.0582)	
EPR3			2.3293*** (0.2888)			-0.6664*** (0.1213)
固定效应	是	是	是	是	是	是
R^2	0.9891	0.9891	0.9891	0.7708	0.7090	0.7928
样本数	171790	171790	171790	171790	171790	171790

自由贸易协定环境保护条款与企业行为

在全球多边贸易体制改革进程受阻的背景下,世界各国加快了签署双边、诸边自由贸易协定的步伐。当前,全球自由贸易协定呈现出广度化、深度化以及跨区域的网络化趋势。自由贸易协定边境内条款中加入了环境保护、知识产权保护、竞争中性、原产地规则等一系列深入到边境内条款的新议题。中国作为负责任的大国,承担着污染减排责任,在已经实施的自由贸易协定中大多加入了环境保护议题。

本章选择 19 个中国自由贸易协定伙伴作为样本,时间区间为 2008—2017 年,构建了拓展的引力模型,考察签署自由贸易协定环境保护条款对中国进出口贸易的影响以及对污染密集型产品进出口贸易的影响。运用最小二乘法估计、拟泊松最大似然估计以及赫克曼两步估计等多种方法展开实证检验,得到了以下结论:其一,自由贸易协定环境保护条款在总体上抑制了中国出口规模的增长,促进了中国进口规模的增长。其二,自由贸易协定环境保护条款对污染密集型产品及清洁产品产生了异质性影响。自由贸易协定环境保护条款更有助于清洁产品进口;自由贸易协定环境保护条款对污染密集型产品出口产生了更大的抑制作用。其三,自由贸易协定环境保护条款显著地促进了中国污染密集型产品进口种类增长,制约污染密集型产品出口种类增长。实证研究可以得到以下的政策启示:第一,我国积极参与国际经贸制定、争取全球经济治理的制度性权力。进入 21 世纪以来,发达国家大力推进以"21 世纪新议题"为标志的高标准自由贸易区建设,争夺制定经贸规则的话语权。在全球经贸规则重构的转换期,中国也需要由被动地接受国际经贸规则转变为主动地参与国际经贸规则的制定。正如习近平总书记所说的:"我们不能当旁观者、跟随者,而是要做参与者、引领者,善于通过自由贸易区建设增强我国国际竞争力,在国际规则制定中发出更多中国声音、注入更多中国元素,维护和拓展我国发展利益。"[①]为此,我国需要通过加快实施自由贸易协定战略,在知识产权保护、环境保护、劳工标准等新的经贸规则上表达中国诉求。第二,倒逼国内加强环境规制,切实加强环境保护。中国

---

① 《习近平谈治国理政》第二卷,外文出版社 2017 年版,第 100 页。

第六章 自由贸易协定环境保护条款与污染产品进出口贸易的实证

作为发展中国家,自由贸易协定中设置环境保护条款要立足于中国经济、社会的发展现状,不能一味地追求协定的签署或者脱离实际的高标准规则,同时,也要通过高标准的环境保护条款倒逼国内改革加强环境规制。一方面,加强与贸易伙伴间在环境豁免条款、环境技术合作、承诺相关环境标准、对环境义务实施争端解决机制、环境领域的合作和能力建设机制等方面协调一致。另一方面,鼓励并支持污染密集型行业生产过程清洁化,做好废气、废水、固废的生产处理工作,提高生产技术水平以及产品出口国际竞争力,实现节能减排与市场竞争力的双赢目标。

第七章 自由贸易协定环境保护条款是否会推动中国出口产品"清洁化"？

改革开放以来，中国实施扩大开放战略，主动多次降低关税水平，推动商品与服务领域的自由化和便利化。在世界贸易组织的多边贸易体制下，中国依靠低廉的要素成本、持续的资本投资等优势，并由此创造了世界最大贸易国的"中国奇迹"。我国实施自由贸易协定战略较晚，签署自由贸易协定数量也不多。从2003年内地与香港、澳门分别签署自由贸易安排以来，截至2021年年底，已签署16个自由贸易协定，涉及24个国家和地区。自由贸易协定包括了出口关税、反补贴、反倾销等多个边境规则，以及资本流动、环境保护、知识产权保护、劳工标准、中小企业等多个边境内规则。自由贸易协定环境保护条款的覆盖率还是较高的，平均覆盖率为94%，超过了其他几个边境内规则，但自由贸易协定环境保护条款承诺率相对较低仅有6%（笔者根据中国自由贸易协定数据计算出的）。该组指标反映了我国政府积极响应贸易与环境的持续发展，努力改善生态环境的主张与决心，但在环境立法、环境执法等强制性制度安排上还有较大的提升空间。由于并非所有产品都受到自由贸易协定环境保护条款的影响，高污染产品相对于低污染产品受到的影响程度可能更大。从中国出口产品结构来看，我国在钢铁、纸制品、化学工业品等污染密集产品上具有较高的国际贸易比较优势，污染密集产品在我国出口占比中又占有较高份额（洪俊杰、商辉，2019）。这就引发我们思考：自由贸易协定环境保护条款是否会激励我国企业增加清洁产品出口而降低污染产品出口。这个问题的答案对于我国优化出口产品结构、促进贸易与环境协调发展均具有重要的现实意义。

第七章 自由贸易协定环境保护条款是否会推动中国出口产品"清洁化"?

第一节 政策背景与特征事实

签署自由贸易协定环境保护条款是为了促进贸易与环境共同发展，并且不以增进贸易而损害环境发展。自由贸易协定环境保护条款主要体现在自由贸易协定文本中的环境例外条款、序言、投资章节、卫生与植物检疫措施、技术性贸易壁垒、一般贸易义务在环境上的豁免条款、技术合作、环境法律的承诺、政府采购、市场准入、争端解决、独立环境章节等。一般而言，经济发达国家之间签订的自由贸易协定环境保护条款覆盖范围较广，也多具有法律约束力。发展中国家之间自由贸易协定较少包含环境保护条款，而且大多签署属于没有法律约束的宣言式环境条款。表7-1列出了中国与伙伴自由贸易协定环境保护条款分布情况。我国已经签署的自由贸易协定都选择了在"序言"中概括性地提及环境保护，但是对伙伴并没有实质性的法律约束力。而且，现有条款中几乎都没有具有法律约束力的争端解决机制。此外，在自由贸易协定中设立独立"环境章节"是其最高形式，一般包括上述大部分内容甚至是所有内容。除了中国—瑞士、中国—韩国和中国—格鲁吉亚自由贸易协定设有专门的环境章节之外，其他的自由贸易协定均没有专门环境章节。现有自由贸易协定环境保护条款主要集中在环境例外条款、序言、技术性贸易壁垒、卫生与植物检疫措施等几个部分。从表7-1的环境保护条款的内容分布情况来看，我国签署的自由贸易协定环境保护条款大多是以宣言式或忠告式提出环境保护、环境合作的目标与意愿，但是承诺水平及法律约束力还相对较低，对进出口贸易的影响程度可能就相对较弱。

表7-1 自由贸易协定中的环境保护条款内容

中国的伙伴国家	环境例外条款	序言	投资章节	技术性贸易壁垒	卫生与植物检疫措施	技术合作	政府采购	市场准入	争端解决	环境章节
巴基斯坦		√			√					
冰岛		√			√					

续表

中国的伙伴国家	环境例外条款	序言	投资章节	技术性贸易壁垒	卫生与植物检疫措施	技术合作	政府采购	市场准入	争端解决	环境章节
秘鲁	√	√		√						
东盟	√				√					
瑞士		√		√						√
智利		√								
哥斯达黎加	√	√	√	√	√		√			
新加坡	√			√	√					
新西兰	√			√	√				√	
澳大利亚			√							
格鲁吉亚		√		√						√
韩国	√	√	√		√					√

注：数据来源于中国自由贸易区服务网，并经笔者整理。因中国与马尔代夫自由贸易协定无环境协定文本在表中略去。

为了考察中国签署的自由贸易协定环境保护条款覆盖率及其实施的真实效力与主要经济体之间是否存在较大的差别，本章选择了美国、德国、日本、韩国、印度等几个国家进行对比（见表7-2）。从中国签署的自由贸易协定来看，自由贸易协定环境保护条款的覆盖率达到94%，这一数值高于德国、韩国和印度。在协定条款承诺率方面，美国环境保护条款承诺率高达83%。尽管许多国家都是被动地接受美国提出的环境保护要求，但在一定程度上也说明美国环境保护条款属于高水平的条款（朴英爱、刘志刚，2015）。美国在国内环境法、环境保护标准、环境保护的公众参与、环境产业发展、环境争端解决程序等方面已经建立了较为完备的制度与规则。除了美国、德国和韩国之外，世界主要国家的自由贸易协定环境保护条款承诺率普遍较低，中国环境保护条款的承诺率仅有6%，日本也只有12%，印度为0。总体来看，世界主要国家在构建实质性环境保护条款方面还有很大的提升空间。

第七章 自由贸易协定环境保护条款是否会推动中国出口产品"清洁化"？

表 7-2 中国与主要经济体自由贸易协定环境保护条款的比较

国家	自由贸易协定数量（个）	包含环境保护条款的协定数量（个）	协定覆盖率（%）	协定承诺率（%）
中国	16	15	94	6
美国	14	14	100	83
德国	42	36	86	64
日本	17	16	94	12
韩国	18	16	88	44.4
印度	16	12	75	0

注：自由贸易协定环境保护条款覆盖率指的是该国包含环境保护条款的自由贸易协定数量占已经签署的自由贸易协定总数的比重；环境保护条款承诺率指的是该国包含具有法律约束力环境保护条款的自由贸易协定数量占已经签署的自由贸易协定总数的比重。

自由贸易协定环境保护条款将引起污染产品和清洁产品比较优势相对变化，进而造成出口产品转换。表 7-3 列出的是中国对自由贸易协定主要伙伴在 2009—2017 年清洁产品出口规模和出口种类变化的情况（清洁产品的界定在本章第四节将进行详细说明）。我们发现，中国对主要自由贸易协定伙伴清洁产品出口种类及规模并非总是增长的，许多年份还是下降的。而且，清洁产品出口种类与规模的变化也并非同步，总的看来，出口规模变化幅度一般会超过出口产品种类变化的幅度。该结果在一定程度上反映了出口产品种类转换主要受到研发及技术创新的影响，引起产品链条的新陈代谢，而这一过程不会在短时间内实现，从而造成其变化率相对较小。从国别的情况来看，在 2008 年及之前，中国同智利（2005 年）、新西兰（2008 年）等国已经签署了自由贸易协定，但在 2009 年中国对上述两国清洁产品出口种类及规模都有不同程度的下降，从 2010 年之后，才开始表现出明显的上升趋势。2013 年中国分别与瑞士、冰岛签署自由贸易协定、2014 年又与韩国完成自由贸易协定实质性内容谈判。我们发现，在 2013—2015 年的有些年份中，中国对瑞士、冰岛及韩国的清洁产品出口种类及规模也出现过一定的下降趋势。上述结果说明了自由贸易协定及环境保护条款均存在较为明显的时间滞后效应。

表 7-3　清洁产品出口规模和种类的变化情况　　　　（单位:%）

国家	2009年 种类	2009年 金额	2010年 种类	2010年 金额	2011年 种类	2011年 金额	2012年 种类	2012年 金额	2013年 种类	2013年 金额	2014年 种类	2014年 金额	2015年 种类	2015年 金额
澳大利亚	-2.77	-5.59	-0.58	7.06	1.63	19.64	0	10.43	2.32	1.56	0.13	3.11	1.06	2.59
冰岛	-10.16	-44.7	22.61	35.99	-1.42	0.80	1.80	42.81	7.07	71.90	3.90	-20.00	9.54	0.43
新西兰	-3.01	-14.24	3.11	30.39	1.08	27.85	1.31	10.31	1.80	6.76	2.54	14.03	-0.41	1.75
韩国	-2.96	-17.07	0.31	24.05	0.37	16.75	0.62	14.34	0.49	9.67	1.47	0.15	-0.18	6.10
瑞士	-5.02	-26.19	2.29	13.66	5.08	22.01	0.90	2.01	1.56	-5.54	-0.48	6.63	0.80	-9.21
泰国	-3.76	-10.9	1.95	46.34	1.09	27.83	1.77	24.90	0.12	1.33	1.12	1.34	0.1	15.54
智利	-1.72	-14.76	1.46	55.75	3.30	37.03	0.83	19.03	0.43	2.58	1.78	0.44	-1.42	4.40

第二节　变量选择与研究设计

长期以来,引力模型是学术界分析区域贸易协定或双边自由贸易协定对贸易流量影响的主要实证工具(Kohl等,2016;Ahcar和Siroën,2017;韩剑等,2018),绝大多数文献是将该国是否加入自由贸易协定作为哑变量,引入到传统的引力模型之中来考察自由贸易协定的贸易效应。本章将对自由贸易协定环境保护条款进行更加精准的度量,并拟以三个口径度量自由贸易协定环境保护条款,并据此构建起拓展的引力模型。期望能够回答自由贸易协定环境保护条款是否有助于促进中国出口数量及种类的提升?自由贸易协定环境保护条款是否有助于促进中国清洁产品出口数量及种类增长?自由贸易协定环境保护条款是否有助于降低中国污染产品出口数量及种类增长?

基于以上研究目的,本章在索西耶和拉娜(2017)等的研究基础上,建立以下回归模型:

$$\ln M_{ijkt} = \beta_0 + \beta_1 EFTA_{ijt} + \beta_2 Erg_{it} + \beta_3 Erg_{jt} + \beta_4 \ln GDP_{it} \\ + \beta_5 \ln GDP_{jt} + \beta_6 \ln Dist_{ij} + \beta_7 Contig_{ij} + \beta_8 Comlang_{ij} \\ + \varepsilon_{ijt} \quad (7-1)$$

其中,下标 i、j、k、t 分别代表中国、贸易伙伴、产品和年度。因变量

第七章　自由贸易协定环境保护条款是否会推动中国出口产品"清洁化"?

M_{ijkt}指的是中国在t年度向贸易伙伴j产品k的出口种类和出口额。由于与中国签订自由贸易协定国家开展的国际贸易存在大量的零点贸易,我们采取$\ln(M_{ijkt}+1)$处理,避免了因零点贸易而造成的结果不稳健。$EFTA_{ijt}$度量的是自由贸易协定环境保护条款,Erg_{it}、Erg_{jt}分别指的是中国及贸易伙伴国内的环境规制强度。此外,式(7-1)中还包含了经典引力模型中较为通用的解释变量:中国以及贸易伙伴的国内生产总值(GDP_{it},GDP_{jt})、贸易伙伴之间的地理距离($Dist_{ij}$)、共同语言($Contig_{ij}$)和是否接壤等($Comlang_{ij}$)。

为了进一步检验自由贸易协定环境保护条款对中国清洁产品(或者污染产品)出口规模和出口种类的影响,建立以下的计量模型:

$$\ln M_{ijkt} = \beta_0 + \beta_1 EFTA_{ijt} + \beta_2 EFTA_{ijt} \times Clean_k + \beta_3 Erg_{it}\\+ \beta_4 Erg_{jt} + \beta_5 \ln GDP_{it} + \beta_6 \ln GDP_{jt} + \beta_7 \ln Dist_{ij}\\+ \beta_8 Contig_{ij} + \beta_9 Comlang_{ij} + \varepsilon_{ijt} \quad (7-2)$$

式(7-2)相对于式(7-1)增加了$EFTA_{ijt}$与$Clean_k$的交叉项,其中的$Clean_k$指的是清洁产品的哑变量(倘若产品k属于清洁产品取值为1,否则为污染产品取值为0)。交叉项系数就反映了中国与贸易伙伴签署自由贸易协定环境保护条款对中国清洁产品出口的影响程度。

解释变量$EFTA_{ijt}$指的是自由贸易协定环境保护条款,包括三个指标:(1)中国和贸易伙伴j签订的自由贸易协定中是否包含环境保护条款(EFTA1)。如果包含环境保护条款取值为1,否则为0。(2)自由贸易协定中包含环境保护条款的数量(EFTA2)。本章采取爬虫方法,获取各个具体协定文本中出现的"环境"一词的数量。(3)自由贸易协定环境保护条款是否具有法律约束力(EFTA3)。判断该条款是否具有法律约束力是根据"法律约束力"定义来界定的:自由贸易协定中对环境问题以具体明确的"法律术语"作出承诺,协定中包含成员一旦违背承诺应承担何种惩罚以及环境保护条款必须包含争端解决机制,自由贸易协定环境保护条款只有同时满足上述三个条件才能够认定为具有法律约束力(盛斌、果婷,2014)。具有法律约束力的自由贸易协定环境保护条款取值为1,否则为0。

清洁产品$Clean_k$的确定。当前,学术界还没有精准地界定某个产品是否属于清洁产品做法,大多通过估计工业行业的污染排放强度,即某行业单位产出的污染排放量来界定该行业是否属于清洁行业。比如,祝树金、尹似雪(2014)根据单位污染产品的污染排放密度选取五个行业为污染密集行业,分别为钢铁、非金属矿物品、工业化学、纸和纸制品、有色金属;高静、刘国光(2014)将化学、造纸、钢铁和有色金属部门四个行业界定为污染密集行业,其余为清洁行业。本书根据制造业污染排放物(二氧化碳排放量、烟尘排放量、粉尘排放量、废水排放量和固体废物排放量)进行标准化和加权平均后,得到各行业的污染排放强度的平均值。将其中污染排放强度最低的 5 个行业界定为清洁行业(见表 7-4),分别为电气机械及器材制造业、电子及通信设备制造业、仪器仪表文化办公机械、木材加工及家具制造业、金属制品业等,其余的行业为污染行业。相应行业的产品分别为清洁产品和污染产品。

表 7-4　清洁行业及清洁产品 HS 编码

清洁行业	清洁产品 HS 编码
电气机械及器材制造业 (38)	8415,8450,8501,8502,8503,8504,8505,8506,8507,8508,8509,8510,8511,8512,8513,8514,8515,8516,8530,8531,8532,8533,8534,8535,8536,8537,8538,8539,8544,8545,8546,8547,8548,9405
电子及通信设备制造业 (49)	8470,8471,8517,8518,8519,8520,8521,8522,8523,8524,8525,8526,8527,8528,8529,8540,8541,8542,8543
仪器仪表文化办公机械 (40)	8423,8469,8472,9001,9002,9005,9006,9007,9008,9009,9010,9011,9012,9013,9014,9015,9016,9017,9023,9024,9025,9026,9027,9028,9029,9030,9031,9032,9033,9101,9102,9103,9104,9105,9106,9107,9108,9109,9110,9111,9112,9113,9114
木材加工及家具制造业 (20、21)	4401,4402,4403,4404,4405,4406,4407,4408,4409,4410,4411,4412,4413,4414,4415,4416,4417,4418,4419,4420,4421,4501,4502,4503,4504,9401,9402,9403
金属制品业 (33)	6601,7301,7302,7303,7304,7305,7306,7307,7308,7309,7310,7311,7312,7313,7314,7315,7316,7317,7318,7319,7320,7321,7322,7323,7324,7325,7326,8201,8202,8203,8204,8205,8206,8207,8208,8209,8210,8211,8212,8213,8214,8215,8301,8302,8303,8304,8305,8306,8307,8308,8309,8310,8311,9406

第七章 自由贸易协定环境保护条款是否会推动中国出口产品"清洁化"?

控制变量包括:(1) Erg_{it}、Erg_{jt} 分别表示中国和贸易伙伴的环境规制强度。我们查找经济合作与发展组织数据库,把环境颗粒物质导致过早死亡的福利成本占 GDP 的百分比作为衡量国家的污染程度指标。该指标越高,反映该国的环境规制强度越低。一国环境规制强度的提高,将使污染产品逐步丧失比较优势,从而抑制污染产品的出口规模。(2) GDP_{it},GDP_{jt} 分别表示中国和贸易伙伴的 GDP。一般而言,贸易伙伴的国内生产总值越高,反映了该国的市场规模越大,从而有利于中国的出口贸易。(3) $Dist_{ij}$ 表示两国之间的地理距离,以两国首都之间的地理距离表示。两国地理距离越大,贸易往来的运输成本等贸易成本可能就越高,从而对出口贸易产生负面影响。(4) $Contig_{ij}$、$Comlang_{ij}$ 分别表示两国之间是否接壤、是否有共同语言,用以反映两国之间贸易阻力的影响因素。一般而言,中国与贸易伙伴地理接壤、具有相似的语言,则会降低国际贸易的交易成本,有利于双边贸易的发展。

为了反映在自由贸易协定环境保护条款的冲击下,出口产品种类的动态调整,观察是否会导致一国新增清洁产品而放弃污染产品。本章拟采取线性概率模型(LPM)估计自由贸易协定环境保护条款对清洁(或污染)产品出口种类的影响。该方法相对于 Probit 模型或 Logit 模型的优势在于无须对不可观测的因素进行一些特殊假设,而且线性概率模型还能很好地识别变量围绕其分布中心的微小变量对因变量的影响(Wooldridge,2002;吴小康、于津平,2018)。本章在伯纳德等(2010)的模型基础上,采用以下的线性概率模型:

$$Add_{ijkt} = \alpha_0 + \alpha_1 EFTA_{ijt} + \beta Z_{it} + \gamma N_{kt} + \varepsilon_{ijt} \qquad (7-3)$$

$$Drop_{ijkt} = \alpha_0 + \alpha_1 EFTA_{ijt} + \beta Z_{it} + \gamma N_{kt} + \varepsilon_{ijt} \qquad (7-4)$$

式中的 Add_{ijkt} 表示是否新增清洁产品种类,设置为二元选择变量。如果 t 年相对于 $t-1$ 年,清洁产品出口种类增加了则取值为 1,否则为 0。$Drop_{ijkt}$ 表示是否放弃污染产品种类,如果在 t 年相对于 $t-1$ 年污染产品出口种类减少了取值为 1;反之为 0。Z_{it}、N_{kt} 分别表示国家层面控制变量以及产品层面控制变量。产品层面控制变量包括产品 k 出口规模以及出口持续时间。国家层面的控制变量包括 GDP 以及国内环境规制强度。

本章根据中国已签署的自由贸易协定国家情况,选择澳大利亚、智利、冰岛、新西兰、韩国、新加坡、瑞士、文莱、哥斯达黎加、柬埔寨、秘鲁、印度尼西亚、老挝、马来西亚、缅甸、巴基斯坦、菲律宾、泰国、越南19个国家作为样本,时间区间为2008—2017年。产品层面贸易数据来自联合国贸易商品统计数据库(COMTRADE)提供的HS6分位数据,国家层面数据分别来自世界银行数据库、《中国环境统计年鉴》等。

第三节 自由贸易协定环境保护条款下出口产品"清洁化"的实证检验

一、自由贸易协定环境保护条款与出口产品规模及种类

以模型(7-1)为实证检验的基准模型,识别自由贸易协定环境保护条款对出口贸易的影响。模型(7-2)重点考察与环境保护密切联系的产品贸易量受到自由贸易协定的影响程度,实证结果分别列于表7-5和表7-6。表7-5报告了自由贸易协定环境保护条款对出口规模影响的实证结果。结果显示:加入控制变量后,采用三种方法度量自由贸易协定环境保护条款,均在可检验水平上显著地抑制出口产品规模增长。该结果验证了自由贸易协定环境保护条款具有较为强劲的贸易转移效应。自由贸易协定环境保护条款增加了我国企业环境遵从成本,降低了市场竞争力,从而减少了产品出口(DÜr等,2014;Kohl,2014)。

此外,研究还发现三个口径度量的自由贸易协定环境保护条款对出口产品的抑制效应存在较大差异。其中,自由贸易协定中包含环境保护条款的数量(EFTA2)产生的出口贸易转移效应是最大的,它是自由贸易协定环境保护条款是否具有法律约束力的哑变量(ETFA3)。这个结论与理论预期也较为接近。从学理上讲,具有法律约束力的环境保护条款,属于强制性条款,能够显著地推动企业内部资源配置以及产品范围的调整。非强制性条款中的拓展条款多具有复杂性和隐蔽性特点,对出口产品组合调整的影响较弱(Amurgo-Pachego,2006;魏昀妍、樊秀峰,2018)。

第七章 自由贸易协定环境保护条款是否会推动中国出口产品"清洁化"?

因此,环境保护条款是否具有法律约束力的哑变量(EFTA3)对出口贸易的影响较大,这一点与估计结果是一致的。

基于模型(7-2)加入 EFTA 与 Clear 的交互项,估计结果列于表 7-5 的列(4)—列(6)。估计出的交互项系数为 0.0854、2.2146、2.1008,在 5%的水平上显著。这个结果说明了相对于污染产品而言,签署自由贸易协定环境保护条款有助于清洁产品出口规模的增长。从理论上讲,生产过程"清洁化"以及最终产品也属于"清洁化"的行业不可能存在较高的环境协调成本,而污染密集型行业(产品)就不同了,将会产生较大的环境遵从成本,对其出口具有较强的转移效应。因此,自由贸易协定环境保护条款将更有助于促进清洁产品出口规模增长。

表 7-5 自由贸易协定环境保护条款对出口规模影响的基准回归结果

变量	出口规模			出口规模(加入交互项)		
	(1)	(2)	(3)	(4)	(5)	(6)
环境保护条款(EFTA1)	-0.0557** (0.0227)			-0.0924*** (0.0322)		
环境保护条款(EFTA2)		-2.3927*** (0.5667)			-3.3920*** (0.6744)	
环境保护条款(ETFA3)			-1.2675* (0.7208)			-1.9614** (0.7341)
EFTA1× Clear				0.0854** (0.0304)		
EFTA2× Clear					2.2146*** (0.1562)	
EFTA3× Clear						2.1008*** (0.0000)
国内环境规制强度	1.6807*** (0.4804)	1.6526*** (0.4892)	1.7213*** (0.4718)	1.6782*** (0.4526)	1.7016*** (0.4692)	1.6809*** (0.4882)
贸易伙伴环境规制强度	0.5001** (0.2009)	0.5288** (0.1967)	0.4961** (0.2090)	0.5213** (0.2006)	0.5178** (0.1998)	0.4972** (0.2014)
中国 GDP	-0.3109 (0.3350)	-0.3098 (0.3427)	-0.2875 (0.3361)	-0.2968 (0.3213)	-0.3200 (0.3325)	-0.2943 (0.3372)
贸易伙伴 GDP	1.1853*** (0.1163)	1.2113*** (0.1227)	1.0926*** (0.1689)	1.1023*** (0.1721)	1.2046*** (0.1235)	1.1257*** (0.1238)

续表

变量	出口规模			出口规模(加入交互项)		
	(1)	(2)	(3)	(4)	(5)	(6)
地理距离	-0.7851** (0.2944)	-0.8653*** (0.2084)	-0.7795*** (0.2640)	-0.8142*** (0.3102)	-0.8582*** (0.2945)	-0.8012*** (0.3014)
两国是否接壤	-0.6194 (0.5458)	-0.6400 (0.5354)	-0.4779 (0.5374)	-0.6224 (0.5325)	-0.7024 (0.6125)	-0.5961 (0.4993)
两国是否有共同语言	0.8629*** (0.1644)	0.4643** (0.1694)	0.2400*** (0.0517)	0.7233*** (0.1726)	0.5902*** (0.1788)	0.3946*** (0.1006)
R^2	0.0789	0.0824	0.0676	0.0870	0.0861	0.0754
样本数	730527	730527	730527	730527	730527	730527

表7-6报告了自由贸易协定环境保护条款对出口种类影响的回归结果。在加入控制变量后,采用三种方法度量自由贸易协定环境保护条款,均在可检验水平上显著地抑制出口产品种类增长。本章继续检验了自由贸易协定环境保护条款是否会更加显著地抑制污染产品出口种类增长,结果列于表7-6的列(4)—列(6)。估计出的 EFTA 回归系数均为显著的负值,在加入 EFTA 与 Clear 的交互项之后,交互项系数均为正值且大部分显著,说明了相对于污染密集产品而言,自由贸易协定环境保护条款更有助于推动清洁产品出口种类增长。

研究还发现,无论是中国还是贸易伙伴环境规制强度的提高将会制约出口规模及出口种类增长。该结果反映了国内外环境规制与自由贸易协定环境保护条款在作用效果上具有一定的相似性。从参数的显著性来看,国内环境规制强度对出口规模及种类的抑制作用超过了贸易伙伴环境规制的影响。这一点和理论预期是相符的。值得注意的是,估计出的中国 GDP 参数值不显著,而贸易伙伴 GDP 参数值为显著正值。后者我们是很好理解的,随着国外市场规模的增加,促进了中国出口产品规模和种类的增长,反映了外部市场规模对出口的正向促进作用。而中国 GDP 对出口的影响效应不显著,可能的原因在于当前我国市场规模尽管很大,但市场规模对消费结构及产业结构升级的拉动作用还有限,国内企业还未依托国内需求培养起动态比较优势。估计出的地理距离参数值是显著

第七章 自由贸易协定环境保护条款是否会推动中国出口产品"清洁化"？

的负值,反映了两国之间相距越远,贸易成本越高,不利于出口规模与出口种类增长。当两国使用共同语言,文化距离较为接近,也将促进出口规模及种类的增长。

表 7-6 自由贸易协定环境保护条款对出口种类影响的基准回归结果

变量	出口种类			出口种类（加入交互项）		
	（1）	（2）	（3）	（4）	（5）	（6）
环境保护条款（EFTA1）	-0.0044** (0.0016)			-0.0046** (0.0016)		
环境保护条款（EFTA2）		-0.1918*** (0.0355)			-0.1901*** (0.0362)	
环境保护条款（ETFA3）			-0.1178* (0.0622)			-0.1178* (0.0621)
EFTA1×Clear				0.0027** (0.0130)		
EFTA2×Clear					0.0024 (0.0031)	
EFTA3×Clear						0.0000*** (0.0000)
控制变量	是	是	是	是	是	是
R^2	0.6320	0.6525	0.5987	0.6022	0.6525	0.5987
样本数	730527	730527	730527	730527	730527	730527

二、自由贸易协定环境保护条款与出口产品种类转换

自由贸易协定出口种类的变动可能源于清洁产品出口种类增加,也可能是污染产品出口种类减少。接下来,我们将考察自由贸易协定环境保护条款对清洁产品出口种类增加率以及污染产品出口种类减少率的影响效应差异性。

本章基于式(7-3)和式(7-4),采取线性概率模型方法进行实证回归分析,结果如表 7-7 所示。研究发现,自由贸易协定环境保护条款有

153

利于提升清洁产品出口种类增加率以及污染产品出口种类减少率。而且，自由贸易协定环境保护条款对清洁产品出口种类增加率和对污染产品出口种类减少率的影响效果较为接近。估计出的 EFTA1 参数值是相同的，均为 0.0013，EFTA2 和 EFTA3 的参数值也较为接近。平均而言，自由贸易协定环境保护条款每增加 1 个标准差，清洁产品出口种类增加率和污染产品出口种类减少率均将提高 0.13%。就三个口径度量的自由贸易协定环境保护条款的影响程度而言，结果与表 7-4 是相似的。EFTA2 对清洁产品出口种类增加率和对污染产品出口种类减少率影响程度是最大的。自由贸易协定环境保护条款每增加 1 个标准差，清洁产品出口种类增加率和污染产品出口种类减少率均将提高 5.5%。自由贸易协定文本中"环境"一词数量增加 1%，清洁产品出口种类增加率提高 3.91%，而污染产品出口种类减少率提高 3.65%。该结果也反映出面对国内外环境管制协同，企业可能会被动地进行产品层面的资源再配置以及出口产品组合的调整，剔除不符合环境要求污染产品，将更多资源用于清洁产品生产，以提升企业整体的市场竞争力。这个研究结果对于我国实现经济发展与环境保护的双赢目标具有重要的现实意义。

表7-7 自由贸易协定环境保护条款与清洁产品出口转换的回归结果

变量	清洁产品出口种类增加率			污染产品出口种类减少率		
	（1）	（2）	（3）	（4）	（5）	（6）
EFTA1	0.0013** (0.0005)			0.0013*** (0.0004)		
EFTA2		0.0550*** (0.0108)			0.0551*** (0.0096)	
EFTA3			0.0391* (0.0203)			0.0365** (0.0161)
控制变量	是	是	是	是	是	是
R^2	0.6323	0.6454	0.6134	0.3816	0.3959	0.3609
样本数	108593	108593	108593	327596	327596	327596

第七章 自由贸易协定环境保护条款是否会推动中国出口产品"清洁化"?

第四节 异质性及稳健性检验

一、异质性检验

1. 协定的异质性

已有文献指出,贸易协定对贸易流量的影响会因协定类型不同而有所差异,而且一体化程度越高的协定具有越强的贸易促进效应(Baier 等,2004;Kohl 和 Trojanowska,2015)。其中,双边自由贸易协定和区域多边自由贸易协定是两种最主要的协定类型。从理论上讲,双边自由贸易协定,只需要处理好贸易双方的意见分歧,无须考虑其他国家的利益,也不存在多国协调问题,每个国家都能影响协定谈判的结果,容易达成高承诺性环境保护条款;区域多边自由贸易协定中多国利益和贸易水平不同,难以协调一致,同时,每个国家的谈判权也都是有限的,难以达成高水平的环境保护条款。但是多边自由贸易协定相对于双边自由贸易协定有助于规避多个双边自由贸易协定可能存在的贸易规则和多个文本交织和重叠的"意大利面碗"问题(Haftel,2013;计飞、陈继勇,2018)。因此,哪类自由贸易协定具有更强的贸易创造效应存在一定的争论。

在中国签订的自由贸易协定中既包括了双边自由贸易协定(比如,中国—韩国自由贸易协定),也包括了区域多边自由贸易协定(比如,中国—东盟自由贸易协定)。为了考察不同类型的自由贸易协定以及自由贸易协定环境保护条款对中国出口产品转换的影响,本章以0—1虚拟变量表示中国与各国(地区)签署的是双边协定还是多边协定。如果属于双边协定,取值为1;如果属于多边协定,取值为0。实证结果见表7-8,结果表明,相对于签署多边自由贸易协定,贸易伙伴签署双边自由贸易协定交互项系数显著为正。这表明双边自由贸易协定环境保护条款相对于多边自由贸易协定环境保护条款对中国出口产品转换具有更加显著的促进作用,更有助于提高清洁产品出口种类增加率以及污染产品出口种类减少率。

表 7-8 协定异质性的回归结果

变量	清洁产品出口种类增加率			污染产品出口种类减少率		
	（1）	（2）	（3）	（4）	（5）	（6）
EFTA1× agreement	0.0013** (0.0004)			0.0012** (0.0004)		
EFTA2× agreement		0.0550*** (0.0108)			0.0532*** (0.0098)	
EFTA3× agreement			0.0391* (0.0203)			0.0316* (0.0134)
控制变量	是	是	是	是	是	是
R^2	0.6327	0.6454	0.6134	0.5684	0.5860	0.5371
样本数	108593	108593	108593	108593	108593	108593

2. 国家异质性

发达国家和发展中国家的市场规模以及消费者偏好程度的差异性，可能造成自由贸易协定环境保护条款对出口产品转换的异质性影响。发展中国家环境保护水平普遍较弱，自由贸易协定环境保护条款增加了国内企业环境遵从成本，削弱了这些国家环境敏感产品的比较优势，产生了巨大的出口转移效应。发达国家就不同了，发达国家环境保护广度和深度普遍高于发展中国家，当实施环境保护规则协同之后，发达国家凭借环境高标准以及自身环境优势能够较容易地进入他国市场，同时提高了本国市场的准入门槛，出口贸易创造效应将非常显著。本章将中国产品出口市场划分为发达国家市场和发展中国家市场，当产品出口市场为发达国家，取值为1；当产品出口市场为发展中国家，取值为0。[①] 估计结果见表 7-9，发现自由贸易协定环境保护条款与发达国家哑变量的交互项估计系数显著为正，这说明自由贸易协定环境保护条款对中国出口发达国家市场产品转换率具有更加显著的促进作用。自由贸易协定环境保护条款更有助于促进中国出口发达国家清洁产品种类的提升，也同时会更加

---

① 发达国家包括澳大利亚、智利、冰岛、新西兰、韩国、新加坡、瑞士等；发展中国家包括文莱、哥斯达黎加、柬埔寨、秘鲁、印度尼西亚、老挝、马来西亚、缅甸、巴基斯坦、菲律宾、泰国、越南等。

第七章 自由贸易协定环境保护条款是否会推动中国出口产品"清洁化"？

有力地推动出口发达国家污染产品种类的下降。

表7-9 国家异质性的回归结果

变量	清洁产品出口种类增加率			污染产品出口种类减少率		
	（1）	（2）	（3）	（4）	（5）	（6）
EFTA1×country	0.0014** (0.0005)			0.0013** (0.0005)		
EFTA2×country		0.0550*** (0.0108)			0.0532*** (0.0098)	
EFTA3×country			0.0391* (0.0203)			0.0316* (0.0141)
控制变量	是	是	是	是	是	是
R^2	0.6357	0.6454	0.6134	0.5729	0.5860	0.5371
样本数	108593	108593	108593	108593	108593	108593

3. 产品异质性

联合国国民核算体系（NSA）把所有产品分为资本货物、中间产品和最终消费品。三类产品在国民经济中的作用是不同的：资本品投入增加，加速资本深化，将会促进本国技术进步，并有助于形成资本增强型技术进步；中间品因具有相对较高的技术密集度，成为技术外溢的重要渠道（Amiti 和 Konings，2007）。以初级品、半成品和零部件为主要组成的中间品成为当前国际贸易的主要方式，中间品质量与技术含量在一定程度上决定了最终产品的竞争力。当前，最终品贸易尽管在全球贸易体系中的占比有所下降，但是仍然在国际贸易中占有重要地位。最终品贸易在刺激国内消费需求、拉动经济增长中仍然发挥着不可替代的作用。接下来，本章将探寻签署自由贸易协定环境保护条款对不同类型产品出口影响是否存在差异性。为了回答这一问题，本章设置了产品属性变量（type）：最终产品与中间产品①，当该产品属于最终产品时，取值为1；当该产品属于中间产品时，取值为0。估计结果见表7-10，可以发现，估计出的自由贸易协定与产品属性的交互项均为显著的正值。结果表明：相对于中间品

---

① 这里不考虑资本品。

出口,签署自由贸易协定环境保护条款更有助于提高最终产品出口种类的转换率。这个结果可能跟中国以出口最终品为主而不是中间品有关,也可能跟中间品技术密集度高、生产过程"清洁化"水平较高、受环境规制的影响较小有关。

表7-10 产品异质性的回归结果

变量	清洁产品出口种类增加率			污染产品出口种类减少率		
	(1)	(2)	(3)	(4)	(5)	(6)
EFTA1×type	0.0008* (0.0004)			0.0008* (0.0004)		
EFTA2×type		0.0401*** (0.0137)			0.0390** (0.0137)	
EFTA3×type			0.0348* (0.0180)			0.0267* (0.0118)
控制变量	是	是	是	是	是	是
R^2	0.6103	0.6159	0.5523	0.5378	0.5458	0.4897
样本数	99103	99103	99103	99103	99103	99103

二、稳健性检验

1. 内生性问题

基于拓展的引力模型检验自由贸易协定环境保护条款的出口贸易效应,不可避免地存在遗漏变量偏误从而导致内生性问题。本章借鉴索西耶和拉娜(2017)的方法,采取工具变量法解决内生性问题。选择两个工具变量:(1)自由贸易协定数量。样本中各贸易伙伴签署的自由贸易协定总数。(2)包含环境保护条款的自由贸易协定数量。样本中各贸易伙伴包含有环境保护条款的自由贸易协定数量。为检验工具变量的适用性,本书对工具变量进行了多种检验:首先,克莱因伯格—帕普(Kleibergen-Paap)的LM统计量检验未被包括的工具变量是否与内生变量相关,其P值(0.0000)反映出其在1%的显著性水平拒绝了"工具变量识别不足"的原假设;其次,克莱因伯格—帕普的F统计量也远大于施托

第七章 自由贸易协定环境保护条款是否会推动中国出口产品"清洁化"？

克—余吾(Stock-Yogo)弱识别检验的10%临界值,拒绝了自由贸易协定数量和涉及环境保护条款的自由贸易协定数量弱识别的原假设。因此,工具变量的选择是有效的。

本章采用工具变量二阶段最小二乘法(IV-2SLS)的回归结果见表7-11。分别以清洁产品出口种类增加率和污染产品出口种类减少率为被解释变量,估计出的自由贸易协定环境保护条款的参数值均为正值,并且均通过了1%的显著性水平检验,与表7-7的估计结果基本一致,说明了实证结果的稳健性。再次证明自由贸易协定环境保护条款有助于提升中国清洁产品出口种类的增加率和污染产品出口种类的减少率。

表7-11 自由贸易协定环境保护条款与清洁产品出口转换的回归结果

变量	清洁产品出口种类增加率			污染产品出口种类减少率		
	(1)	(2)	(3)	(4)	(5)	(6)
EFTA1	0.0047*** (0.0000)			0.0048*** (0.0000)		
EFTA2		0.1314*** (0.0011)			0.1345*** (0.0011)	
EFTA3			0.5154*** (0.0071)			0.5178*** (0.0072)
控制变量	是	是	是	是	是	是
Kleibergen-Paaprk LM 统计量	23.4011 (0.0000)	15.0221 (0.0000)	163.346 (0.0000)	23.1146 (0.0000)	14.459 (0.0000)	163.221 (0.0000)
Kleibergen-Paaprk F 统计量	33.589 (16.38)	43.125 (16.38)	139.219 (19.93)	23.442 (16.38)	43.238 (16.38)	138.563 (19.93)
R^2	0.4488	0.5614	0.3965	0.2698	0.4465	0.2258
样本数	108593	108593	108593	108593	108593	108593

2. 滞后效应问题

由于贸易流量的变化相对于贸易政策的调整存在一定的滞后效应,造成自由贸易协定规则对贸易流量的影响在其生效之后的一段时间里才能逐步显现出来(Baier 和 Bergstrand,2007;王霞、文洋,2018)。此外,由于自由贸易协定普遍存在分阶段实施特点,有的自由贸易协定还存在由初级版向高级版的升级过程,自由贸易协定各条款实施过程也不是从某个时点开始"一刀切"式地实施,这也将造成自由贸易协定的影响效果存在一个较长的时间跨度以及时间滞后。比如,南方共同市场国家(MERCOSUR)成员采取的环境保护条款,在10年之后才得以执行。欧盟—墨西哥自由贸易协定所涉及的劳动力条款,从协议签署到执行也经历了10年左右的时间。因此,自由贸易协定对国际贸易的影响普遍存在一定的时滞效应。

为了解决自由贸易协定环境保护条款可能存在滞后效应造成结果不稳健,在实证研究中引入时间哑变量。本章将样本期间分为2008—2012年和2013—2017年两个阶段,当样本期间在2013—2017年时,令 year=1;当样本期间在2002—2008年时,令 year=0。估计结果见表7-12,估计出的自由贸易协定与 year 的交互项均为显著的正值,反映了样本处于2013—2017年阶段相对于2008—2012年,自由贸易协定环境保护条款对清洁产品出口增加率或污染产品出口种类减少率的作用效果更加显著。该结果在一定程度上印证了自由贸易协定时间滞后效应是存在的。

表7-12 滞后效应的检验结果

变量	清洁产品出口种类增加率			污染产品出口种类减少率		
	(1)	(2)	(3)	(4)	(5)	(6)
EFTA1×year	0.0014*** (0.0003)			0.0012*** (0.0003)		
EFTA2×year		0.0564*** (0.0102)			0.0504*** (0.0080)	
EFTA3×year			0.0535*** (0.0187)			0.0415** (0.0168)
控制变量	是	是	是	是	是	是
R^2	0.5915	0.5981	0.5821	0.5366	0.5463	0.5232
样本数	108593	108593	108593	108593	108593	108593

3. 异方差与贸易零值问题

由于在出口贸易数据中普遍存在异方差和贸易零值问题,采取最小二乘法估计可能会因样本非随机选择而产生有偏估计问题。为了使结果更稳健,采取拟泊松最大似然估计(PPML)方法,得到异方差和贸易零值的稳健估计值。估计结果见表7-13,可以发现采用三种方法度量的自由贸易协定环境议题的估计系数的方向和显著性与表7-5基本一致,这说明了本书估计结果的稳健性。

表7-13 拟泊松最大似然估计(PPML)检验结果

变量	清洁产品出口种类增加率			污染产品出口种类减少率		
	(1)	(2)	(3)	(4)	(5)	(6)
EFTA1	0.0144** (0.0069)			0.0156*** (0.0054)		
EFTA2		0.6067*** (0.1174)			0.6409*** (0.0980)	
EFTA3			0.2309* (0.1285)			0.3246* (0.1715)
控制变量	是	是	是	是	是	是
R^2	0.7031	0.7250	0.5299	0.4071	0.4290	0.3846
样本数	108593	108593	108593	108593	108593	108593

三、研究的进一步拓展:调节效应

自由贸易协定环境保护条款与国内环境规制对国际贸易的影响存在一定的相似性,也有诸多差异性:相似性主要表现在自由贸易协定环境保护条款也能够引导和规制国内产业发展,对国内污染产业起到威慑作用,达到节能降耗的目标;两者差异性反映在当前自由贸易协定环境保护条款大多属于宣言式或忠告式的,法律约束力还相对较低,自由贸易协定环境保护条款相对于国内环境规制而言,影响程度可能相对较弱。这就引发我们思考:国内环境规制政策如何作用于自由贸易协定环境保护条款的贸易效应呢?为此,本书在基准模型基础之上引入自由贸易协定环境保护条款与国内环境规制的交互项,考察国内环境规制政策的调节效应。

根据表7-14来看,自由贸易协定环境保护条款的估计系数仍然为显著的负值,并且,自由贸易协定环境保护条款与国内环境规制强度的交互项系数也为负值。这个结果说明了自由贸易协定环境保护条款能够显著地抑制中国出口规模及种类的增长,中国环境规制以及国外环境规制还会强化自由贸易协定环境保护条款对中国出口贸易规模及种类的影响。该结果在一定程度上也反映了自由贸易协定环境保护条款与各国国内环境政策存在相互协同的作用效果。

表7-14 调节效应的回归结果

变量	出口规模		出口种类	
	(1)	(2)	(3)	(4)
EFTA1	−0.0369** (0.0218)	−0.04076** (0.0226)	−0.0045** (0.0006)	−0.0032** (0.0209)
EFTA1×Ergi	−0.6235*** (0.2988)		−0.05120*** (0.0211)	
EFTA1×Ergj		−0.2850*** (0.4106)		−0.0677*** (0.1201)
控制变量	是	是	是	是
R^2	0.0432	0.0526	0.6180	0.5942
样本数	108593	108593	108593	108593

当前,世界各国普遍认识到环境保护在经济社会持续发展中的重要作用,在高标准的自由贸易协定中纷纷加入了环境保护议题或条款。为了应对自由贸易协定环境保护条款外部冲击,企业会将更多的资源集中于生产具有较高竞争力的产品,剔除不具有竞争力的产品,引发出口产品转换。随着清洁产品出口规模及种类的增加和污染产品出口规模及出口种类的下降,中国出口贸易类型将表现出明显的"清洁化"趋势。

本章根据中国已签署的自由贸易协定国家情况,选择澳大利亚、韩国、瑞士等19个与中国贸易流量较大的国家作为样本,时间区间为2008—2017年,构建了拓展的引力模型,考察自由贸易协定环境保护条

第七章 自由贸易协定环境保护条款是否会推动中国出口产品"清洁化"?

款对中国出口产品种类及出口产品规模的影响、自由贸易协定环境保护条款对中国清洁产品出口种类及出口规模的影响、自由贸易协定条款对出口产品转换的影响。研究发现:其一,自由贸易协定环境保护条款在总体上抑制了中国出口产品规模和出口种类增长。分别以中国和贸易伙伴签订自由贸易协定中是否包含环境保护条款、自由贸易协定中包含环境保护条款的数量、自由贸易协定环境保护条款是否具有法律约束力三个维度表示的自由贸易协定环境保护条款对出口产品的影响效果存在较大差异。其中,自由贸易协定中包含环境保护条款的数量影响效应是最大的,它是自由贸易协定环境保护条款是否具有法律约束力的哑变量。其二,自由贸易协定环境保护条款促进了清洁产品出口规模增长以及清洁产品出口种类增长。其三,自由贸易协定环境保护条款促进了出口产品转换,有利于促进中国清洁产品出口种类增加率以及污染产品出口种类减少率提升。其四,基于协定异质性、国家异质性以及产品异质性的检验,结果表明:双边自由贸易协定环境保护条款相对于多边贸易来说影响程度更高,更有助于促进清洁产品出口种类增加率和污染产品出口种类减少率提升,更有助于促进中国出口发达国家产品转换率提升,更有助于促进最终产品出口转换率提升。实证结果在一定程度上反映了自由贸易协定环境保护条款对于引导中国出口产品"清洁化"发挥了积极促进作用。加快实施高标准的自由贸易协定建设,国内的制度措施适应自由贸易协定深度化趋势则是本书应有的政策含义。一方面,我国应拓展自由贸易协定伙伴,提升环境保护条款的范围和强度。促进贸易伙伴间在环境豁免条款、环境技术合作、承诺相关环境标准、对环境义务实施争端解决机制、环境领域的合作和能力建设机制等议题上协调一致。另一方面,通过实施高水平自由贸易协定倒逼国内相关制度完善。当前,我国改革已进入深水区,改革的难度越来越大、改革的成本越来越高,通过扩大对外开放促进国内改革已成为一个重要战略举措。加快自由贸易协定建设、加强同国际经贸规则对接是中国高水平对外开放的重点工作之一。就环境保护而言,我国各地区政府存在"逐底竞争"的倾向,这就导致各地区环境标准不统一、环境规制宽严不统一等问题。特别是,有些地区高污染高能耗企业所遭受的环境遵从成本过低,这些企业仍然在继续生产。通过建立高标准的自由贸易协定环境保护条款,在一定程度上会促进我国各级政府提高环境保护标准,加强环境保护的国内外合作、提高环境保护事务的公众参与度等。通过加强国内环境规制强度,还可以达到促进产业转型升级与优化生态环境的双重目标,推动经济走向高质量发展道路。

第八章 自由贸易协定环境保护条款与企业生存风险

近年来,受到劳动力成本上升、创新不确定性增加、税费负担及大宗商品价格波动等因素影响,制造业效率与利润率下降,企业生存风险激增。为了激发企业生存活力,国家实施了减税降费、放管服改革、增强金融支持等一系列措施,但并未从根本上扭转企业生存风险高的难题。据《中国中小企业人力资源管理白皮书》对 1158 万个中小企业的统计分析,我国企业平均从业规模仅为 13 人,平均生存年限仅为 2.5 年。笔者利用中国工业企业数据库,测算出 2001—2013 年每年约有 13.75% 的企业退出市场,生存时间仅有 1 年、2 年、4 年的企业占比分别达到 14.70%、14.49%、19.82%。如此短暂的生存时间、如此高的退出率,不利于制造业的持续健康发展。

习近平总书记多次强调要激发市场主体活力,"市场主体是经济的力量载体,保市场主体就是保社会生产力"[1],"要千方百计把市场主体保护好,激发市场主体活力"[2]。我国政府相继实施了减税降费、放管服改革、增强金融支持等一系列措施,激发企业生存活力。在面临国内生存空间挤压的难题之下,我们注意到,随着我国对外开放的进程,更多的企业走向国际市场,国际贸易发展迅速,我国对外依存度逐渐提高,国际市场、

---

[1] 习近平:《论把握新发展阶段、贯彻新发展理念、构建新发展格局》,中央文献出版社 2021 年版,第 357 页。
[2] 习近平:《激发市场主体活力弘扬企业家精神 推动企业发挥更大作用实现更大发展》,新华网,2020 年 7 月 21 日。

贸易政策的变化都会对我国企业生存状况产生影响。在实践中,我们不能忽视国际贸易政策对企业生存的影响。为此,我们需要关注自由贸易协定环境保护条款是否可以破解我国企业生存风险的困境,提高企业的市场占有率,使企业长期生存,发挥推动制造业高质量发展的重要作用。

第一节 企业生存风险的识别

本章基于卡普兰—梅尔(Kaplan-Meier,KM)分析法对企业生存时间、互联网应用对企业生存风险的影响进行初步分析。假设样本可观测到的死亡时间为 $t_j(j=1,2,\cdots,k)$,在第 j 期仍存续的企业数为 n_j,退出市场企业数(第 $j-1$ 期存在而第 j 期死亡的企业数)为 m_j。基于 KM 非参数分析法,生存函数 $\widehat{S}(t)$ 的计算公式为:$\widehat{S}(t) = \prod_{j|t_j \leqslant t} \left| \frac{n_j - m_j}{n_j} \right|$,危险函数 $\widehat{h}(t)$ 的计算公式为:$\widehat{h}(t) = \sum_{j|t_j \leqslant t} \left(\frac{m_j}{n_j} \right)$,由此可描绘出应用互联网企业与未应用互联网企业的生存曲线和危险曲线(见图 8-1)。从生存曲线可以看出,企业生存概率随着生存时间延长而显著降低,且与非自由贸易协定国家贸易的企业生存率下降幅度大于与自由贸易协定国家贸易的企业。可以初步判断,自由贸易协定的签订在一定程度上降低了企业生存风险。进一步观察生存曲线和危险曲线发现,企业生存时间较为短暂,存续时间超过 7 年时,企业生存率仅有 50% 左右。企业新成立期间所面临生存风险迅速上升,在第 6 年开始放缓。

依据企业所有制、企业规模、研发程度等特征,考察不同类型企业生存风险的异质性。从危险曲线可以看出,在相同的生存时间下,国有企业的生存风险略低于非国有企业,大型企业的生存风险远低于中小型企业,高研发强度企业生存风险低于低研发强度企业。可见,不同类型企业生存风险存在异质性(见图 8-2)。

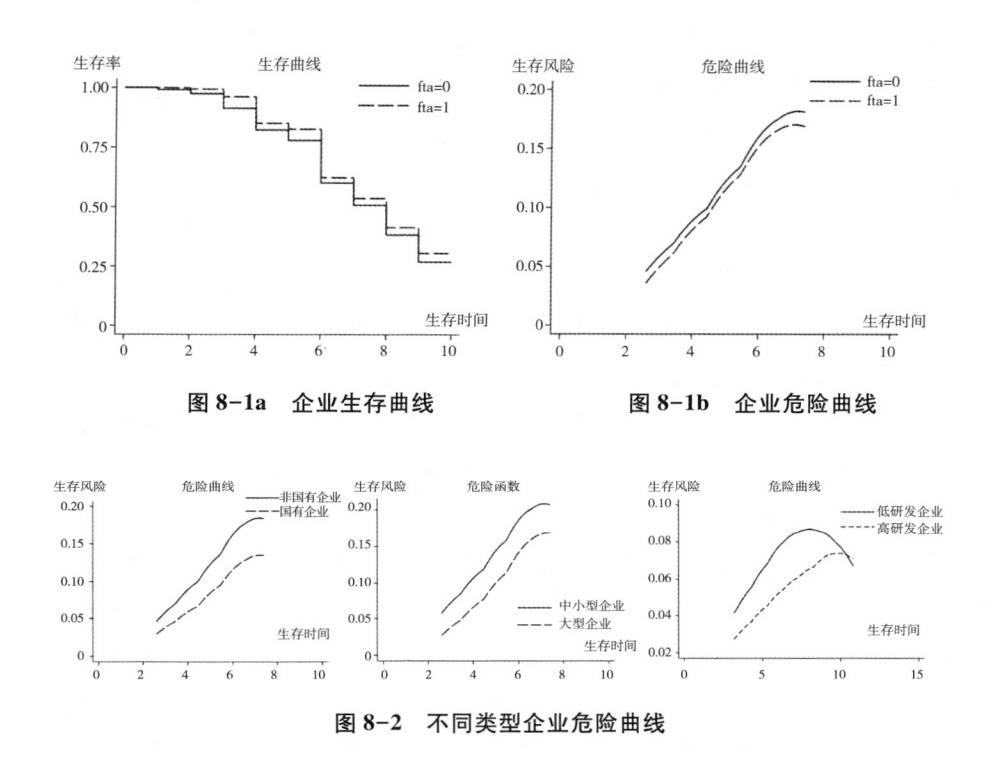

图 8-1a　企业生存曲线　　　　　图 8-1b　企业危险曲线

图 8-2　不同类型企业危险曲线

第二节　自由贸易协定环境保护条款与
企业生存风险的研究假说

企业生产经营过程中面临着制度变迁、技术变革等外部冲击以及企业内部的股权变更、人事变动等自身因素的影响,无论国内还是国外企业普遍存在存活率低、生存年限短的问题。近年来,现有文献对影响企业生存风险因素的分析,大体是从外部环境和企业自身因素两方面入手的。政府补贴、税收优惠、产业集聚、汇率波动等外部环境以及企业规模、创新能力、贸易方式等企业自身因素均已进入学术界研究视野。然而,我们不能忽视贸易开放,特别是新一轮自由贸易协定推动的贸易自由化对企业生存风险的影响。随着贸易保护主义、逆全球化浪潮的此起彼伏,自由贸易协定成为破解贸易难题的一个有益探索。贸易作为经济增长的重要推动力,对企业生存有重要影响。已有学者针对自由贸易协定深度化对企业出口、创新等方面的影响进行详细分析。

在世界贸易组织框架下的多边贸易体系,推动的第一轮贸易自由化,降低了贸易壁垒以及贸易政策不确定性,从而扩张了市场边界,并提高了企业生产效率以及生产活力(Pavcnik,2002;Yu 等,2013;Bas 和 Ledezma,2020)。以双边及区域自由贸易协定为载体的经济一体化,推动了国际经贸规则向深度化发展。成员之间在经济、贸易、投资、环境保护、研发合作、消费者权益等多个非关税领域开展深度合作,超越了世界贸易组织规则。

与其他国家签订自由贸易协定会对微观企业产生广泛的影响,从进出口行为来看,贸易部门是自由贸易协定规则深度化最直接的影响对象,自由贸易协定环境保护规则条款将会对贸易企业生产运营活动产生直接影响,并进一步通过上下游价值链、产业链等影响非贸易企业,影响企业进入或退出市场的概率。第一,自由贸易协定环境保护条款对会倒逼企业加快技术创新、优化生产工艺、在降低污染排放与能源消耗的同时,也提高了企业生产效率,从而降低生存风险。第二,自由贸易协定环境保护条款降低了贸易成本,以及商品跨国流动的制度成本,从而提高企业生产效率,从而降低生存风险。第三,自由贸易协定环境保护条款推动了贸易自由化使出口企业市场扩张,突破市场资源的限制,推动生产边界扩张,从而降低了企业生存风险。第四,自由贸易协定环境保护条款也将使企业面临更激烈的市场竞争环境,迫使企业更有效地运作,提升了生产效率,降低了企业生存风险。第五,自由贸易协定环境保护条款会加速技术溢出,先进技术会向技术后进国家转移,成员间出现生产率趋同的趋势,降低企业生存风险。同时,签订自由贸易协定有助于企业获得更多的信息技术资源,扩大企业获取信息知识的渠道,摆脱国内企业面临的信息匮乏的现状,促进企业研发创新,提高创新效率和增加企业收益,进一步提升企业的生存能力。第六,自由贸易协定环境保护条款提升产品的多样化需求,推动企业进行研发创新活动,提升产品竞争力,降低企业生存风险。基于此,本章提出假说:自由贸易协定环境保护条款有助于降低企业生存风险。

第三节　自由贸易协定环境保护条款影响企业生存风险的实证检验

一、模型的构建

本部分先运用倾向得分匹配方法,进行样本筛选。然后再对匹配成功的企业进行实证研究。根据企业是否与自由贸易协定成员贸易将样本划分为处理组和对照组。处理组为与自由贸易协定成员贸易的企业,对照组为与非自由贸易协定成员进行贸易的企业。同时,引入一个虚拟变量 $fta_i = \{0,1\}$。具体而言,倾向得分匹配的基本方法是:依据与企业经营特征相关的匹配变量,在与非自由贸易协定成员贸易的企业(对照组)中寻找与自由贸易协定成员贸易的企业(处理组)最为接近的企业,使两个企业除了是否与自由贸易协定成员贸易之外的其他经营指标相同或非常相似,以降低样本的自选择偏差问题。假设处理组企业 $i \in \Omega_1$,控制组企业 $j \in \Omega_0$,则自由贸易协定规则深度化对企业存续时间效应表示为:

$$\delta = E(t_{ir}^1 - t_{ir}^0 \mid \Omega_1) = E(t_{ir}^1 \mid \Omega_1) - E(t_{ir}^0 \mid \Omega_1) \tag{8-1}$$

其中,$E(t_{ir}^1 \mid \Omega_1)$ 表示为处理组 i 在第 r 期时的存续时间,$E(t_{ir}^0 \mid \Omega_1)$ 表示对照组企业 i 在第 r 期存续时间,显然 $E(t_{ir}^0 \mid \Omega_1)$ 是不可观测的,因此,需要寻找一组最为接近的拟合值 $E(t_{jr}^0 \mid \Omega_1)$,即与处理组企业 i 最接近的对照企业 j 的存续时间作为 $E(t_{ir}^0 \mid \Omega_1)$ 的近似替代。

我们选取的匹配变量包括以下指标:(1)全要素生产率(TFP),采用 LP(Levinsohn and Petrin,2003)[①]方法测算出企业全要素生产率;(2)企业规模(size),采用总资产的对数来衡量;(3)资产负债率(debt),以总负债与总资产的比值来进行衡量;(4)市场占有率(share),企业主营业务收

[①] Levinsohn J., Petrin A., Estimating Production Functions Using Inputs to Control for Unobservables, *Review of Economic Studies*, 2003, pp.317–341.

入与行业主营业务收入的比值计算得出;(5)所有制性质(state),以二元虚拟变量表示,国有企业为 1,非国有企业为 0;(6)外资参与度(foreign),以外商资本与实收资本的比值来表示;(7)融资约束(finance),采用企业利息支出与企业销售额的比值来衡量融资约束;工资水平(wage),以工资总额与从业人员年平均人数的比值来衡量。以企业是否与自由贸易协定国家贸易作为处理变量进行 Logit 回归,计算出企业应用数字技术的概率,公式为:

$$P = Pro\{Internet = 1\} = \varphi(X_{it}) \tag{8-2}$$

其中,X_{it} 表示匹配变量,概率值反映了数字技术应用概率,即拟合的每个企业倾向得分值(P 值)。依照式(8-2)预估的倾向得分值采用卡尺匹配方法,限制倾向得分的绝对距离 $|p_i - p_j| \leq \varepsilon$,在给定 $\varepsilon \leq 0.25\hat{\sigma_p}$ 的卡尺范围内寻找与处理组企业得分最为接近的控制组进行配对。

表 8-1 为平衡性检验结果。首先,可以看出匹配后处理组的均值与控制组的均值更接近,匹配前控制组的企业规模的均值为 11.04,控制组为 10.586,差距达到 0.454,其在匹配后则缩小为 0.007。同样,其他匹配变量如全要素生产率、企业年龄、融资约束均出现了处理组与控制组差距缩小且非常接近的情况,这证明了配对结果较为理想。其次,匹配后处理组与控制组的标准偏差大幅减少,其绝对值均显著低于 20%,而当匹配变量的标准偏差小于 20% 时被认为配对效果好(Rosenbaum 和 Rubin,1985)。总的来说,以选取的匹配变量和最邻近匹配方法匹配效果较为可靠。在完成企业匹配之后,与非自由贸易协定成员贸易企业的存续时间 $(T_{yt}^0 | \Omega_0)$ 可作为与自由贸易协定成员贸易企业不可观测指 $E(t_{it}^0 | \Omega_1)$ 的近似替代,此时处理组与控制组的区别仅在于是否与自由贸易协定成员贸易。

表 8-1 倾向得分匹配的平衡性检验结果

变量	样本	均值 实验组	均值 控制组	标准偏差(%)	标准偏差减少幅度(%)
size	匹配前	11.04	10.586	33.1	98.5
	匹配后	11.04	11.033	0.5	

续表

变量	样本	均值 实验组	均值 控制组	标准偏差(%)	标准偏差减少幅度(%)
TFP	匹配前	7.4283	7.1205	26.8	98.4
	匹配后	7.4283	7.4236	0.4	
share	匹配前	0.00025	0.00023	1.8	1.8
	匹配后	0.00025	0.00027	-1.8	
state	匹配前	0.02683	0.02564	0.7	68.6
	匹配后	0.02683	0.02646	0.2	
age	匹配前	3.8858	2.7513	54.6	97.8
	匹配后	3.8858	3.9103	-1.2	
foreign	匹配前	0.28675	0.4534	-0.5	96.3
	匹配后	0.28675	0.28064	0.0	
finance	匹配前	0.08972	0.13352	-0.4	89.4
	匹配后	0.08972	0.09436	-0.0	
wage	匹配前	4.4614	4.0093	31.2	96.5
	匹配后	4.4614	4.4457	1.1	

关于识别企业生存风险的模型常用的有 cox 比例风险模型和 Cloglog 离散时间模型。cox 模型是半参数模型，不需要估算出基准风险，并且 cox 模型考虑到时间维度，设置虚拟变量作为结局变量，若至研究年份结束时企业仍处于存续状态为 0，若企业已退出市场则为 1。其重要假设是 $\lambda(t;x) = \lambda_0(t) e^{x\beta}$，考虑到 cox 模型需要满足比例风险假设，因此我们对样本进行舍恩菲尔德检验，结果如表 8-2 所示。由表 8-2 可以看出样本总体通过了显著性检验。另外，考虑到 cox 比例风险模型是基于连续时间进行研究，而样本是年份观察值，因此选择以 Cloglog 离散时间模型考察自由贸易协定环境保护条款对企业生存风险的影响是合理的。

表 8-2 菲尔德检验结果

变量	rho	chi2	df	Prob>chi2
fta	0.01660	38.05	1	0.0000
TFP	0.04795	436.82	1	0.0000
debt	-0.01527	21.54	1	0.0000
sale	0.00172	0.43	1	0.5144
share	0.02944	465.99	1	0.0000
export	-0.03258	144.97	1	0.0000
export_2	0.02412	97.91	1	0.0000
profit	0.02468	16.01	1	0.0001
finance	-0.00153	0.10	1	0.7577
wage	0.04388	303.39	1	0.0000
global test		4791.49	10	0.0000

Cloglog 离散时间模型不需要设定比例风险的假设条件,模型设定为:

$$\mathrm{cloglog}(1-h_{i,t}) = \lambda_0 + \lambda_1 fta_{i,t} + \sum \lambda_2 X_{i,t} + v_j + \rho_z + \mu_{i,t} \quad (8-3)$$

其中,$h_{i,t}$ 表示离散时间的企业风险率,该指标数值越大意味着企业生存风险越高。$X_{i,t}$ 是控制变量集,λ_2 为控制变量集的系数集,v_j 和 ρ_z 分别是行业固定效应和时间固定效应,$\mu_{i,t}$ 随机扰动项。

二、数据来源

本章企业层面的数据源自中国工业企业数据库和中国海关贸易数据库,时间跨度为 2005—2014 年。其中,截至 2022 年 6 月 30 日,我国已签署了 18 个自由贸易协定,涉及 26 个国家或地区。由于我国国外贸易伙伴签订的第一个自由贸易协定为中国—东盟自由贸易协定,生效时间为 2005 年 1 月 1 日,因此本书选用了 2005 年之后新成立的企业作为样本进行研究,但囿于数据可得性,中国与韩国、澳大利亚、毛里求斯、马尔代夫、柬埔寨签署的自由贸易协定均在 2015 年之后生效,因此不在本书的考虑范围内。在数据处理方面,第一,由于中国海关贸易数据库记录了企业的

第八章 自由贸易协定环境保护条款与企业生存风险

每一笔产品交易信息,因此先依据企业代码将具体产品信息加总计算为年度企业数据。第二,本章对中国工业企业数据库进行了以下处理:(1)本章针对企业主营业务收入、营业利润等财务经营指标进行了缩尾处理,以避免异常值对样本研究的影响;(2)针对出现销售额、总资产等经营指标出现违背会计准则的情况予以剔除;(3)由于2005年之前成立的企业的生存状况是不可观测的,因此只保留2005年之后新成立的企业;(4)借鉴于娇等(2015)对样本企业出现年份间断情况的处理,本书只保留连续不间断企业进行数据研究,以避免由于数据的不可观测性而导致数据结果不可靠。第三,本书参考尤(2015)的方法将中国工业企业数据库和中国海关贸易数据库进行匹配合并,并只保留两个数据库中可以合并的出口企业作为研究样本,最终筛选得到43431个样本企业。

产品层面的数据中,自由贸易协定的具体优惠关税税率则源自中国自由贸易服务网提供的自由贸易协定文本,最惠国关税(MFN)税率、HS6位码产品层面数据来自世界银行的全球一体化贸易数据库(WITS)。经贸摩擦数据则源自全球关贸数据库(GTA)。

三、实证结果分析

表8-3报告了自由贸易协定规则深度化对企业生存风险的影响效应。其中,列(1)—列(3)是以自由贸易协定二元虚拟变量作为解释变量进行检验,列(1)结果显示,签订自由贸易协定对企业的生存风险产生了显著的负相关作用,这表明在总体上自由贸易协定使企业退出市场的风险降低,提高了企业的生存能力。为防止遗漏行业和省份层面不随时间变化的因素,列(2)—列(3)则依次加入了行业和省份的固定效应,比较前三列的检验结果可知,加入行业和省份固定效应后,最大似然估计值呈上升趋势,这意味着检验结果更为稳健,即自由贸易协定对企业生存风险的影响效应同时也受不同行业、地区发展程度异质性的干扰。而在固定行业、省份效应之后,自由贸易协定(fta)的估计系数略有降低,但仍为显著负相关,这与前文对企业生存时间的特征事实的描述一致。可以看出,在控制省份、行业等因素不变的情况下,自由贸易协定显著降低了企业的

生存风险,且影响系数约为9.7%。

为了验证和进一步考察自由贸易协定如何影响企业生存,将进一步考察自由贸易协定规则深度化指标对企业退出市场风险的影响,如列(4)—列(6)所示。在所有回归中,自由贸易协定规则深度化对企业生存风险的影响始终显著为负,在控制行业和省份固定效应之后自由贸易协定规则深度化的影响系数为-0.2453,即自由贸易协定规则深度化每上升1%,企业退出市场的概率就降低24.53%,其影响程度更大,自由贸易协定中对知识产权保护、环境规则等条款的细化,有助于进一步提高企业的生存概率。

表8-3 自由贸易协定环境保护条款对企业生存风险的影响效应 I

变量	exit (1)	exit (2)	exit (3)	exit (4)	exit (5)	exit (6)
fta	-0.1797*** (-13.75)	-0.1021*** (-7.73)	-0.0970*** (-7.33)			
ftatotal				-0.4096*** (-6.79)	-0.2300*** (-3.84)	-0.2453*** (-4.07)
TFP	-0.1231*** (-47.03)	-0.1011*** (-37.00)	-0.1204*** (-43.06)	-0.1242*** (-47.46)	-0.1018*** (-37.26)	-0.1210*** (-43.31)
debt	-0.0061 (-1.18)	-0.0034 (-1.34)	-0.0033 (-1.44)	-0.0061 (-1.16)	-0.0034 (-1.35)	-0.0033 (-1.45)
sale	0.7273*** (9.36)	0.7898*** (9.86)	0.7380*** (9.15)	0.7149*** (9.20)	0.7835*** (9.79)	0.7320*** (9.07)
share	0.8459 (0.87)	12.2568** (2.57)	9.2059** (1.97)	0.8843 (0.91)	12.9567*** (2.69)	9.8161** (2.09)
export	-0.0178** (-2.20)	-0.0396*** (-4.78)	0.0199** (2.44)	-0.0130 (-1.61)	-0.0375*** (-4.52)	0.0221*** (2.71)
export_2	0.0116*** (5.50)	0.0121*** (6.07)	0.0063*** (4.25)	0.0113*** (5.37)	0.0119*** (6.01)	0.0062*** (4.17)
profit	-0.1004*** (-4.19)	-0.1435*** (-5.19)	-0.1285*** (-4.77)	-0.1031*** (-4.27)	-0.1449*** (-5.21)	-0.1299*** (-4.79)
finance	-0.0003 (-1.59)	-0.0004 (-1.62)	-0.0004* (-1.65)	-0.0004 (-1.61)	-0.0004 (-1.64)	-0.0004* (-1.67)

续表

变量	exit (1)	exit (2)	exit (3)	exit (4)	exit (5)	exit (6)
$wage$	0.0077*** (3.50)	-0.0280*** (-12.59)	-0.0180*** (-7.94)	0.0071*** (3.25)	-0.0285*** (-12.81)	-0.0184*** (-8.13)
$Constant$	0.7591*** (39.52)	-0.0638 (-0.18)	-0.0695 (-0.19)	0.7615*** (39.64)	-0.0561 (-0.16)	-0.0631 (-0.17)
省份固定效应	否	否	是	否	否	是
行业固定效应	否	是	是	否	是	是
观察值	230737	220655	220356	230737	220655	220,356

接下来,将自由贸易协定环境保护条款设置为 0—1 变量,继续考察自由贸易协定环境保护条款对企业退出率的影响,结果见表 8-4。从估计结果来看,实施环境保护政策降低了企业生存风险。通过环境处罚等手段增加了污染企业的生产成本,提高了非污染企业的比较优势,促进节能降耗、改善生态环境、引导产业发展,进而推动企业进行绿色技术创新,采用更多的要素投入和技术,提高企业生产过程清洁化程度,提升产品竞争力,进而促进企业绿色产品的出口,提升企业生产概率,降低企业的生产风险。

表 8-4 自由贸易协定环境保护条款对企业生存风险的影响 Ⅱ

变量	exit (1)	exit (2)
$Environmental1$	-0.1301*** (-2.97)	
$Environmental2$		-0.1897* (-1.94)
$Constant$	-0.0592 (-0.16)	-0.0592 (-0.16)
控制变量	控制	控制
省份固定效应	否	是

续表

变量	exit（1）	exit（2）
行业固定效应	是	是
观察值	220356	220356

　　自由贸易协定深度化及环境保护条款降低了我国企业的生存风险。为此,我国应该在维护当前已签订的自由贸易协定的基础上进一步积极寻找新的合作伙伴,拓展我国自由贸易协定网络的广度。进一步推进自由贸易协定条款的深度化,切实提高环境保护条款的法律约束力。此外,为了降低企业生存风险,政府应加大对企业的引导和支持,尤其加大对中小企业、非国有企业的扶持力度。

第九章 国际环境保护规则分类异质性与出口贸易

在全球变暖、生态破坏以及环境承载能力下降的背景下,世界各国政府充分意识到了只有实现环境保护与经济发展的"双赢"才会推动经济社会持续发展,并逐步强化了环境立法与环境监管等措施。由于生态环境是"无国界"的,这就内在地要求环境保护不仅仅是一国内部的事务,而是区域性乃至全球性的公共事务。近年来,跨越国界的重大环境污染事件频频发生,对周边国家的影响已不可小觑。比如,2020年8月日本油轮泄漏严重地影响了毛里求斯等印度洋沿线国家的生态环境。可以说,以邻为壑换不来独善其身。因此,世界各国应秉承共商共建共享的理念,加强国际环境合作,统筹构建全球环境治理体系。

国际环境合作从1992年联合国环境与发展大会发布《里约宣言》开始,推动了贸易与可持续发展。1994年世界贸易组织建立后,明确地将环境保护作为其基本宗旨,并在世界贸易组织《农业协议》《实施卫生与植物卫生措施协议》《技术性贸易壁垒协议》《服务贸易总协议》等协议中设置了环境保护条款。根据世界贸易组织数据库提供的信息,截至2018年世界贸易组织成员提交的与环境有关通告共有5468个,而世界贸易组织成员的贸易政策审议中提到的与环境有关的措施共有11449个。近年来,随着多边贸易进程受阻,贸易保护及单边主义抬头,世界各国纷纷加入了双边或区域自由贸易协定,国际贸易规则也出现了"深度化"趋势(赵龙跃,2016)。发达国家希望依靠高标准的国际贸易规则继续掌握全球经济治理的主动权,并在自由贸易协定中率先倡导引入环境保护条款。发展中国家对待环境保护条款往往犹豫不决,担心加强环境保护会以牺牲经济发展为代价。发展中国家之间签订自由贸易协议涉及环境保护条款相对较少,而且大多签署一些没有法律约束的宣言式条款(盛斌、果婷,2014;文洋,2016;王俊,2020)。

中国政府本着对生态环境与资源保护高度负责任的态度,积极参与国际环境合作,签署了一系列国际环境合作公约,包括《联合国人类环境宣言》《世界自然资源保护大纲》《内罗毕宣言》等,20世纪90年代以来,中国还加入了《21世纪议程》,并把这些文件精神引入国内环境立法之中。中国政府先后颁布了《中华人民共和国环境保护法》《中华人民共和国大气污染防治法》《中华人民共和国水污染防治法》等一系列法律法规。地方政府也发挥了地方环境治理的作用,颁布了地方性环境治理法规(李蕾蕾、盛丹,2018)。党的十八大作出了"大力推进生态文明建设"①的战略决策;党的十九大进一步明确提出:"建设生态文明是中华民族永续发展的千年大计,必须树立绿水青山就是金山银山的理念。"②2020年召开的党的十九届五中全会再次提出:"要加快推动绿色低碳发展,持续改善环境质量,提升生态系统质量和稳定性,全面提高资源利用效率。"③党中央关于加强环境保护的战略部署,充分显示出我国防治环境污染与改善生态环境的决心。当前,大国之间关系深刻调整,国际环境合作面临新挑战和新要求。中国政府在签署自由贸易协定中也引入了环境保护条款,加强国际环境政策协调。截止到2020年年底,中国已经签署了19个自由贸易协定,绝大部分协定都涉及环境保护条款。

当前,学术界关于环境政策对出口贸易、出口二元边际及出口产品质量影响的文献不可谓不多,研究视角也深入到产品层面及企业层面。这些文献主要是基于环境政策"成本效应"与"创新效应"的讨论,所得结论也存在较大不确定性,而且均没有触及国际环境政策的影响效应(Bu等,

---

① 中央文献研究院编:《十八大以来重要文献选编》(上),中央文献出版社2014年版,第625页。

② 习近平:《决胜全面建成小康社会 夺取新时代中国特色社会主义伟大胜利——在中国共产党第十九次全国代表大会上的报告》,人民出版社2017年版,第23页。

③ 《中国共产党第十九届中央委员会第五次全体会议公报》,中国新闻网,2020年10月29日。

2013;盛丹、张慧玲,2017;卜茂亮等,2017)。理论上而言,国际环境保护规则与国内环境政策对出口贸易的影响存在一定的相似性。这两类政策都能够引导和规制国内产业发展,对国内污染产业起到威慑作用,引起出口产品比较优势变动。但是,两者差异性也是非常明显的:国际环境保护规则相对于国内环境规制而言,法律约束力相对较低、影响程度可能相对较弱。同时,国际环境政策依靠一定的传导机制才能发挥作用,其作用效果还受到成员的经济发展水平、地理距离、制度环境等多种因素影响,影响机制及效果也更加复杂(Baier和Bergstrand,2004;赵龙跃,2016)。

基于此,本章将运用拓展的引力模型,以我国20个自由贸易协定贸易伙伴HS6分位产品层面数据,考察国际环境保护规则对我国出口贸易的影响效应。相对于已有文献,本章的创新之处有以下三个方面:第一,突破了现有文献在国内环境规制视域下讨论环境规制贸易效应的研究范式,从国际环境监管和国际环境标准分异视角分析两者对出口贸易的影响。第二,考察了国际环境保护规则对不同类型国家与不同类型产品出口贸易产生的非对称影响。第三,探寻了国际环境保护规则对出口贸易的市场筛选效应。国际环境保护规则引起污染密集型产品价格上升及种类减少,从而产生了市场筛选效应。第四,在关键指标设置、实证检验过程等方面也有一些创新。本章设置了4个指标度量国际环境保护规则,分别运用最小二乘法估计、双重差分法估计等多种检验方法,检验了国际环境保护规则对出口规模及出口产品质量的影响,从多个角度回答了国际环境保护规则与出口贸易之间的内在关系。

第一节 实证模型与数据来源

一、拓展的引力模型

传统的引力模型主要研究国家经济总量对双边贸易流量的影响。之后许多学者将贸易引力模型进行扩展,研究了地理距离、贸易政策、制度环境等因素对双边贸易流量的影响。本章在扩展引力模型的基础上,加

入国际环境保护规则、国内外环境规制等关键变量,构造如下计量模型:

$$EXPORT_{hfit} = \beta_0 + \alpha_0 FTA_{hft} + \alpha_1 ER_{ft} + \alpha_2 ER_{ht} + \alpha_3 \ln dist_{hf}$$
$$+ \alpha_4 \ln GDP_{ft} + \alpha_5 \ln GDP_{ht} + \alpha_6 \ln tarif z_{fit}$$
$$+ \alpha_7 language_{ft} + \varepsilon_{hfit} \tag{9-1}$$

式(9-1)中的下标 h、f、i、t 分别代表出口国(中国)、贸易伙伴、产品和时间。其中,$EXPORT_{hfit}$ 分别代表出口规模及出口产品质量。出口规模用 t 年国家 h 的产品 i 对 f 国的出口额对数值表示。出口产品质量的测算借鉴了哈尔克和西瓦达桑(Hallk 和 Sivadasan,2009)、施炳展等(2013)需求信息反推法,测度出产品—国家—年份层面出口产品质量。构建固定替代弹性(CES)效用函数如下:

$$U_{ift} = \left[\sum_i (\lambda_{ift} q_{ift})^{\frac{\sigma_i - 1}{\sigma_i}} \right]^{\frac{\sigma_i}{\sigma_i - 1}} \tag{9-2}$$

式(9-2)中,U_{ift} 是指进口国 f 国消费者在 t 年从产品 i 上获得的效用水平,λ_{ift} 与 q_{ift} 分别代表在 t 年出口到 f 国的产品 i 的质量以及数量,σ 是产品间的替代弹性。由效用最大化条件可推出 f 国消费者在 t 年对产品 i 的需求函数:

$$q_{ift} = q_{ift}^{-\sigma_i} \lambda_{ift}^{-\sigma_i - 1} (E_{ift} / P_{ift}) \tag{9-3}$$

式(9-3)中,P_{ift} 是与 CES 效用函数相对应的价格指数,E_{ift} 是指在 t 年 f 国对产品 i 的总支出。由式(9-3)可以看出,消费者对产品 i 的需求取决于产品 i 的质量以及价格。

对需求函数两边取对数,整理后得出了下面的回归模型:

$$\ln q_{kft} = \chi_{ft} - \sigma p_{kft} + \mu_{kft} \tag{9-4}$$

式(9-4)中,$\chi_{ft} = \ln E_{ft} - \ln P_{ft}$,控制了进口国—年份固定效应。$k$ 代表出口国的出口企业。借鉴谢建国和章素珍(2017)的做法,假定出口国只有一家企业。$\mu_{kft} = (\sigma - 1) \ln \lambda_{kft}$,$\mu_{kft}$ 是包含了产品质量的扰动项。利用这一回归模型对每一出口产品进行回归,并依据回归的残差得到出口产品质量:

$$quality_{ift} = \ln \widehat{\lambda}_{ift} = \frac{\mu_{ift}}{\sigma - 1} \tag{9-5}$$

为方便对产品质量进行加总和跨期的比较,对式(9-5)进行标准化处理:

$$rquality_{ift} = \frac{quality_{ift} - \min(quality_{ift})}{\max(quality_{ift}) - \min(quality_{ift})} \qquad (9-6)$$

其中,$\max(quality_{ift})$ 和 $\min(quality_{ift})$ 分别代表产品质量的最大值与最小值,标准化处理后的出口产品质量位于[0,1]之间。

FTA_{hft} 表示国际环境保护规则,本章采用4个指标进行度量:(1) t 年 h 国与 f 国签订的自由贸易协定环境保护条款是否有法律约束力($legal$)。借鉴盛斌和果婷(2014)的做法,将具有法律约束力的环境保护条款赋值为1,而不具有法律约束力的环境保护条款赋值为0。(2) t 年 h 国与 f 国签订的自由贸易协定中与环境相关条款数量($frequency$)。(3) t 年 h 国与 f 国签订环境保护条款中是否包含环境标准(Sbs)。若包含了具体的环境标准赋值为1,反之,$SPS = 0$。(4) t 年 h 国与 f 国签订自由贸易协定中是否具有独立的环境章节($Chapter$)。若包含了独立的环境章节赋值为1,反之,$Chapter = 0$。其中,环境保护条款是否有法律约束力($legal$)、与环境相关条款数量($frequency$)、是否具有独立的环境章节($Chapter$)这三个指标度量国际环境监管规则,是否包含环境标准(Sbs)用以度量国际环境标准。

控制变量包括:(1)中国以及贸易伙伴的国内环境规制强度(ER_{ft},ER_{ht}),以人均二氧化碳排放量这一指标来衡量。(2)中国以及贸易伙伴的实际GDP(GDP_{ht},GDP_{ft}),该变量的值越大,意味着市场规模越大,将有利于出口贸易规模增长。(3)两国地理距离($Dist_{hf}$),以伙伴首都之间的地理距离表示。(4)关税($tariff_{ft}$),以贸易伙伴对我国征收的关税税率表示。(5)是否具有共同语言($language_{ft}$),一般而言,贸易伙伴之间使用同一种语言或同一语系,语言距离较为接近,贸易成本就会相对较低,有利于双边贸易发展。

二、数据来源

本章选取了在2018年之前与我国签订自由贸易协定的20个国家为

样本,2004—2018年产品层面数据来源于联合国(UNCOMTRADE)数据库的HS6分位数据,将关键指标缺失的数据剔除后,共有3716种产品。国家层面的数据分别来源于BP世界能源统计数据库、世界银行数据库、世界贸易组织数据库、联合国统计司(UNSD)数据库、经济合作与发展组织数据库、中国经济数据库。其中,2004—2014年人均二氧化碳排放量数据来源于世界银行数据库。2015—2018年人均二氧化碳排放量数据来源于BP世界能源统计数据库、经济合作与发展组织数据库。2004—2018年的人均一次能源消费量来源于BP世界能源统计数据库,部分缺失数据由世界银行提供的一次能源消耗量计算得到。我国人均二氧化硫排放量与人均废水排放量的数据均来自中国经济数据库,相对物价水平的数据来源于世界银行数据库,关税数据来源于世界贸易组织综合数据库,两国地理距离的数据来源全球双边贸易数据库(CEPII)。另外,自由贸易协定中的环境保护条款数据来源于中国自由贸易区服务网与联合国国际贸易中心(ITC)的贸易条约地图。5个污染行业SITC编码包括:有机化学(51)、无机化学(52)、工业肥料(562)、其他化工原料(59)、纸浆和废纸(251)、纸和硬纸板(641)、切割纸和纸板(642)、非金属矿产品(66)、钢和铁(67)、银和铂(681)、铜(682)、镍(683)、铅(685)、锌(686)、锡(687)以及其他非铁金属(689)。表9-1直观展示了主要变量的描述统计。

表9-1 变量描述性统计

变量名	变量解释	观测值	平均值	标准差	最小值	最大值
lnexport	出口额对数值	625972	12.20	2.913	0	22.43
rqua	出口产品质量	625972	0.443	0.051	0.069	0.964
legal	环境保护条款是否具有法律约束力	625972	0.209	0.407	0	1
frequency	环境相关条款数量	625972	1.8551	2.7832	0	9
Sbs	是否包含环境标准	625972	0.5337	0.4989	0	9
Chapter	是否包含独立的环境章节	625972	0.1416	0.3486	0	1
lngdp	贸易伙伴GDP对数值	625972	27.87	1.355	23.70	30.01

续表

变量名	变量解释	观测值	平均值	标准差	最小值	最大值
ln$dist$	地理距离对数值	625972	8.466	0.757	6.862	9.856
c$lngdp$	我国 GDP 对数值	625972	10.72	0.524	9.690	11.43
$traffic$	关税税率	624530	0.0651	0.134	0	8.003
$language$	是否与我国有共同语言	625972	0.137	0.344	0	1
ln$Carbon1$	贸易伙伴人均二氧化碳排放量对数值	617948	1.226	1.351	-3.114	3.719
ln$Carbon2$	我国人均二氧化碳排放量对数值	625972	1.830	0.177	1.396	2.023

第二节 国际环境保护条款影响出口贸易的实证结果分析

一、基准结果分析

本章根据式(9-1)检验国际环境保护规则对我国出口规模的影响，回归结果见表 9-2。列(1)是未加入国际环境保护规则的回归结果，列(2)—列(5)是依次加入国际环保规则指标之后的回归结果。可以看出不论使用 4 种国际环境保护规则指标中的哪一种，其系数都在 1% 的水平上显著为负，该结果说明了国际环境保护规则对我国出口贸易规模起到了显著的负面影响。自由贸易协定中对环境保护要求越严格，国内企业付出更多的治污费用以及研发费用，导致了企业生产成本增加，降低了出口产品比较优势，制约了我国出口贸易规模增长。这一结果与尤格和米尔扎(2005)对欧盟国家、萨利姆和哈坎(2006)对经济合作与发展组织成员的研究结论相一致。研究还发现，是否具有法律约束力环境保护条款、是否拥有独立的环境章节等表征环境监管指标对出口贸易的负面影响相较于环境标准等其他指标影响程度更大。该结果进一步显示出具有法律约束力国际环境监管规则，对中国出口企业具有较强的约束力，对出口产品比较优势的削弱作用也越明显。

表 9-2 国际环境保护规则与出口规模的基准回归结果

变量	出口规模 (1)	出口规模(加入国际环保规则指标) (2)	(3)	(4)	(5)
legal		-1.0445*** (0.0299)			
frequency			-0.1327*** (0.0044)		
Sbs				-0.6932*** (0.0259)	
Chapter					-1.2020*** (0.0334)
lnCarbon1	-0.0289*** (0.0076)	0.0398*** (0.0079)	0.0569*** (0.0083)	0.0297*** (0.0080)	0.0243*** (0.0077)
lnCarbon2	0.6413*** (0.0257)	0.6343*** (0.0257)	0.6308*** (0.0257)	0.6328*** (0.0257)	0.6348*** (0.0257)
lngdp	0.7485*** (0.0079)	0.7628*** (0.0080)	0.7740*** (0.0080)	0.7801*** (0.0081)	0.7754*** (0.0080)
clngdp	0.6142*** (0.0107)	0.5995*** (0.0107)	0.5933*** (0.0107)	0.5935*** (0.0107)	0.5957*** (0.0107)
lndist	-0.5885*** (0.0142)	-0.7519*** (0.0149)	-0.6673*** (0.0143)	-0.3878*** (0.0162)	-0.7703*** (0.0150)
traffic	-0.2094*** (0.0497)	-0.2684*** (0.0534)	-0.2267*** (0.0509)	-0.1951*** (0.0492)	-0.2493*** (0.0522)
language	0.6183*** (0.0347)	0.8020*** (0.0350)	0.3044*** (0.0366)	0.4810*** (0.0353)	0.2791*** (0.0360)
cons	-12.1244*** (0.2393)	-10.8412*** (0.2407)	-11.7301*** (0.2386)	-14.1452*** (0.2554)	-10.9517*** (0.2395)
R^2	0.1379	0.1478	0.1447	0.1431	0.1488
N	616506	616506	616506	616506	616506

第九章 国际环境保护规则分类异质性与出口贸易

从衡量我国及贸易伙伴环境规制强度的人均二氧化碳排放量指标来看,加入国际环保规则变量后,这两个指标的系数都在1%的水平上显著为正。国内外人均二氧化碳排放量与我国出口贸易规模间存在显著的正相关关系,因为我国及贸易伙伴的人均二氧化碳排放量越高,意味着我国及贸易伙伴的环境规制力度越弱,这更有利于我国出口贸易发展。我国及贸易伙伴 GDP、两国间地理距离、关税水平以及是否有共同语言这四个指标的系数都符合理论预期。其中,GDP、拥有共同语言这两个变量都与我国出口贸易规模有着显著的正相关关系,贸易双方的 GDP 水平越高越有利于双方贸易,拥有共同语言的贸易双方更能促进贸易发展。两国间地理距离的系数显著为负,这符合两国间地理距离对两国间的双向贸易具有负面影响的观点。贸易伙伴的进口关税越高,将降低我国出口产品的价格优势,不利于我国出口贸易发展。

进一步考察国际环境保护规则对我国出口产品质量的影响,回归结果见表9-3。衡量国际环保规则的4个指标系数都在1%的水平上显著为正,说明了国际环境保护规则与我国出口产品质量之间存在正相关关系,实施国际环境保护规则促进了我国出口产品质量升级。这一结果与盛丹和张慧玲(2017)、韩超和桑瑞聪(2018)等对国内环境政策有助于促进出口产品质量升级的研究结论相一致。通过对比列(2)—列(5),还可以发现是否包含环境标准的系数为0.0014,相比其他衡量指标较大。也就说,国际环境标准相对于国际环境监管更有助于提升出口产品质量。该结果反映了出口企业为了符合相应的国际环境规则将通过研发新材料、开发新技术、更新设备等方式增加技术开发和技术改造,这些做法都将对出口产品质量提升产生积极作用。国际环境标准还会倒逼国内企业通过严苛的环境标准认证,突破发达国家设置的"绿色壁垒",从而有助于推动出口产品质量提升(张永旺、宋林,2019)。

结合表9-2与表9-3的回归结果,可以看出实施国际环境监管和国际环境标准等国际环保规则均会制约我国出口贸易增长,却可以推动出口产品质量升级。而且,国际环境标准相对于环境监管规则,更有助于出口产品质量升级,这一结果使假说1得到了验证。

表 9-3 国际环境保护规则与出口产品质量的基准回归结果

变量	出口产品质量 (1)	出口产品质量(加入国际环保规则指标)			
		(2)	(3)	(4)	(5)
legal		0.0007*** (0.0001)			
frequency			0.0004*** (0.0000)		
Sbs				0.0014*** (0.0001)	
Chapter					0.0009*** (0.0002)
控制变量	是	是	是	是	是
cons	-0.6321*** (0.0068)	-0.6334*** (0.0067)	-0.6361*** (0.0067)	-0.6293*** (0.0068)	-0.6331*** (0.0067)
R^2	0.0038	0.0038	0.0038	0.0038	0.0038
N	616506	616506	616506	616506	616506

二、内生性分析

为了解决基本回归中可能存在的内生性问题,本章通过选择工具变量法,应用两阶段最小二乘法(2SLS)进行内生性检验。工具变量的选取借鉴索西耶和拉娜(2017)、王俊(2020)等的做法,以贸易伙伴目前为止签订的自由贸易协定总数量、贸易伙伴签订的自由贸易协定中包含的环境保护条款总数量作为工具变量。回归结果中克莱因伯格—帕普的 LM 统计量的 p 值都为 0.0000,强烈拒绝了"不可识别"这一原假设。同时,克莱因伯格—帕普 Wald rk F 统计量都远远大于 10,这表明不存在弱工具变量的问题。表 9-4 报告了以出口贸易规模为被解释变量的两阶段最小二乘法估计结果,国际环保规则的 4 个指标系数均为显著负值,参数值与基准回归结果较为接近,再次验证了国际环境保护规则对我国出口贸易规模增长的负面作用。以出口产品质量被解释变量,回归结果同样通过了工具变量不可识别检验以及有效性检验,并且衡量国际环保规则的 4 个指标系数均在 1% 的水平上显著为正,验证了国际环境保护规则对我国出口产品质量的正向促进作用。

表 9-4 内生性检验

变量	出口贸易规模（加入国际环保规则指标）			
	（1）	（2）	（3）	（4）
$legal$	-1.6382*** (0.0261)			
$frequency$		-0.1514*** (0.0022)		
Sbs			-1.2209*** (0.0180)	
$Chapter$				-1.1845*** (0.0179)
控制变量	是	是	是	是
$cons$	-5.2314*** (0.1368)	-7.2264*** (0.1265)	-10.9880*** (0.1288)	-7.1756*** (0.1263)
R^2	0.1407	0.1453	0.1360	0.1511
N	616506	616506	616506	616506

注：由于篇幅限制，表 9-4 只报告了被解释变量为出口规模的回归结果。

三、双重差分法检验

为了排除估计方法不当而造成的估计偏差，本书使用双重差分法重新进行检验。由于贸易伙伴与我国签订自由贸易协定的时间都不尽相同，故而选取我国首次与发达国家签订自由贸易协定的 2008 年作为进行双重差分检验的时间节点。在 2008 年与我国签订自由贸易协定的国家有新西兰、秘鲁和新加坡，以这三个国家为实验组，建立以下计量模型：

$$EXPORT_{hfit} = \alpha_0 + \alpha_1 treated \times time + X_t + \mu_t + \delta_f + \varepsilon_{it} \quad (9-7)$$

式（9-7）中，下标 i、t、f 分别代表产品、时间和出口目的国，被解释变量 $EXPORT_{hfit}$ 分别代表在 t 年从国家 h 对国家 f 的出口规模、出口产品 i 的质量，文中为更方便对跨期产品质量进行比较和加总，出口产品质量采用标准化后的出口产品质量。treated 为实验组的虚拟变量,若该国在 2008 年与我国签订了自由贸易协定,treated = 1;相反地,该国没有在 2008 年与我国签订自由贸易协定,treated = 0。time 代表时间虚拟变量,若年份大于等于 2008 年,time = 1;反之,time = 0。X_t 代表一系列控制变量,包括了我国及贸易伙伴的人均 GDP 水平、两国间地理距离、关税水平,控制变量除关税水平外都进行了对数化处理。μ_t 代表时间固定效应,δ_f 代表国家固定效应。

回归结果见表 9-5,表中列(1)、列(3)是未控制国家及年份固定效应的回归结果,列(2)、列(4)是同时控制国家与年份固定效应时的回归结果。可以看出,无论是否控制国家与年份固定效应,被解释变量为出口产品质量时交互项 treated×time 的系数都在 1% 的水平上显著为正。这表明,签订自由贸易协定环境保护条款与我国出口产品质量之间有着显著的正相关关系,国际环境保护规则有利于出口产品质量的提升。被解释变量为出口贸易规模时,在同时控制国家与年份固定效应后,交互项的系数显著为负,验证了基准回归中国际环境规制与我国出口规模之间的负相关关系。这一结果与基准回归的结果基本一致,证明了基准回归结果稳健性。

表 9-5 双重差分法检验结果

变量	出口贸易规模		出口产品质量	
	(1)	(2)	(3)	(4)
treated×time	0.8673*** (0.0174)	-0.1146*** (0.0316)	0.0134*** (0.0007)	0.0241*** (0.0015)
控制变量	是	是	是	是
cons	11.5429*** (0.0911)	2.7267*** (0.6124)	-0.6891*** (0.0040)	1.1508*** (0.0301)
国家固定效应	否	是	否	是
时间固定效应	否	是	否	是
R^2	0.0570	0.1708	0.0032	0.0153
N	624530	624530	624530	624530

第三节 双重异质性分析

一、产品异质性检验

为了考察国际环境保护规则对污染密集型产品出口贸易的制约作用相对于清洁产品是否更加显著,在式(9-1)的基础上加入交互项 $pollution \times FTA_{hft}$,建立以下模型:

$$EXPORT_{hfit} = \beta_0 + \alpha_0 FTA_{hft} + \alpha_1 pollution \times FTA_{hft} + \alpha_2 ER_{ft}$$
$$+ \alpha_3 ER_{ht} + \alpha_4 qua_{hfit} + \alpha_5 \ln dist_{hf} + \alpha_6 \ln GDP_{ft}$$
$$+ \alpha_7 \ln GDP_{ht} + \alpha_8 \ln tariff_{fit} + \alpha_7 language_{ft} + \varepsilon_{hfit} \quad (9-8)$$

交互项 $pollution \times FTA_{hft}$ 的系数反映了国际环境保护规则对污染密集型产品出口的影响效应。将 pollution 设置成虚拟变量,若产品属于污染密集型产品,令 pollution = 1;反之, pollution = 0。关于污染密集型产品的划分,借鉴了巴斯(2004)对污染密集型行业的划分标准,将污染治理与控制支出在总成本中占比大于1.8%的行业定义为污染密集型行业。即将工业化学行业、纸和纸浆行业、非金属矿产业、钢铁行业、非铁金属行业这五个行业视为污染密集型行业,这些行业的产品就是污染密集型产品。

表9-6中的列(1)—列(4)是以出口贸易规模为被解释变量的回归结果,并加入国际环境保护规则与 pollution 的交互项。① 估计出的国际环境保护规则系数均为显著为负,再次验证了国际环境保护规则对我国出口贸易规模的抑制作用。交互项系数均为显著的负值,说明了污染密密集型产品相对于清洁产品出口受到了更大程度的抑制。列(5)和列(6)是以出口产品质量为被解释变量的估计结果,限于篇幅因素,文中以国际环境保护规则是否具有法律约束力(legal)来代表国际环境监管,以是

---

① 无论使用哪种衡量自由贸易协定环境条款方式,并加入其与 pollution 交互项后,我国及贸易伙伴的人均二氧化碳排放量指标的系数仍显著为正,再一次验证了国内外环境规制对我国出口贸易规模有着显著负面影响。

否包含环境标准(Sbs)来代表国际环境标准。从回归结果来看,*legal* 与 *Sbs* 的参数值均为显著正值,再次验证了国际环境监督与环境标准对出口产品质量升级的正面促进作用。交互项的系数都是在1%的水平上显著为负,这说明国际环境保护规则对污染密集型产品质量升级的影响效应相较于清洁产品质量升级较弱,国际环境保护规则更有助于清洁产品质量升级。

表 9-6 产品异质性检验

变量	出口规模			出口产品质量		
	(1)	(2)	(3)	(4)	(5)	(6)
legal	−0.9996*** (0.0339)			0.0012*** (0.0002)		
pollution× *legal*	−0.1339*** (0.0502)			−0.0015*** (0.0002)		
frequency		−0.1258*** (0.0049)0				
pollution× *frequency*		−0.0207*** (0.0068)				
Sbs			−0.6438*** (0.0278)			0.0017*** (0.0001)
pollution× *Sbs*			−0.1458*** (0.0301)			−0.0009*** (0.0001)
Chapter				−1.1384*** (0.0598)		
pollution× *frequency*				−0.1897*** (0.0384)		
控制变量	是	是	是	是	是	是
cons	−10.8415*** (0.2407)	−11.7322*** (0.2386)	−14.1527*** (0.2554)	−10.9522*** (0.2395)	−0.6334*** (0.0067)	−0.6294*** (0.0068)
R^2	0.1478	0.1448	0.1434	0.1488	0.0038	0.0038
N	616506	616506	616506	616506	616506	616506

二、国家异质性检验

为了考察国际环境保护规则对不同类型国家的异质性影响,本章将贸易伙伴分为环境规制强度高低不同的两类国家,并按式(9-1)进行聚

第九章 国际环境保护规则分类异质性与出口贸易

类稳健标准误的聚类变量回归。将样本中污染排放量高于污染排放中位数的贸易伙伴划分到环境规制强度低的国家,排放量低于污染排放中位数的贸易伙伴划分到环境规制强度高的国家。选择我国与贸易伙伴签订自由贸易协定中环境保护条款的数量(*frequency*)表示国际环境保护规则。从表9-7的列(1)和列(3)回归结果看,不论贸易伙伴的环境规制强度如何,*frequency* 的系数都在1%的水平上显著为负。其中,贸易伙伴为环境规制强度高的国家时,*frequency* 的系数为-0.1344。贸易伙伴为环境规制强度低的国家时,*frequency* 的系数为-0.1008。结果说明了当贸易伙伴为环境规制强度高的国家时,国际环保规则对我国出口贸易规模增长的抑制作用更大。这个结果与事实是吻合的。比如,2010年欧盟调整了食品中的黄曲霉毒素残留标准之后,我国向欧盟出口农产品受到了严重影响。据欧盟食品和饲料类快速预警系统(RASFF)的数据,我国多批次的花生因抽检不达标被通报及召回。从列(2)和列(4)的回归结果看,国际环保规则对我国出口产品质量的促进作用仍然显著。贸易伙伴为环境规制强度高的国家时,*frequency* 参数值相对更大。该结果说明了当贸易伙伴为环境规制强度高的国家时,国际环保规则对我国出口产品质量升级推动作用更加明显。

结合表9-6与表9-7的回归结果,可以看出国际环境保护规则更加显著地制约污染密集型产品出口及出口产品质量升级。而且,出口到环境规制强度高的国家相对于环境规制弱的国家,国际环境保护规则更加显著地制约了出口贸易规模增长,国际环境保护规则对出口产品质量升级推动作用也更显著,这一结果使假说2得到了验证。

表9-7 国家异质性检验

变量	环境规则强度高		环境规则强度低	
	出口规模	出口产品质量	出口规模	出口产品质量
	(1)	(2)	(3)	(4)
frequency	-0.1344*** (0.0066)	0.0014*** (0.0001)	-0.1008*** (0.0079)	0.0009*** (0.0001)

续表

变量	环境规则强度高		环境规则强度低	
	出口规模	出口产品质量	出口规模	出口产品质量
	（1）	（2）	（3）	（4）
控制变量	是	是	是	是
cons	-9.3981*** (0.3984)	-0.9444*** (0.0098)	-12.3248*** (0.3006)	-0.4072*** (0.0095)
R^2	0.1406	0.0048	0.1467	0.0228
N	310270	310270	306236	306236

第四节 市场筛选效应

现有文献指出,国际环境保护规则会在成员间扩散,并通过外商直接投资以及国际贸易影响企业行为。然而,尚未有学者梳理出国际环境保护规则影响出口贸易的微观机制。本章提出了国际环境保护规则通过产品价格及产品种类的调整,产生市场筛选效应,进而影响出口贸易的理论假说。为了考察国际环境保护规则影响出口贸易的市场筛选效应的存在性,进一步厘清国际环境保护规则是否造成了污染密集型产品价格上升以及出口产品种类下降,继而抑制了污染密集型产品出口规模增长,本书分别检验了国际环保规则与出口产品价格及国际环保规则与出口产品种类之间关系。

表9-8报告了国际环境保护规则对我国出口产品价格影响的回归结果,文中选择是否拥有法律约束力的环境保护条款(legal)、自由贸易协定中是否包含环境标准(Sbs)两个指标衡量国际环境保护规则。表中分别报告了以全部出口产品为样本、污染密集型出口产品为样本以及清洁密集型出口产品为样本的回归结果。在各个组别中估计出的legal、Sbs系数都在1%的水平上显著为正,即具有法律约束力的环境保护条款以及环境标准均促进了我国出口产品价格上升。该结果说明了实施国际环保规则会增加企业环境遵从成本以及生产成本,从而促进了出口产品价

格上升。特别是,当出口产品为污染密集型产品时,legal、Sbs 的系数分别为 0.4612 和 0.2767,高于样本为全部出口产品以及清洁密集型产品时的回归系数。这个结果表明了国际环境保护规则更加显著地造成了污染密集型出口产品价格上升。

表 9-8 国际环境保护规则与出口产品价格变动

变量	全部出口产品		污染密集型出口产品		清洁密集型出口产品	
	(1)	(2)	(3)	(4)	(5)	(6)
$legal$	0.2299*** (0.0254)		0.4612*** (0.0335)		0.1058*** (0.0329)	
Sbs		0.1626*** (0.0231)		0.2767*** (0.0281)		0.0996*** (0.0302)
控制变量	是	是	是	是	是	是
$cons$	0.5336*** (0.1901)	1.2467*** (0.2051)	−2.6599*** (0.2465)	−1.3302*** (0.2647)	1.8750*** (0.2445)	2.2741*** (0.2644)
R^2	0.0076	0.0067	0.0317	0.0239	0.0065	0.0064
N	616506	616506	209024	209024	407482	407482

表 9-9 报告了环境保护规则对我国出口产品种类数量影响的回归结果,仍然选择是否拥有法律约束力的环境保护条款(legal)、自由贸易协定中是否包含环境标准(Sbs)两个指标衡量国际环境保护规则。从全样本及清洁密集型出口产品的列的回归结果来看,国际环保规则与出口产品种类之间存在显著的正相关关系,即国际环保规则促进了我国出口产品种类的增加,这种促进作用在出口产品为清洁密集型出口产品时更为显著。当出口产品为污染密集型出口产品时,legal 与 Sbs 的系数都为负,其中 legal 的系数在 1% 的水平上显著为负,体现出国际环保规则与污染密集型出口产品种类之间的负相关关系,即国际环境保护规则造成了污染密集型产品种类数量的减少。

结合表 9-8 与表 9-9 的回归结果,可以看出实施国际环保规则通过影响出口产品价格以及出口产品转换两个途径制约我国出口贸易增长。国际环境保护规则造成了污染密集型产品价格上升以及出口产品种类下降,继而抑制了污染密集型产品出口规模增长。这一结果使假说3得到了验证,表明国际环保规则存在较为明显的市场筛选效应。

表9—9 国际环境保护规则与出口产品种类变动

变量	全部出口产品		污染密集型出口产品		清洁密集型出口产品	
	(1)	(2)	(3)	(4)	(5)	(6)
legal	0.3130** (0.1462)		−0.0393 (0.2124)		0.5082*** (0.1913)	
Sbs		−0.0476 (0.1133)		−0.4549*** (0.1488)		0.1967 (0.1523)
控制变量	是	是	是	是	是	是
cons	2.1e+03*** (1.5753)	2.1e+03*** (1.5342)	2.0e+03*** (2.4359)	2.0e+03*** (2.3658)	2.1e+03*** (2.0050)	2.1e+03*** (1.9546)
R^2	0.6314	0.6314	0.6070	0.6070	0.6443	0.6443
N	616506	616506	209024	209024	407482	407482

本章突破了现有文献基于国内环境规制考察其"成本效应"与"创新效应"并由此引起出口贸易变动的研究范式,开创性地将国际环境保护规则区分为国际环境监管与国际环境标准,分别考察它们对出口贸易的影响效应。本章构建了拓展的引力模型,以我国签订自由贸易协定的20个国家为对象,选取2004—2018年产品层面出口贸易数据。实证结果表明,实施国际环境监管和国际环境标准均会制约出口贸易增长,却可以推动出口产品质量升级。而且,国际环境标准相对于环境监管规则,更有助于出口产品质量升级。以工具变量法以及双重差分法检验法开展的稳健性检验,证实了估计结果是稳健的。考虑到国际环境保护规则对不同类型国家与不同类型产品的出口产生了非对称影响。在异质性检验中,发现国际环境保护规则更加显著地制约污染密集型产品出口及出口产品质量升级;出口到环境规制强度高的国家相对于环境规制弱的国家,国际环境保护规则更加显著地制约了出口贸易规模增长却更加显著地推动了出口产品质量升级。本章还提出了国际环境保护规则对出口贸易存在市场筛选效应的理论假说。实证结果表明,国际环境保护规则更加显著地造

第九章　国际环境保护规则分类异质性与出口贸易

成了污染密集型产品出口价格上升以及出口种类下降,制约了污染密集型产品出口规模增长。本章提出以下政策建议:第一,积极参与国际经贸规则的制定,建立与发展中国家经济发展相适宜的"环境保护规则"。随着发展中国家兴起,主要经济体之间力量对比的变化,全球经济治理体系正发生深刻的转换与调整。发达国家仍然企图在新一轮国际经贸规则制定中发挥主导作用,将国内的标准与规则向全球推广,使之成为国际通行规则。特别是,在环境保护规则方面,发达国家企图将国内高标准逐渐写入全面与进步跨太平洋伙伴关系协定等超大型协定中,从而成为全球其他国家的效仿对象。为此,我国需要积极参与国际经贸规则的制定,发出"中国声音",着力推动建立与发展中国家经济发展水平相适宜的国际环保规则。第二,加强国内环境规制、优化市场资源配置效率。我国仍需要进一步加强环境立法与完善环境执法,特别是,加快地方环境法律法规的建设,加快淘汰落后产能、提高污染行业的环保标准实现生产过程"清洁化";同时,地方政府加强环境监管力度,对于污染行为做到"零容忍",从而确保资源配置效率优化。第三,加快国内经济结构的调整,实现全要素生产率驱动的发展模式。当前,我国正处于由要素驱动型向全要素生产率驱动型发展模式转变期,通过实施供给侧结构性改革、国际国内双循环等经济结构的调整,扩大优质资源供给,从而更好地提高生产率。以提高效率为主线,推动国际贸易高质量发展,切实提高中国出口产品附加值和出口产品质量。

第十章　国内环境政策、出口产品转换与企业生产率

以习近平同志为核心的党中央高度重视环境保护问题,提出"绿水青山就是金山银山"的发展理念,推动"山水林田湖草沙一体化保护"。颁布了新的《环保法》、实施了河长制、湖长制等富有成效的环境保护法律体系以及系统治理机制。2022年习近平总书记在世界经济论坛视频会议上演讲时强调"发展经济不能对资源和生态环境竭泽而渔,生态环境保护也不是舍弃经济发展而缘木求鱼""全力以赴推进生态文明建设,全力以赴加强污染防治,全力以赴改善人民生产生活环境"①。

政府实施环境规制政策影响了企业生产成本、技术创新,以及生产效率(Ambec 和 Barla,2002;Dechezlepretre 和 Sato,2017)。出口企业相对于内销企业而言,要承担更多的贸易成本,对生产效率提出了更高的要求。环境规制是否能够促进出口企业生产率提升,成为亟须研究的重要问题。倘若环境规制促进出口企业生产率增长,实现了环境改善和效率提升的双重目标,这对于我国生态环境改善和出口贸易持续稳定增长均具有重要意义。倘若环境规制导致出口企业生产率下降,就需要进一步探寻提升出口企业生产率的新路径,以化解环境政策的冲击。此外,我们还注意到,在环境规制冲击下,出口企业生产污染密集型产品将面临较高的环境遵从成本,可能就会加快出口产品转换,主动地减少污染产品种类,增加绿色产品种类。环境规制下出口产品转换行为,不仅是企业内部产品组

---

① 习近平:《坚定信心　勇毅前行　共创后疫情时代美好世界——在2022年世界经济论坛视频会议的演讲(2022年1月17日)》,人民出版社2022年版,第10页。

第十章 国内环境政策、出口产品转换与企业生产率

合的重新调整,而且引起资源重新配置,继而推动生产率水平的提升。为此,本书将进一步考察环境规制是否通过出口产品转换而影响出口企业生产率?

本章首先就环境规制影响出口企业生产率,以及环境规制通过出口产品转换影响企业生产率提出理论假说。其次,使用2004—2013年国泰安数据库的上市公司数据以及中国海关数据库的进出口数据,测度企业出口产品转换率。在此基础上,实证检验环境规制、出口产品转换与企业全要素生产率之间的关系,以及这种关系是否存在显著的异质性。相对于已有文献,本章创新之处在于以下三个方面:第一,从研究视角来看,本章开创性地从出口产品转换行为视角,考察环境规制与企业生产效率之间的关系,深化了对环境规制的生产率效应以及多产品企业出口产品转换行为影响效应的认识边界。第二,从指标测算来看,本书较为合理地测算了出口产品转换率,并考察了不同贸易方式企业、不同规模企业以及不同存续时间企业出口产品转换率的差异性,为学术界开展后续研究提供了研究基础。第三,从研究内容来看,实证结果验证了环境规制通过出口产品转换促进企业生产效率提升的传导机制。并且,传导机制也存在显著的企业异质性。上述研究内容为拓展企业生产率提升新途径提供了理论支撑。

第一节 环境规制影响企业生产率的理论假说

当前,世界各国通过完善环保立法、强化环保执法、提高环境违法处罚标准等多种方式增强环境规制。由于企业是污染治理的主要责任主体,在生产经营过程中,势必受到环境规制的冲击,并进一步作用于企业生产率。一方面,企业为了达到环境标准,要付出治污成本,导致生产成本上升,对企业竞争力产生负面影响,可能降低企业生产率(Gray 和 Shadbegian,2003;Taylor,2012;Feng 等,2017)。比如,企业为了达到环保标准而进行的投资,造成资源配置扭曲,从而引起生产率下降;也可能因成本效应超过了创新补偿效应,而导致生产率下降。另一方面,适度的环

境规制能够为企业带来创新激励,促使企业改进生产技术及设备革新,提高生产效率,达到环境改善与效率提升的双赢目标(Porter 和 Linda,1995;Cohen 和 Tubb,2018;Santis 等,2021)。当然,在不同的环境规制强度条件下,企业反应也会不同,而且在不同地区、行业以及不同类型企业中,企业生产率变动也会表现出多维异质性(Zhou 和 Tang,2021;Peng 等,2021)。

改革开放以来,出口成为拉动中国经济增长的重要力量,并且出口带动了企业生产率提升。尽管出口企业相对于内销企业是否存在更高的生产率存在一定的争议,但对于一般贸易企业而言,出口企业承担了更高的销售成本,面临国内外市场信息不对称,只有高效率的企业才会选择出口,因此,出口企业相对内销企业应具有更高的生产率(马妍妍等,2021)。在"碳达峰""碳中和"目标约束下,我国各级政府加强了环境保护,实施严格的环境规制政策。环境规制对出口企业生产率将产生更加显著的正面影响。首先,环境规制会产生倒逼机制,促进出口企业绿色研发和技术创新,提升生产效率(Copeland 和 Taylor,2004;于斌斌等,2019)。其次,环境规制间接地向国际市场传递出企业生产过程更加透明的信息,增强了利益相关者对企业合规生产的信心,有助于激励出口企业增加投资,加大技术改造,从而提升生产率(Hering 和 Poncet,2014;Dechezleprêtre 和 Sato,2017)。基于此,本书提出假说 1:

假说 1:环境规制有助于促进我国出口企业全要素生产率的提升。

从企业内部产品构成角度来看,多产品出口企业在各国普遍存在,也是我国出口企业中的主体形式(Bernard 等,2010;殷晓鹏等,2018)。多产品出口企业的新产品增加或旧产品退出并不意味着企业进入或退出市场,而是企业内部产品组合的调整,并由此引起资源的重新配置(Bernard 等,2010;Kiyama 和 Yamazaki,2022)。已有文献指出,市场竞争、消费者偏好改变、技术进步、贸易自由化、汇率波动等外部环境冲击都将影响出口企业生产决策,使出口企业放弃生产效率低的产品而转向生产效率高的产品,推动出口产品转换行为(Navarro,2012;Choi 和 Hahn,2013;Ma 等,2014)。

第十章　国内环境政策、出口产品转换与企业生产率

环境规制政策作为外生冲击,增加了污染产品生产成本,从而引起出口企业产品转换行为:增加具有较高竞争力的绿色产品出口,逐步减少甚至放弃竞争力较低的污染产品出口。环境规制下出口产品转换将促进出口企业生产效率提升。主要包含了以下三方面原因:第一,组合效应。环境规制下出口企业污染及清洁产品转换,引起企业内部生产组合变动,会迫使出口企业通过引入更有效率的生产工艺、高技术含量的中间产品,以及生产设备更新改造,使生产工艺与生产过程更加适合绿色产品的生产,带动了生产效率的提升。而且,出口产品转换也将引起中间投入品的重新组合,有利于降低创新成本和提高生产效率。第二,学习效应。出口企业产品转换行为将促进企业内部知识和技术的流动,有助于出口企业对先进技术学习,加快消化吸收,从而提升企业生产效率。比如,季莫申科(Timoshenko,2015)认为,产品转换存在学习效应,提升企业能力和特定产品生产效率。桑瑞聪和范剑勇(2017)认为,多产品企业存在出口的学习效应,并有助于企业生产率提升。第三,补贴效应。在环境规制约束下,出口企业通过新增绿色产品减少污染产品的转换行为将会减少污染排放,不仅能够达到政府要求的碳减排目标,规避环境违规处罚,而且能够享受到各级政府出台的金融支持、税收减免、财政补贴、人才激励等系列政策,缓解企业资金压力和生存风险,也将有助于提高生产效率。基于此,本书提出假说2:

假说2:环境规制通过出口产品转换行为而促进我国出口企业全要素生产率的提升。

环境规制下出口产品转换行为反映了企业生产经验和技术积累之后,具备生产具有竞争力产品的能力。提高出口产品转换机会以及增加转换频繁也将是增强生产效率的重要途径。环境规制通过出口产品转换对企业生产效率影响效果还取决于企业特征。第一,贸易方式。一般贸易企业、加工贸易企业以及混合贸易企业存在异质性影响。加工贸易企业相对于其他类型企业而言,大多没有自有技术、品牌和销售渠道,企业规模小并且生产率较低,无法自主选择产品转换。环境规制难以促进加工贸易企业出口产品转换以及生产率提升。因此,环境规制通过出口产

品转换促进企业生产效率的传导机制存在不同贸易方式企业的异质性影响。第二,企业规模。大企业和小企业在研发能力、资金规模等方面存在一定差异,企业对环境规制反应程度以及产品转换行为也是不同的。一般而言,出口企业规模越大、产品种类越丰富,出口产品转换行为也越频繁(殷晓鹏等,2018)。环境规制对大企业出口产品转换以及生产率提升的影响更加显著。环境规制通过出口产品转换促进企业生产效率的传导机制存在不同规模企业的异质性影响。第三,企业存续时间。存续时间长短不同的企业在应对市场波动以及抵抗风险能力等方面存在一定差异。存续时间较长的企业,经验丰富,在环境规制冲击下,更可能通过产品种类调整来应对。环境规制对存续时间长的企业出口产品转换及生产率提升作用更加显著。因此,环境规制通过出口产品转换促进企业生产效率的传导机制存在存续时间企业的异质性影响。基于此,本书提出假说3:

假说3:环境规制通过出口产品转换对出口企业全要素生产率提升的影响存在贸易方式、企业规模以及存续时间的异质性。

第二节 企业出口产品转换率的测算与分析

一、出口产品转换率的测算

本章借鉴伯纳德等(2010)的方法,考察上市公司出口产品转换率、出口产品增加率及出口产品淘汰率。出口产品转换率是以当年企业新增的出口产品种类以及淘汰的出口产品种类与上一年企业出口产品种类总量之比计算得出。出口产品增加率是以当年企业新增的出口产品种类与上一年企业出口产品种类总量之比计算得出。出口产品淘汰率是以当年企业减少的出口产品种类与上一年企业出口产品种类总量之比计算得出。公式如下:

$$swicth_{it} = \frac{(newp_{it} + reducep_{it})}{totalp_{i(t-1)}} \qquad (10-1)$$

第十章　国内环境政策、出口产品转换与企业生产率

$$add_{it} = \frac{newp_{it}}{totalp_{i(t-1)}} \quad (10-2)$$

$$dele_{it} = \frac{reducep_{it}}{totalp_{i(t-1)}} \quad (10-3)$$

公式中的 $swicth_{it}$ 是企业 i 在 t 年的出口产品转换率，add_{it} 是企业 i 在 t 年的出口产品增加率，$dele_{it}$ 是企业 i 在 t 年的出口产品淘汰率。$newp_{it}$、$reducep_{it}$ 分别代表企业 i 在 t 年新增的出口产品种类与减少的出口产品种类数量。$totalp_{i(t-1)}$ 是代表企业 i 在 $t-1$ 年的出口产品种类数量。本书还需计算污染产品（pollution）出口转换率与绿色产品（green）出口转换率，以及污染产品出口淘汰率和绿色产品出口增加率。

二、测算结果分析

根据计算出的出口产品转换率、出口产品增加率以及出口产品淘汰率，绘制出 2004—2013 年上述三个指标的变化趋势（见图 10-1）。在样本期内企业平均保持接近 50% 的出口产品转换率，反映出企业出口产品转换行为较为频繁。与其他国家相比，中国出口产品转换率相对较高。比如，戈尔德贝里等（Goldberg 等，2010）以及伯纳德和奥库珀（Bernard 和 Okubo，2013）测算出的日本和印度企业出口产品转换率约为 28%。已有文献指出，出口产品转换既是企业出口增长的源泉，也是企业内部资源再配置的重要形式（Bernard 等，2010；吴小康、于津平，2018）。中国出口转换率相对较高，反映了中国企业出口规模和范围快速增长的态势。企业出口产品转换率以及出口产品淘汰率在 2006 年有一个明显的峰值，这个结果与中国外贸外资政策重大调整有着密不可分的联系。自 2004 年起我国下调或取消了部分资源性产品出口退税，2005 年《中华人民共和国国民经济和社会发展第十一个五年规划纲要》提出控制"两高一资"行业发展。政策调整使出口企业加快产品结构调整，加速淘汰低效率产品。

图 10-2 描绘了污染产品出口转换率以及绿色产品出口转换率的变化趋势，可以看出，在样本期内企业绿色产品出口转换率高于污染产品出

(单位：%)

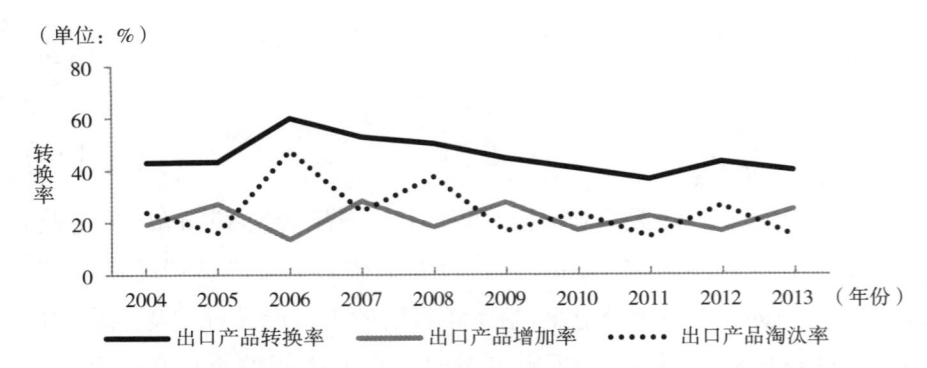

图10-1　2004—2013年出口产品转换率、出口产品增加率以及出口产品淘汰率

口转换率，表明企业绿色产品转换行为较于污染产品转换行为更频繁。图10-2还描绘了污染产品出口淘汰率和绿色产品出口增加率。从变动趋势来看，绿色产品出口增加率超过了污染产品出口淘汰率。也进一步表明了绿色产品转换行为相对于污染产品转换行为更频繁。该结果在一定程度上反映了在严格的环境规制下我国出口企业加快了绿色产品研发和创新，提高了绿色产品出口种类。此外，本章还计算了2004—2013年污染产品出口额占企业出口总额比重的变化情况。污染产品占比由2004年的16.23%下降至2013年的7.10%，这意味着企业出口贸易中的污染产品规模和种类均呈现下降趋势，反映了我国出口产品结构"清洁化"趋势。

(单位：%)

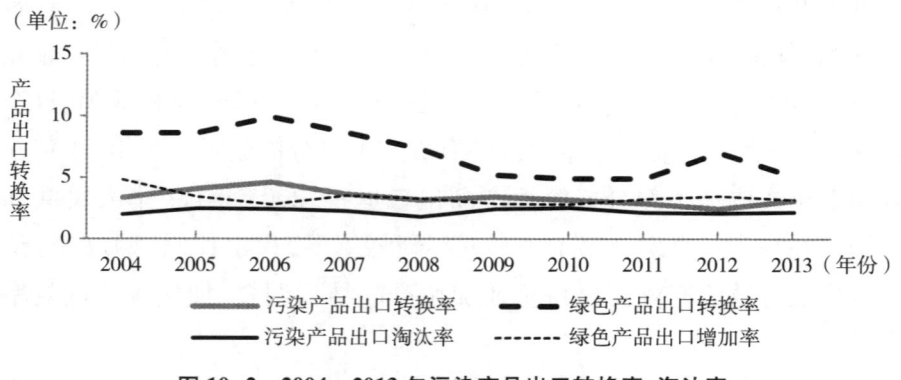

图10-2　2004—2013年污染产品出口转换率、淘汰率以及绿色产品出口转换率、增加率

第十章 国内环境政策、出口产品转换与企业生产率

按照贸易方式,将出口企业分为一般贸易企业、加工贸易企业和混合企业。加工贸易企业主要从事出口加工区进口设备、出料加工贸易、进料加工贸易、来料加工装配进口的设备、来料加工装配贸易。混合企业则是存在一般贸易和加工贸易两种贸易方式。表 10-1 展示的是不同贸易方式的企业出口产品转换行为,可以看到,无论是一般贸易企业、混合企业还是加工贸易企业,每年都有超过 90% 的企业进行了出口产品转换。具体而言,一般贸易企业平均每年约有 92% 发生产品转换,而混合企业约为 93%、加工贸易企业约为 89%,加工贸易企业产品转换率略低于其他两类企业。该结果与加工贸易企业没有自主品牌和核心技术,难以主动调整产品组合有着一定关系。

表 10-1 不同贸易方式企业出口产品转换率   （单位:%）

贸易方式	一般贸易企业	加工贸易企业	混合企业
不改变	7.52	10.45	6.84
选择新增	17.06	18.14	17.09
选择淘汰	15.92	13.29	12.77
既新增又淘汰	59.49	60.11	63.31

不同规模的企业产品转换行为也是有所差异的。为此,本章将样本中总资产规模大于总资产均值的出口企业划分为大规模企业,将总资产规模小于或等于总资产均值的企业界定为小规模企业。从表 10-2 可以看出,平均每年有近 95% 的大企业会选择进行产品组合的调整,这一比例略大于小企业(小企业约为 90%)。此外,表中结果还显示,无论规模大小的企业,在进行产品组合调整时,都会更倾向于同时增加新产品与淘汰旧产品。但是,小企业选择新增产品种类及淘汰旧产品的比例为 50.83%,明显低于大企业。该结果反映了企业在选择新增产品及淘汰旧产品时,存在风险和不确定性。大企业有着足够实力通过新增产品及淘汰旧产品方式进行产品组合调整。

表 10-2 不同规模企业的出口产品转换率　　（单位:%）

贸易方式	小规模企业	大规模企业
不改变	9.46	5.08
选择新增	22.32	16.35
选择淘汰	17.38	11.67
既新增又淘汰	50.83	66.17

企业存续时间在一定程度上能够反映企业经营状况以及生存韧性。表 10-3 展示的是不同存续时间的企业出口产品转换率,样本中存续时间达到 20 年以上的企业会更多地调整产品组合,平均每年有 93% 会作出产品转换行为。存续时间为 5 年以下、5—10 年、11—15 年、16—20 年的企业,平均每年有 82%、91%、90%、88% 的企业会选择进行出口产品转换。该结果反映出存续时间长的企业,并没有"安于现状"而更愿意调整产品组合。同时,企业存续时间越长,越倾向于只选择新增产品,而旧产品的淘汰越少。这可能是因为存续时间长的企业在长期的市场竞争中已经淘汰了大部分低效率产品,留存下来的大多是更具竞争力的产品。

表 10-3 不同存续时间的企业出口产品转换率　　（单位:%）

贸易方式	5 年以下	5—10 年	11—15 年	16—20 年	20 年以上
不改变	18.18	8.59	10.39	12.50	7.58
选择新增	36.36	26.56	29.87	25.96	36.36
选择淘汰	9.09	3.91	7.36	3.85	3.03
既新增又淘汰	36.36	60.94	52.38	57.69	53.03

第三节　模型、变量与数据

一、基本回归模型

为了考察环境规制与出口企业全要素生产率之间关系,本章构建以下计量模型:

$$tfp_{ijt} = \alpha_0 + \alpha_1 EI_{jt} + \alpha_2 \ln rev_{ijt} + \alpha_3 \ln mw_{ijt} + \alpha_4 \ln I_{ijt} + \alpha_5 age_{ijt} + \varepsilon_{it}$$

(10-4)

式(10-4)中,下标 i、j、t 分别表示企业、地区和年份,被解释变量 tfp_{ijt} 代表企业 i 在 t 年度全要素生产率。EI_{jt} 代表地区 j 环境规制强度。控制变量包括了企业规模($\ln rev_{ijt}$)、平均工资($\ln mw_{ijt}$)、投资额($\ln I_{ijt}$)以及企业年限(age_{ijt})等企业层面变量。ε_{it} 表示误差项。

为了考察出口产品转换是否在环境规制与出口企业全要素生产率之间起到中介作用,本章在基本模型的基础上,构建以下的中介效应模型:

$$M_{ijt} = \beta_0 + \beta_1 EI_{jt} + \beta_2 \ln rev_{ijt} + \beta_3 \ln mw_{ijt} + \beta_4 \ln I_{ijt} + \beta_5 age_{ijt} + \varepsilon_{it} \quad (10-5)$$

$$tfp_{ijt} = \gamma_0 + \gamma_1 EI_{jt} + \gamma_2 M_{ijt} + \gamma_3 \ln rev_{ijt} + \gamma_4 \ln mw_{ijt} + \gamma_5 \ln I_{ijt} + \gamma_6 age_{ijt} + \varepsilon_{it} \quad (10-6)$$

其中,M_{ijt} 是中介变量,为出口产品转换率。根据中介效应的检验方法,首先对式(10-4)进行检验,如果估计出的环境规制强度参数值显著为正,说明环境规制促进了出口企业生产率的提升。其次基于式(10-5)考察环境规制与中介变量之间的关系。如果估计出的环境规制强度参数值显著为正,说明了环境规制与中介变量之间是正面关系,环境规制促进了出口产品转换行为。最后基于式(10-6)检验,并将估计结果进行对比。如果加入中介变量之后,环境规制对出口企业生产率的影响减弱甚至消失,意味着环境规制的影响至少有一部分来自中介变量(出口产品转换),中介效应是存在的。

二、变量设置

1. 全要素生产率

本章分别使用最小二乘法估计、OP 方法(Olley 和 Pakes,1996)、LP 方法(Levinsohn 和 Petrin,2003)[1],计算出口企业全要素生产率。本章以企业营业收入衡量企业产出,以上市公司初始的固定资产净额衡量企业

---

[1] Olley G. S., Pakes A., The Dynamics of Productivity in the Telecommunications Equipment Industry, *Econometrica*, Vol. 64, No. 6, 1996, pp. 1263 – 1297; Levinsohn J., Petrin A., Estimating Production Functions Using Inputs to Control for Unobservables, *Review of Economic Studies*, 2003, pp.317-341.

初始资本存量,以企业购进固定资产、无形资产和其他长期资产支付衡量企业投资。将企业销售收入、管理费用与财务费用的和减去企业支付给员工现金支出后的数值作为中间投入。以企业财务报表中的固定资产折旧、油气资产折耗、生物性生物资产折旧额衡量折旧,文中使用1990年为基期的固定资产折旧指数进行平减。构建柯布—道格拉斯生产函数:$Y_{it} = A_{it}A_{it}L_{it}^{\alpha}K_{it}^{\beta}$,公式中的下标$i$、$t$分别表示企业和年份,$Y_{it}$代表企业$i$在$t$年的产出,以上市公司主营业务收入衡量;$L_{it}$、$K_{it}$分别代表企业$i$在$t$年的劳动投入和资本投入,分别使用上市公司员工人数和固定资产净额来衡量;A_{it}代表全要素生产率。

对公式等号左右两边同时取对数,使用最小二乘法估计模型估算全要素生产率。因为使用普通最小二乘法估计衡量全要素生产率时,不可避免地会产生内生性问题和选择性偏差问题。为了解决上述问题,本章借鉴奥利和帕克斯(Olley和Pakes,1996)、莱文森和佩特林(Levinsohn和Petrin,2003)的方法,分别通过OP、LP方法再次估算了全要素生产率。其中OP法是以投资作为生产率的代理变量,而LP法则是使用中间投入作为生产率的代理变量,进而计算得出全要素生产率。使用了永续盘存法来估算企业投资额:

$$K_{it} = K_{i,t-1} - DEP_{it} + I_{it} \qquad (10-7)$$

式(10-7)中,下标i、t分别代表企业与时间,K、I和DEP则分别代表各个企业在每年的资本、投资以及折旧,按照1990年为基期的固定资产折旧指数进行了平减。具体地,以企业构建固定资产、无形资产和其他长期资产支付的现金衡量企业投资。将企业销售收入、管理费用与财务费用的和减去企业支付给员工以及为员工支付的现金后得到的值作为中间投入。以企业财务报表中的固定资产折旧、油气资产折耗、生物性生物资产折旧额来衡量折旧。

2. 环境规制强度

构建一个由多个指标组成的综合体系来衡量环境规制强度。文中使用地级市层面的二氧化硫去除率、烟(粉)尘去除率和固体废物综合利用率,分别对这三个指标进行了标准化处理。与此同时,以该地级市污染物排放与全国该污染物排放总量的占比,以及该地级市工业产值与全国的占比作为权重。把标准化处理后的指标乘上计算出的权重并加总,再取均值便得到环境规制强度。

3. 控制变量

本章选取的控制变量有:(1)企业规模(lnrev),使用企业营业收入来衡量企业规模。一般而言,企业规模越大越有足够实力进行研发投入和技术改造,从而有利于技术创新,推动企业生产率提升。(2)企业平均工资(lnmw),用企业支付给员工以及为员工支付的现金除以员工人数计算得到。工资水平对企业生产率变动存在"倒逼机制",工资上涨之后,企业面临着用工成本上升,迫使企业进行要素替代型技术创新,促进了生产率提升。(3)企业投资总额(ln$I$),以构建固定资产、无形资产和其他长期资产支付的现金进行衡量。当投资与技术进步相互融合,投资中随着资本增强型技术进步,将会带动企业生产率提升。当投资与低技能劳动力相匹配,投资并非促进企业生产率提升。因此,投资与生产率之间存在一定的不确定性。(4)企业年限(age),以当年与企业建立年份的差值再加1进行衡量。随着企业年限的增加,逐渐迈入成熟期,企业因"路径依赖"而缺乏创新动力,可能导致企业生产率下降。

三、数据来源

本章使用2004—2013年国泰安数据库的上市公司财务及基本信息数据以及中国海关数据库的进出口数据,通过企业名称将这两个数据库进行匹配。地级市层面的二氧化硫去除率、烟(粉)尘去除率和固体废物综合利用率这三个指标数据来源于中国城市数据库及中国环境数据库。文中将污染密集型行业,即工业化学行业、纸和纸浆行业、非金属矿产业、钢铁行业、非铁金属行业这五个行业的产品,视为污染密集型产品。这五个污染行业SITC编码包括:有机化学(51)、无机化学(52)、工业肥料(562)、其他化工原料(59)、纸浆和废纸(251)、纸和硬纸板(641)、切割纸和纸板(642)、非金属矿产品(66)、钢和铁(67)、银和铂(681)、铜(682)、镍(683)、铅(685)、锌(686)、锡(687)以及其他非铁金属(689)。

参考史沛然(2020)的做法,整合了世界银行、联合国亚洲及太平洋经济社会委员会等国际机构对绿色产品的界定范围,将清洁能源产品、环境友好型产品、可再生能源产品界定为绿色产品,最终整理出114种产品。表10-4报告了主要变量的描述性统计。

表10-4 主要变量的描述性统计

变量名	变量解释	Obs	Mean	Std.Dev.	min	max
tfp_op	以OP方法计算的企业全要素生产率的对数值	63448	7.708	0.739	4.415	10.36
tfp_lp	以LP方法计算的企业全要素生产率的对数值	75515	8.556	0.832	5.054	11.17
tfp_ols	以最小二乘法估计计算的企业全要素生产率的对数值	75515	0.051	0.311	−2.581	3.232
EI	环境规制强度	47417	0.333	0.838	0.011	25.03
$lnrev$	企业营业收入对数值	75515	19.53	1.509	14.53	24.26
$lnmw$	企业平均工资对数值	75515	1.212	1.519	−3.179	11.63
lnI	企业投资额对数值	75515	17.74	1.720	8.523	23.08
age	企业年限对数值	75515	2.240	0.536	0	3.296
$switch$	企业出口产品转换率	57786	0.465	0.218	0	1
g_switch	企业绿色产品出口转换率	16295	10.608	17.855	0	0.5111
$poswitch$	企业污染产品出口转换率	75531	0.0417	0.073	0	0.419

第四节 环境规制影响企业生产率的实证结果分析

一、基准回归分析

本章使用双向固定效应模型,同时控制了时间、个体固定效应,估计结果见表 10-5。表中的列(1)—列(3)展示的是只控制个体的固定效应,被解释变量分别是以 OP、LP、最小二乘法估计方法衡量的企业全要素生产率的回归结果。列(4)—列(6)则展示了同时控制个体和时间固定效应时的回归结果。无论是否同时控制时间和个体固定效应,环境规制强度的系数都在 1% 的水平上显著为正。表明了环境规制对出口企业全要素生产率起到正向的促进作用。证明了假说 1 是成立的。这一结果同波特和琳达(Porter 和 Linda,1995)、桑蒂斯等(Santis 等,2021)等的研究结论一致。当前,中央政府已将生态环境质量列入了地方政府考核的重要指标,地方政府在实施环境政策时,已由最初的"底部竞争"转向了高标准环境政策看齐的"标尺型"环境政策。地方政府不仅严格实施环境立法、环境监管等正式环境规制,而且还实施了环境违规约谈等非正式环境规制。在此背景下,出口企业势必容易形成环境规制趋于严格的稳定预期,就会主动改进生产经营模式和生产工艺,从而提高全要素生产率。

从控制变量来看,企业营业收入以及平均工资两个指标的系数都显著为正,说明营业收入越高、平均工资越高,越有助于提升企业全要素生产率。企业投资额与企业年限两个指标的估计系数显著为负,这意味着企业增加投资并不一定会带来生产率的上升,创办企业年限并不会有助于提高企业全要素生产率。

表 10-5　环境规制与出口企业全要素生产率的基准回归结果

变量	tfp_op (1)	tfp_lp (2)	tfp_ols (3)	tfp_op (4)	tfp_lp (5)	tfp_ols (6)
EI	0.0119*** (0.0021)	0.0094*** (0.0021)	0.0105*** (0.0022)	0.0104*** (0.0012)	0.0011*** (0.0004)	0.0004 (0.0004)
$lnrev$	0.5021*** (0.0097)	0.5670*** (0.0096)	0.5996*** (0.0086)	0.6312*** (0.0087)	0.7651*** (0.0056)	0.8032*** (0.0039)
$lnmw$	0.1866*** (0.0049)	0.1806*** (0.0036)	0.2181*** (0.0034)	0.2100*** (0.0045)	0.2302*** (0.0027)	0.2697*** (0.0021)

续表

变量	tfp_op （1）	tfp_lp （2）	tfp_ols （3）	tfp_op （4）	tfp_lp （5）	tfp_ols （6）
$\ln I$	-0.0128 *** （0.0028）	-0.0373 *** （0.0027）	-0.0115 *** （0.0022）	-0.0151 *** （0.0028）	-0.0501 *** （0.0020）	-0.0256 *** （0.0012）
age	-0.8183 *** （0.0161）	-1.0660 *** （0.0186）	-0.9618 *** （0.0179）	-0.1912 *** （0.0189）	-0.2414 *** （0.0105）	-0.1220 *** （0.0067）
$cons$	-0.3351 ** （0.1569）	0.2868 ** （0.1432）	-9.6211 *** （0.1229）	-3.7584 *** （0.1619）	-4.5182 *** （0.1028）	-14.5132 *** （0.0719）
个体固定效应	是	是	是	是	是	是
时间固定效应	否	否	否	是	是	是
R^2	0.3280	0.5967	0.6543	0.4441	0.8263	0.9122
N	39618	47414	47414	39618	47414	47414

二、内生性检验

本章选择工具变量法并使用两阶段最小二乘法（2SLS）进行内生性检验，结果见表10-6。本章选择地级市人均二氧化碳排放量（$cityco_2$）以及环境规制的滞后一期（L.ei）作为工具变量，这两个变量与环境规制（EI）相关，但又属于外生变量。表10-6分别展示了工具变量回归的第一阶段和第二阶段的估计结果，估计结果显示工具变量不可识别检验、弱工具变量检验以及过度识别检验的p值都为0.0000，强烈拒绝原假设，证明了两个工具变量均是有效的。第一阶段回归结果验证了上述两个工具变量的相关性，地级市的人均二氧化碳排放量（$cityco_2$）的估计系数显著为负，反映了人均二氧化碳排放量与环境规制强度之间的负相关关系。地级市人均二氧化碳排放量越高，也就意味着该地环境规制强度越弱。从第二阶段回归结果可以看出，环境规制强度的系数在1%的水平上显著为正，再次验证了环境规制强度的提高将有助于提升出口企业全要素生产率，估计结果符合本章的理论假说，与基准回归模型的估计系数相比略有增加。

表 10-6 内生性检验

变量	tfp_op （1）	tfp_lp （2）	tfp_ols （3）
二阶段回归结果			
EI	0.0989*** (0.0179)	0.1871*** (0.0129)	0.1571*** (0.0104)
控制变量	是	是	是
cons	0.5868*** (0.1413)	-1.4357*** (0.0923)	-1.2859*** (0.0831)
R^2	0.5936	0.7971	0.2953
N	15380	18450	18450
一阶段回归结果			
L.ei	0.2007*** (0.0026)	0.2259*** (0.0025)	0.2259*** (0.0025)
$cityco_2$	-0.0017*** (0.0001)	-0.0016*** (0.0000)	-0.0016*** (0.0000)
控制变量	是	是	是
R^2	0.3822	0.4027	0.4027
N	15380	18450	18450

三、稳健性检验

为证明实证结果的稳健性,本章通过改变实证模型、增加可能的遗漏变量、改变实证样本、安慰剂检验几种方法进行稳健性检验。

（一）使用多维面板固定效应估计模型进行回归

多维面板固定效应估计模型能在保证计算速度的同时,控制三维甚至更高维度的数据。本书使用多维面板固定效应估计模型,同时控制企业、产品、时间三维固定效应来进行稳健性检验。表 10-7 的列（1）—列（3）分别展示了以 OP、LP、最小二乘法估计法估算企业全要素生产率的回归结果。估计出的环境规制强度的系数仍在不同的水平上显著为正。同时,控制变量系数的正负方向也与基准回归一致。证明了基准回归结果的稳健性。

表10-7 使用多维面板固定效应估计模型的回归结果

变量	tfp_op (1)	tfp_lp (2)	tfp_ols (3)
EI	0.0126*** (0.0012)	0.0016** (0.0006)	0.0011** (0.0004)
控制变量	是	是	是
cons	−4.2781*** (0.0805)	−5.0529*** (0.0386)	−15.1369*** (0.0260)
企业固定效应	是	是	是
产品固定效应	是	是	是
时间固定效应	是	是	是
R^2	0.9563	0.9903	0.9584
N	38155	46028	46028

（二）考虑企业的贸易方式

为了考察出口贸易方式是否影响了环境规制对企业全要素生产率的影响效应，将样本中删除加工贸易企业之后重新进行检验。表10-8的回归结果可以看出，无论以何种方法衡量企业全要素生产率，估计出的环境规制强度系数仍显著为正，体现了环境规制与企业全要素生产率之间存在显著的正向关系。将表10-8结果与表10-5的基准回归结果比较，发现剔除加工贸易企业，以一般贸易及混合企业为样本，估计出的环境规制强度参数值均存在不同程度的上升。该结果在一定程度上也说明了环境规制对加工贸易企业生产率提升效应要弱于一般贸易及混合企业。

表10-8 剔除加工贸易企业后的回归结果

变量	tfp_op (1)	tfp_lp (2)	tfp_ols (3)	tfp_op (4)	tfp_lp (5)	tfp_ols (6)
EI	0.0124*** (0.0021)	0.0097*** (0.0021)	0.0105*** (0.0022)	0.0108*** (0.0012)	0.0018*** (0.0005)	0.0007* (0.0004)
控制变量	是	是	是	是	是	是
cons	−0.3022* (0.1641)	0.2606* (0.1472)	−9.6603*** (0.1254)	−3.7343*** (0.1739)	−4.4594*** (0.1100)	−14.5134*** (0.0755)

续表

变量	tfp_op	tfp_lp	tfp_ols	tfp_op	tfp_lp	tfp_ols
	（1）	（2）	（3）	（4）	（5）	（6）
个体固定效应	是	是	是	是	是	是
时间固定效应	否	否	否	是	是	是
R^2	0.3461	0.5994	0.6576	0.4612	0.8250	0.9133
N	36440	43609	43609	36440	43609	43609

四、安慰剂检验

基于前文的回归结果研究发现,环境规制与出口企业全要素生产率之间存在显著的正向关系。为了进一步确认这种效应是由于环境规制引起的,而不是其他随机因素引起的,本章使用随机生成实验组的方式进行安慰剂检验。当真实的政策效应与安慰剂检验结果显著不同时,就可排除其他随机因素对结果的干扰。理论上而言,随机生成环境规制强度变量(EI)与企业全要素生产率之间不存在关联关系。随机生成的环境规制强度变量(EI)的回归系数 $\hat{\beta}$ 为：

$$\hat{\beta} = \beta + \gamma \frac{cov(EI, \varepsilon \mid W)}{var(EI, \varepsilon \mid W)} \tag{10-8}$$

式(10-8)中,W代表控制变量。提取回归系数 $\hat{\beta}$,并将以上的步骤重复1000次,将回归得到的回归系数 $\hat{\beta}$ 以下图的方式呈现。图10-3中的回归系数 $\hat{\beta}$ 集中分布在0附近,并符合正态分布,回归系数 $\hat{\beta}$ 的均值约为0.0001。结果表明虚拟回归的系数接近于0,随机生成的变量对本书的结果变量的影响微乎其微,符合安慰剂检验的预期,证明了前文回归结果的稳健性。

第五节 中介效应检验结果分析

前文已经验证环境规制与出口企业全要素生产率之间的正向关系,接下来根据式(10-4)、式(10-5)、式(10-6),探讨环境规制是否通过出

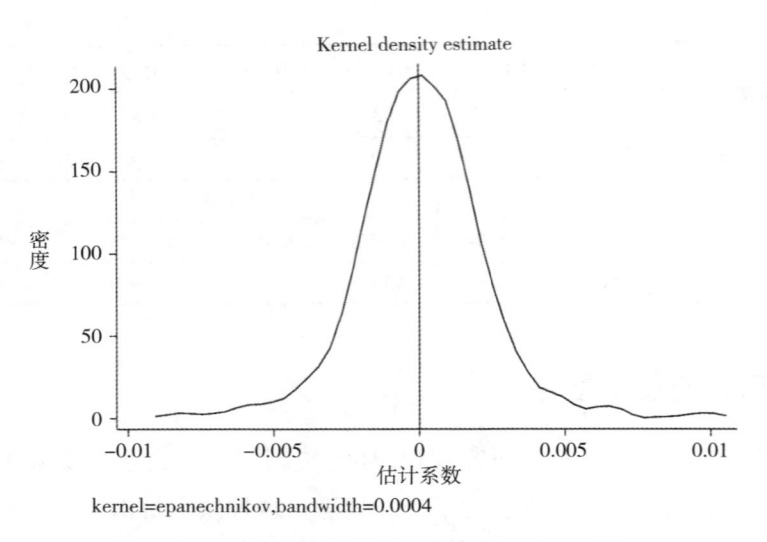

[图表: Kernel density estimate，横轴为估计系数（-0.01 至 0.01），纵轴为密度（0 至 200）；kernel=epanechnikov, bandwidth=0.0004]

图 10-3　安慰剂检验

口产品转换引起企业全要素生产率的变化。被解释变量选择以 OP 法衡量的企业全要素生产率。

一、以出口产品转换率为中介变量

表 10-9 展示了环境规制通过出口产品转换影响企业全要素生产率的估计结果。列（1）结果显示环境规制显著地提升出口企业全要素生产率。列（2）与列（3）分别报告了基于式（10-5）和式（10-6）的估计结果，估计出的环境规制强度参数值分别为 0.0040 和 0.0572。结果表明环境规制促进了出口产品转换。将列（3）的环境规制参数值估计结果与列（1）的估计值（0.0573）相比，参数值有所下降。表明中介效应是存在的，环境规制通过出口产品转换行为促进了企业全要素生产率提升。该结果证明了假说 2 是成立的。我国政府是产业政策以及环境政策的主导者，长期以来倾向于采取"选择性"产业政策，对低碳环保产业、战略性新兴产业补贴，还提供土地、税收优惠，甚至给予水、电、气等补贴。政府将产业政策与环境政策组合使用，降低了清洁产品企业生产成本，引起产品转换，并提升了生产效率。因此，积极推动企业加速产品转换，是本书蕴含

的重要政策含义。

表10-9 "环境规制—出口产品转换—企业全要素生产率"的路径检验

变量	tfp_op （1）	switch （2）	tfp_op （3）
EI	0.0573*** （0.0028）	0.0040*** （0.0013）	0.0572*** （0.0028）
$switch$			0.0130*** （0.0016）
控制变量	是	是	是
$cons$	0.4659*** （0.0461）	0.5125*** （0.0195）	0.4588*** （0.0420）
R^2	0.5467	0.0056	0.5467
N	36005	36005	36005

二、中介变量的细分

为了进一步观察企业出口产品转换行为中的绿色产品与污染产品转换行为，本章将出口产品转换率细分后，将绿色产品出口增加率和污染产品出口淘汰率作为中介变量，重新开展机制检验。结果列于表10-10和表10-11。

表10-10展示了以绿色产品出口种类增加率为中介变量的估计结果。其中，列（1）报告了环境规制对出口企业全要素生产率的影响效应，结果显示环境规制显著地提升了出口企业全要素生产率。列（2）报告了环境规制与中介变量（绿色产品出口种类增加率）的关系，结果表明环境规制促进了绿色产品出口增加率的增长。列（3）报告了基于式（10-6）的估计结果，估计出的环境规制强度参数值为0.0251，并且通过了显著性检验。与列（1）中的估计值（0.0299）相比，有所下降，表明环境规制通过绿色产品出口种类增加而促进企业全要素生产率提升的传导机制是存在的。

表10-10 "环境规制—绿色产品出口增加率—企业全要素生产率"的路径检验

变量	tfp_op (1)	g_switch (2)	tfp_op (3)
EI	0.0299*** (0.0126)	0.0023*** (0.0009)	0.0251*** (0.0125)
g_switch			2.1083*** (0.4461)
控制变量	是	是	是
cons	-2.3969*** (0.2257)	0.0342** (0.0160)	-2.4691*** (0.2238)
R^2	0.7179	0.0108	0.7242
N	10534	10534	10534

表10-11展示了以污染产品出口种类淘汰率为中介变量的估计结果。列(1)结果显示出环境规制显著地提升出口企业全要素生产率。列(2)结果显示环境规制与中介变量(污染产品出口淘汰率)之间是正面关系。列(3)报告了加入中介变量之后的估计结果,估计出的环境规制强度的参数值为0.0592,与列(1)中的估计值(0.0602)相比,有所下降。表明中介效应是存在的,环境规制通过污染产品出口种类减少而促进企业生产效率提升。

表10-11 "环境规制—污染产品出口淘汰率—企业全要素生产率"的路径检验

变量	tfp_op (1)	poswitch (2)	tfp_op (3)
EI	0.0602*** (0.0028)	0.0033* (0.0018)	0.0592*** (0.0020)
poswitch			0.0103*** (0.0024)
控制变量	是	是	是
cons	0.3112*** (0.0410)	0.0182*** (0.0023)	0.1739*** (0.0022)
R^2	0.5637	0.0085	0.5829
N	39618	39618	39618

三、传导机制的异质性检验

环境规制对出口企业生产率的影响会因企业贸易方式、规模以及存续时间等自身特征而存在异质性影响。接下来,本书着重考察传导机制是否存在企业异质性。使用以 LP 方法衡量的企业全要素生产率,并以企业出口产品转换率(switch)作为中介变量进行回归,结果见表 10-12。[①] 总体来看,环境规制通过出口产品转换促进企业生产率提升在各类企业中基本上都是存在的。只不过,企业因自身特征不同而导致的影响效应存在一定的差异性。第一,贸易方式。列(1)和列(2)报告了基于不同贸易方式的传导机制异质性检验结果。对于一般贸易企业和混合贸易企业而言,估计出的环境规制强度以及出口产品转换率的参数值均为正值,且通过了 1% 的显著性检验。对于加工贸易企业而言,这两个变量参数值均不显著,而且出口产品转换率的参数值为负值。估计结果表明,环境规制通过出口产品转换促进企业生产效率的传导机制在一般贸易企业中是存在的,而对于加工贸易企业并不存在。主要的原因在于加工贸易企业大多属于没有品牌、技术,也没有完善的销售渠道,仅仅为国外厂商加工定制产品赚取少量加工费用,这类企业生产率也相对较低。环境规制的冲击难以激励加工贸易企业进行产品转换和提升生产效率。第二,企业规模。列(3)和列(4)报告了基于不同规模企业的传导机制异质性检验结果。估计出的环境规则强度以及出口产品转换率的参数值均为正值,且通过了 1% 的显著性检验。该结果说明了环境规制通过出口产品转换促进企业生产率提升的传导机制在大企业和小企业中都是存在的。检验结果还显示出环境规制及出口产品转换率对大企业的影响程度明显地高于小企业。造成这个结果的原因在于大企业不仅资金实力强,有足够能

[①] 在企业层面的异质性检验中,本书能够得到环境规制对一般贸易企业生产率提升的影响程度要高于加工贸易企业;环境规制对大企业生产率提升的影响程度高于小企业;环境规制对存续时间长的企业全要素生产率提升的影响程度高于存续时间短的企业。关于环境规制与出口产品转换之间关系的检验中,得到的环境规制与出口产品转换率之间正面关系在各类企业中也是存在的,特别是,环境规制更加显著地促进了一般贸易企业、大企业以及存续时间长的企业出口产品转换(考虑篇幅,上述结果没有列出)。

力进行技术改造和绿色创新来提升生产率。而且,大企业相对于小企业更易获得政府补贴及金融机构的贷款支持,从而降低了企业生产成本,为提高生产率提供有力的支持。第三,企业存续时间。列(5)和列(6)报告了基于不同存续时间企业的传导机制异质性检验结果。估计出的环境规则强度以及出口产品转换率的参数值均为正值,且通过了1%的显著性检验。该结果说明了环境规制通过出口产品转换促进企业生产率提升的传导机制在存续时间长短的企业中都是存在的。此外,环境规制对存续时间长的企业生产率影响程度高于存续时间短的企业。主要的原因在于存续期较长的企业,熟悉市场环境以及政府的各种制度安排,在环境政策的冲击下,相对容易地调整生产过程及资源配置,在完成污染减排的同时实现生产率的提升。上述结果说明假说3是成立的。

表 10-12 传导机制的异质性检验

变量	一般贸易企业	加工贸易企业	混合贸易企业	小规模企业	大规模企业	存续时间长	存续时间短
	(1)	(2)	(3)	(4)	(5)	(6)	(7)
EI	0.0309*** (0.0033)	0.0032 (0.0078)	0.0274*** (0.0021)	0.0255*** (0.0027)	0.1217*** (0.0222)	0.0203*** (0.0019)	0.0120*** (0.0032)
switch	0.0492*** (0.0110)	-0.0299 (0.0342)	0.0566*** (0.0160)	0.1120*** (0.0101)	0.1304*** (0.0298)	0.0073*** (0.0013)	0.0464*** (0.0102)
控制变量	是	是	是	是	是	是	是
cons	0.4194*** (0.0594)	2.5863*** (0.1191)	0.8973*** (0.0704)	-0.3979*** (0.0794)	1.6587*** (0.2097)	0.2644*** (0.0545)	1.0101*** (0.0673)
R^2	0.5187	0.6939	0.5777	0.5529	0.5451	0.6747	0.6647
N	31456	4647	18087	33996	8470	17592	24874

注:将样本中总资产高于总资产均值的企业划分为大规模企业,将总资产低于均值的企业划分为小规模企业。将样本中存续时间小于平均年限的企业划分为存续时间短的企业,高于平均年限企业划分为存续时间长的企业。

本章基于出口产品转换行为视角,研究了环境规制对出口企业全要素生产率的作用机制。使用2004—2013年国泰安数据库的上市公司数据以及中国海关数据库的企业出口数据,进行实证检验。回归结果显示环境规制与出口企业全要素生产率之间有着显著的正向关系,而且环境

第十章 国内环境政策、出口产品转换与企业生产率

规则推动企业出口产品转换,进而促进企业全要素生产率提升。传导机制的异质性检验结果表明:传导机制在一般贸易企业中是存在的,而对于加工贸易企业并不存在;传导机制在大企业和小企业中都是存在的,环境规制及出口产品转换对大企业的影响程度明显地高于小企业;传导机制在存续时间长短的企业中都是存在的,环境规制对存续时间长的企业生产率影响程度高于存续时间短的企业。本章有以下两方面的政策启示:第一,政府制定环境保护政策时应合理地引导企业进行出口产品转换行为。由于企业产品转换不仅是企业生产产品组合的调整,也是企业内部资源再配置的过程,是企业创新的重要组成部分。因此,我国政府在制定环境政策及相关产业政策时,应鼓励出口企业调整产品范围,引导企业增加清洁产品淘汰污染产品,实现产品升级换代。对于开发绿色产品以及主动淘汰污染产品的企业进行税收优惠和财政补贴。第二,政府制定环境保护政策时应兼顾企业生产效率提升。生态环境是关系民生的重大社会问题,应处理好环境保护与经济发展之间的关系,实现两者的良性互动。在制定环境政策时,应能充分激发企业绿色创新的积极性、加大研发投入以及工艺、设备更新改造,在改善生态环境的同时兼顾企业生产效率的提升。

第十一章　国内环境政策与
　　　　　企业投资行为

　　近年来,我国房地产投资高涨、金融资产规模持续扩大等虚拟经济膨胀,而实体经济增长乏力,"脱实向虚"问题开始凸显。特别应注意的是,作为国家经济支柱的制造业在国民经济中的份额出现持续下降,制造业增加值占 GDP 的比重从国际金融危机前 2007 年的 32.4%快速地下降至 2019 年的 26.8%。这种状况与制造业脱离主业的金融化倾向有着密切关系。大量制造企业通过委托理财、购买期货、期权等持有金融衍生品,并通过参股金融机构等方面直接或间接地进入金融行业。根据 Wind 数据库,约有 1/3 的上市公司通过购买理财产品、结构性存款、通知存款、基金专户等金融产品的投资行为。2020 年前 9 个月,购买理财产品的上市公司共有 1058 家,累计投资金额高达 9160.64 亿元,其中理财规模超过 10 亿元的 A 股上市公司共有 245 家。制造业过度持有短期收益高、投资周期短的金融资产,不仅无心解决"卡脖子"技术难题,而且也不利于制造业长期价值提升。长此以往,还可能导致产业空心化甚至诱发系统性金融风险。

　　党中央高度重视实体经济,非常注重防范实体经济出现的"脱实向虚"问题。党的十九届五中全会指出:"坚持把发展经济着力点放在实体经济上,坚定不移建设制造强国、质量强国、网络强国、数字中国……"[①]

---

　　① 中共中央党史和文献研究院编:《十九大以来重要文献选编》(中),中央文献出版社 2021 年版,第 795 页。

第十一章 国内环境政策与企业投资行为

"维护金融安全、守住不发生系统性风险底线"[1]。习近平总书记在广东考察时指出"实体经济是一国经济的立身之本、财富之源。先进制造业是实体经济的一个关键,经济发展任何时候都不能脱实向虚"[2]。2020年12月中央经济工作会议上,习近平总书记再次强调,"发展实体经济"。当前,我国政府已经从降低企业税负、去杠杆、降低融资成本、增加企业流动性、加强金融监管等方面入手,建立有效机制壮大实体经济,减少金融错配,缓解制造业投资金融化问题。

党的十八大将生态文明建设提升到"五位一体"的高度。习近平总书记指出:"生态文明建设是关系中华民族永续发展的根本大计"[3]。在"创新、协调、绿色、开放、共享"新发展理念指引下,各级政府为了实现经济发展方式的绿色转型,制定和实施了更加严格的环境政策。环境政策调整引发制造业投资区位转移及投资方向的改变,成为激发制造业创新以及竞争力持续提升的关键因素之一,也将对企业投资金融化产生深远影响。

理论上而言,实施环保税、污染处罚等环境政策影响了不同污染程度企业的生产成本,调节了产业间的资源配置结构,继而影响到企业投资行为。倘若环境政策造成实体经济绩效下降,可能会诱发及加剧企业投资金融化;反之,实体经济绩效没有受到明显的负面冲击甚至长期价值得以提升,则会激励企业增加实体投资,遏制投资金融化(Davis,2013;Albrizio等,2017)。可见,环境政策既可能成为企业"脱实向虚"的"助推器"也可能成为"刹车器"。地方政府是环境政策的实施者和执行者,而地方政府先后出现过的"向大多数地区看齐""逐底竞争"等环境互动行为,深刻地影响着制造业投资选择。党的十八大以来,在经济增长与生态环境改善的双重约束下,地方政府倾向于选择"标尺型"高标准环境政策,而不是

---

[1] 中共中央党史和文献研究院编:《十九大以来重要文献选编》(中),中央文献出版社2021年版,第812页。
[2] 《习近平在广东视察》,中央人民政府网,2018年10月25日。
[3] 中共中央党史和文献研究院编:《十九大以来重要文献选编》(上),中央文献出版社2019年版,第443页。

竞相向下的"逐底型"环境政策。"标尺型"环境政策,可以说是环境政策的"加强版",将会强化其"助推器"或"刹车器"功能(Fredriksson 和 Millimet,2002)。此外,各城市之间存在空间依赖关系,邻近城市环境政策将通过空间溢出效应影响本地环境政策。我国建立的"压力型行政体制",将制约地方政府环境治理外溢而产生的"搭便车"行为,也将进一步强化环境政策的"助推器"或"刹车器"功能。

为此,本章拟从地方政府互动视角探讨环境政策对制造业企业投资金融化的影响。首先提出环境政策影响企业投资选择的理论假说,阐明"标尺型"环境政策对企业投资金融化的影响机制以及环境政策空间溢出对企业投资金融化的影响机制。在此基础上,运用2003—2017年中国制造业上市公司数据及中国地级市层面数据,开展实证检验。期望能够回答环境政策是否会抑制企业投资金融化?地方政府互动行为是否会抑制企业投资金融化?以及何种类型企业更容易受到环境政策冲击而倾向于投资金融化?等一系列核心问题。

相对于已有文献,本章的创新之处在于以下四个方面:第一,首次尝试从环境政策层面探讨如何减轻企业"脱实向虚"问题。面对制造业企业投资金融化,学术界惯常的做法是从减税降费等成本视角探讨如何提高实体经济效率增加实体投资,尚未考察环境政策对企业金融投资行为的影响。本章研究了环境政策对制造业企业投资金融化的作用机制,为破解企业"脱实向虚"问题提供了新思路。第二,深入挖掘地方政府互动行为对企业投资金融化的影响。本章从我国实施"自上而下"环境政策的制度设计入手,以地方政府设定经济增长与生态环境双重目标为切入点,尝试性地分析了地方政府实施环境政策时存在的"标尺行为"、空间"溢出行为",以及由此产生的对企业投资金融化的影响。第三,初步考察地方政府环境政策互动行为的存在性。本章构建了地方政府"标尺行为"识别方程,识别出地方政府执行环境政策存在的"标尺行为",为学术界后续开展地方政府互动行为提供了研究基础。第四,验证了环境政策能够抑制制造业企业的"脱实向虚"。实证检验得到了环境政策能够抑制制造业企业投资金融化、"标尺型"环境政策抑制制造业企业投资金融化以及环境政策空间溢出也将抑制制造业企业投资金融化等研究结论。本章结论蕴含了生态环境改善与投资结构优化可以兼顾的现实含义,为破解我国企业投资金融化问题提供了新路径。

第一节 环境政策影响企业投资的理论假说

长期以来,我国按照"自上而下"原则,建立环境管理体制。中央政府负责制定环境政策,各级地方政府担负起实施与执行的职责(沈坤荣、金刚,2018)。就目前情况来看,中央政府已经建立起较为完备的环境政策,包括了 2015 年实施新的《环境保护法》、2018 年组建新的生态环境部等正式环境制度,还包括了一些非正式环境政策。比如,2014 年环境保护部制定《环境保护部约谈暂行办法》、2016 年党中央设立生态环境保护督察组等。实施环境政策之后,环境治理取得了显著成效,高能耗高污染的产能被大大压缩,环境违法案件持续下降(Berman 和 Bui,2001;于斌斌等,2019;罗知、齐博成,2021)。但是,我们还发现一些地区和行业环境污染问题仍然非常突出。中央生态环境保护督察组曾通报,一些重点流域支流污染严重,磷化工、焦化工等重点污染企业整改工作缓慢等问题。这种状况与地方政府执行中央环境保护政策不到位有着很大关系。

从地方政府角度来看,执行高标准环境政策,会迫使企业投入大量资金用于购置污染减排设备、更新生产工艺,增加了企业治理污染成本,由此导致生产成本上升以及短期利润下降,从而可能促进制造业企业减少实体投资,转向增加金融投资(Becker 和 Henderson,2000;Berman 和 Bui,2001;Leiter 等,2011);而且,地方政府不断加大对污染企业处罚力度,强化污染治理举措,可能造成制造业企业对未来生产经营状况不确定的预期。它们会预期到企业现在污染达标但不知未来是否合规达标,出于预防性储蓄动机以及追逐利润的动机,制造业企业可能通过金融投资的"蓄水池效应",对抗环境政策造成的风险和不确定性,从而增加金融投资(Davile,2011;俞毛毛、马妍妍,2021)。从这个角度来看,环境政策成为制造业企业投资金融化的"助推器"。另外,环境政策也可能通过"创新效应""信号传递效应""扶持效应"等机制,有效抑制企业金融化投资,成为企业"脱实向虚"的"刹车器"。首先,环境政策会倒逼制造业企业进行绿色研发和技术创新,促进企业提高生产效率和改善生产工艺,实现企业价值提升以及长期经营绩效的改善,激励企业进行实体投资(Copeland 和 Taylor,2004;Acemoglu 等,2012;于斌斌等,2019);其次,实施严格的环境政策会间接地向社会各界传递出企业生产过程更加透明的信息,增强了消费者、供应商、银行等各个利益相关者对企业合规生产的信心,有助于激励企业增加实体投资,遏制企业短期金融投资行为(Hering 和 Poncet,2014;Dechezleprêtre 和 Sato,2017)。环境质量改善还会向区域外企业发出信号,吸引更多的低污染企业进入本地加大实体投资。当然,地方政府在执行环境政策时也会与产业政策配合使用,不仅仅是对超标排放企业处罚,也会对环境治理成效显著企业进行财政补贴、税收减免以及信贷支持等帮扶措施。环境政策"扶持效应"能够帮助制造企业缓解财务困境、降低融资约束和增强实体经济抗风险能力,有助于企业逐步抽离金融投资而返回实体经营(Bento 等,2015)。

我国实施的排污收费制、污染许可证等多种环境政策工具,尽管存在污染治理方式不明晰、减排指标模糊等问题,但是,因环境成效与政府领导干部考评挂钩,使环境政策成为地方政府任期目标中的硬约束,并在产业政策和融资政策中有所体现。比如,2007 年国家环保总局等三部门发布指导意见指出,依据国家产业政策,对鼓励类项目给予信贷支持,对高污染、高能耗等限制类项目停止提供信贷支持。企业预期到环境政策越来越趋于严格,将会有计划地进行生产工艺以及产品结构的调整,以减少污染排放,避免短期收益下降。环境政策产生的"创新效应""信号传递效应""扶持效应"等效应将会显现,增加企业长期收益和持续竞争力,抑制企业投资金融化。当然,影响效应大小还将受到企业规模、企业实力、外部环境等多种因素的影响(Oates,2001;Kunce 和 Shogren,2007)。基于此,本书提出假说 1。

第十一章 国内环境政策与企业投资行为

假说1：地方政府执行严格的环境政策将会抑制企业投资金融化。

我国地方政府拥有经济主体、利益主体和管理主体的"三位一体"的身份属性(傅强、马青,2016)。在现有政绩考核体制下,地方政府在政治激励和财政激励之下,进行目标设定与政策选择。为了争取更多的资源获取更大利益,获取更多晋升机会,地方政府之间会存在竞争、合作、模仿、赶超等多种策略性行为。在实施环境政策时,地方政府的目标导向以及策略性行为,也将影响制造业企业投资金融化。

在原先以单纯经济增长为政绩考核制度下,地方政府以追求 GDP 增长为目标,对污染企业采取容忍态度,竞相采取低标准的环境政策,尽可能多地吸引外部投资和资源,以促进本地区经济增长。在"先发展后治理"的思维下,"逐底竞争"的环境政策促进了各种类型制造企业的快速扩张,制造企业实体投资持续增长,在一定程度上扭转或弱化了企业"脱实向虚"问题。在新发展理念指引下,党中央提出"更高质量、更有效率、更加公平、更可持续、更为安全的发展",生态环境质量成为政府绩效考核的重要指标。地方政府由单纯追求经济增长转向实现经济发展与生态保护改善的双赢目标。为此,地方政府执行的环境政策由"逐底竞争"转向"竞争向上"策略。也就是说,其他地区采取了高标准的环境政策,本地区也要效仿,向高标准环境政策看齐,将高标准环境政策作为"标尺"(Konisky,2007;沈坤荣等,2017)。

高标准的"标尺型"环境政策是环境政策的"加强版",将会强化其对企业投资金融化的影响。当企业预期到趋于严格的环境政策,将通过改进生产技术、提高生产效率、加强技术创新等路径,提高实体经济的长期收益,遏制金融投资。"标尺型"环境政策将会增强对企业投资金融化的抑制作用。当一个地区长期以来实施的都是宽松的环境政策,为了与相邻地区竞争,地方政府开始执行"标尺型"高标准环境政策。这种政策可能与本地区发展阶段不适应,企业尚未形成稳定预期,就可能造成地区企业撤离到环境政策较弱地区。即使留在本地区企业,也会因实体经营状况恶化,迫使企业持有金融资产,通过金融杠杆获利。对于我国而言,大多数地区尽管执行环境政策的时间并不长,但是制造业企业已经预期到实施高标准的环境政策是不可逆转的趋势,企业基于长期利益的考虑,将会加强实体经济投资,减少持有金融资产。基于此,本书提出假说2。

假说2:地方政府倾向于采取高标准的"标尺型"环境政策,将会强化对企业投资金融化的抑制作用。

由于各地区之间存在经济、技术、市场等多个维度的空间依赖关系,地方政府实施环境政策之后会通过空间依赖关系使相邻地区环境受益或受损,从而影响到其他地区的环境政策。一方面,由于环境污染及治理存在跨边界、跨流域、跨行政区域溢出甚至代际溢出的特征,地方政府就可能存在"搭便车"行为,放松本地的环境规制强度,以吸引更多的投资,也会导致高排放与高能耗。同时,地方政府"搭便车"行为还会产生环境政策的"挤出"效应,使邻近地区环境政策效果下降甚至失效(Deng等,2012)。另一方面,环境政策尽管作为公共物品具有明显的外溢效应,但地方政府间竞争是以有效率决策为出发点的,需要兼顾吸引投资与改善环境的多重目标就会促使地方政府作出更加有效率的环境政策。地方政府不会采取"搭便车"行为,不会放松本地环境政策,反而可能会加强与邻近地区环境合作,进一步加强环境政策(Millimet,2014)。

我国当前实施的"压力型行政体制",将会制约地方政府"搭便车"行为。各级政府将上级政府任务分解之后分配给下级政府,并以完成情况进行绩效考核和优劣奖惩,形成了任务层层分解的行政治理体系。中央政府设置了环境保护总体目标之后,各级政府就会进行指标量化和任务分解。地方政府分配到任务之后,获得了完成任务的自主权,当然,也会继续向下分配任务。在执行环境政策,特别是中央制定了"双减"目标之后,各级政府很可能"层层加码",而不敢采取环境"搭便车"行为。邻近地区实施了严格的环境政策后,通过空间溢出效应,还会强化本地环境政策。此外,水污染、空气雾霾、海岸线修复等环境问题,属于区域内公共产品,需要流域内、区域内各地方政府协同治理。地方政府环境合作也将通过环境政策空间溢出效应强化本地的环境政策。比如,粤港澳大湾区在

2012年开始共同编制实施《共建优质生活圈专项规划》,签订了《粤港合作框架协议》及《粤澳合作框架协议》,就雾霾治理、海洋环境保护、水污染治理等多个环境议题开展合作(吴月、冯静芹,2021)。地方政府跨区域环境合作,规避了部分地方政府"搭便车"行为,强化了本区域的环境政策执行力度。企业为了增强持续竞争力,也会加强实体投资,减少持有金融资产。基于此,本书提出假说3。

假说3:环境政策的空间溢出效应将规避地方政府"搭便车"行为,遏制企业投资金融化。

第二节 模型、变量与数据

一、模型设定

为了考察环境政策对上市公司资产配置金融化程度的影响,本章构建了以下计量模型:

$$FTB_{ijkt} = \alpha + \beta Erg_{kt} + \gamma X_{ijkt} + \delta v_j + \vartheta v_k + \varepsilon_{ijkt} \tag{11-1}$$

式(11-1)中,下标 i,j,k,t 分别表示企业、行业、城市和年份,被解释变量 FTB_{ijkt} 即代表制造业企业 i 在 t 年的资产金融化程度。Erg 表示地级市环境规制强度。控制变量有:(1)企业规模,企业营业收入的对数值($lnrev$)。(2)管理效率(Me),以企业管理费用与营业收入之比表示。(3)企业主营业务收益率(Ern),以(营业利润-投资收益-公允价值变动收益-联营企业和合营企业的投资收益)/总资产。(4)金融投资收益率(Fr),以(投资收益+公允价值变动收益+联营企业和合营企业的投资收益)/总资产表示。(5)净现金流量($Nflow$),以现金净流量与资产总额之比表示。(6)企业所有制类型(Syq),国有企业为1,其余类型为0。(7)企业年限(Age)。以企业经营年限表示。

根据前文的理论机制分析,地方政府之间互动行为将影响到企业投资金融化。本书分两步开展实证检验:第一步,检验地方政府执行环境政策中是否存在标尺行为;第二步,检验地方政府执行"标尺型"环境政策

自由贸易协定环境保护条款与企业行为

对企业投资金融化的影响。为了识别地方政府执行环境政策是否存在"标尺行为",借鉴科尼斯基(Konisky,2007)、金刚、沈坤荣(2018)的方法,采用以下计量模型:

$$Erg_{kt} = c_1 F_{kt}\max(Erg_{ft}) + c_2(1 - F_{kt})\max(Erg_{ft}) + \gamma X_{ijkt} + \delta v_j + \vartheta v_k + \varepsilon_{ijkt} \quad (11-2)$$

式(11-2)中,F_{kt} 为 0—1 变量。当本地环境规制强度与同等类型城市中环境规制强度最高的城市较为接近,即与环境规制强度最高值相差在 20% 以内时,令 F=1。当本地环境政策不趋向于高标准,环境规制强度与同等类型城市中最高环境规制强度差距超过 20%,令 F=0。参数 c_1 代表当某个城市实施最高环境规制强度时其他政府的策略性行为。最高环境规制强度没有改变或者增加时,c_2 代表策略性反应。如果 $c_1 > 0$,并且 c_2 不显著异于 0,表明地方政府环境政策互动行为表现为"竞争向下";反之,如果 $c_2 > 0$ 且 c_1 不显著异于 0,则表明地方环境政策互动行为表现为"竞争向上"的"标尺行为"。

为了检验地方政府在环境规制政策上的"标尺行为"对制造业企业投资金融化的影响,本书采取以下的计量模型:

$$FTB_{ijkt} = \alpha + \beta Erg_{kt} + \eta Erg_{-kt} + \gamma X_{ijkt} + \delta v_j + \vartheta v_k + \varepsilon_{ijkt} \quad (11-3)$$

式(11-3)中,Erg_{-kt} 表示同等类型城市中最高环境规则强度。如果估计出的 η 值是显著的,并且与 β 方向一致,表明地方政府标尺行为强化了本地环境政策的作用效果。

由于各地区之间存在空间依赖关系,环境政策就可能存在溢出行为,并对制造业投资金融化产生影响。为此,本书在模型(11-1)中加入空间权重矩阵,建立以下的计量模型:

$$FTB_{ijkt} = \alpha + \beta Erg_{kt} + \eta \sum w_{kt} Erg_{-kt} + \gamma X_{ijkt} + \delta v_j + \vartheta v_k + \varepsilon_{ijkt} \quad (11-4)$$

式(11-4)中,w_{kt} 为空间权重矩阵。假设地方政府只与边界相邻的地方政府进行互动,权重矩阵就以 Queen 型 0—1 邻接矩阵表示。当两个城市地理边界相邻时,w_{kt} 等于 1;当两个城市不相邻时,w_{kt} 等于 0。

二、核心变量设置

(一) 环境规制强度

本章通过构建一个由多个污染排放指标组成的综合指标来衡量环境规制强度。文中使用的是地级市层面的二氧化硫去除率、烟(粉)尘去除率和固体废物综合利用率,分别对这三个指标进行了标准化处理。同时,以该地级市污染物排放与全国该污染物排放总量的占比,以及该地级市工业产值与全国的占比作为权重。把标准化处理后的指标乘上计算出的权重并加总,再取均值便得出了环境规制强度综合指标。环境规制强度综合指标数值越高,表明该地区环境规制强度越高。

(二) 企业投资金融化水平

本章以四个指标表示企业投资金融化水平,衡量企业"脱实向虚"程度。第一,风险资产规模。企业风险资产包括流动性金融资产(企业持有的一年内可变现的金融资产)、非流动性金融资产(持有的可供出售的金融资产、长期股权投资)、投资性房地产类金融资产。第二,金融资产规模。金融资产规模上企业风险资产规模与现金及现金等价物之和。第三,风险资产占比。风险资产规模占总资产比重。第四,金融资产占比。以金融资产规模占总资产的比重。

三、数据来源

制造业上市公司的相关数据来自 2003—2017 年国泰安数据库。地级市层面人均二氧化碳排放量数据来源于中国碳核算数据库(CEADs),地级市层面的二氧化硫去除率、烟(粉)尘去除率和固体废物综合利用率这三个指标数据来源于中国城市数据库、中国环境数据库。文中将皮革、毛皮、羽毛及其制品和制鞋业,石油加工、炼焦和核燃料加工业,石油和天然气开采业,纺织业、纺织服装、服饰业,通用设备制造业,造纸及纸制品业,酒、饮料和精制茶制造业,金属制品、机械和设备修理业、金属制品业,铁路、船舶、航空航天和其他运输设备制造业,非金属矿物制品业、非金属矿采选业,食品制造业,黑色金属冶炼及压延加工业、黑色金属矿采选业等行业界定为重污染行业,其余的行业属于轻污染行业。表 11-1 展示了主要变量的描述性统计。

表 11-1 主要变量的描述性统计

变量	说明	观测值	均值	标准差	最小值	最大值
$FTB1$	风险资产规模	18418	21.30	1.384	10.84	27.86
$FTB2$	金融资产规模	18404	21.56	1.388	11.54	28.22
$FTB3$	风险资产占比	18418	61.94	21.91	0.160	132.4
$FTB4$	金融资产占比	18404	80.46	31.90	2.603	200
Erg	环境规制强度	20962	13.70	44.14	0.0012	778.3
$lnrev$	企业规模	31548	21.04	1.559	9.044	28.69
Me	管理效率	31527	0.451	25.23	-170.2	3420
Ern	净资产收益率	31227	-0.054	0.840	-79.89	28.65
Fr	金融投资收益率	18528	0.0104	0.214	-25.96	10.68
$Nflow$	净现金流量	31980	0.0208	0.218	-29.09	2.167
Syq	企业所有制类型	31683	0.486	0.500	0	1
CO_2	人均二氧化碳排放量	31683	5.63	6.56	0.0305	56.43
Age	企业年限	31683	14.49	5.95	1	51

图 11-1 描绘了环境规制强度与制造业企业投资金融化之间关系的散点图。图中的环境规制强度是以污染排放强度综合指数表示的,该指数与制造业企业金融资产规模及风险资产规模之间呈现出较为明显的负向关系。也就是说,环境规制强度越高,制造业企业金融资产规模越低。表明了环境规制与制造业企业投资金融化之间存在负面关系,环境规制有可能遏制制造业投资金融化。

第三节 环境政策影响企业投资的实证结果分析

一、基本回归

基本模型(11-1)的回归结果见表 11-2,前两列没有控制城市固定

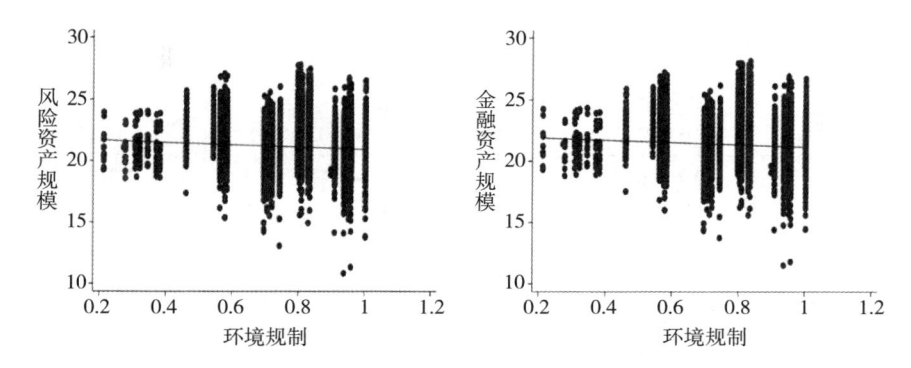

第十一章 国内环境政策与企业投资行为

图 11-1 环境政策与制造业企业金融资产之间散点图

效应和时间固定效应,后两列控制了固定效应。分别以风险资产规模、金融资产规模为被解释变量,估计出的环境规制强度综合指数参数值为显著的负值。结果表明了政府实施严格的环境政策,将会显著地遏制制造业企业投资金融化,减缓"脱实向虚"问题。具体来看,环境规制强度每提高 1 个百分点,风险资产规模减少 6.61% 和 14.25%,而金融资产规模相应地下降约为 8.41% 和 16.99%。该结果验证了假说 1,说明了环境政策对制造业企业投资金融化的"遏制力"超过了"助推力",最终抑制制造业企业投资金融化。实证结果与经验事实也是一致的。环境规制强度高的城市,往往也是市场机制完备、创新活跃度高的城市,环境政策通过提高研发效率等途径对制造业企业绩效产生正面影响,从而抑制"脱实向虚"问题。以深圳为例,深圳市政府不断加强环境保护力度,2021 年 8 月深圳环境空气质量综合指数在全国 168 个重点城市中排名 13。同时,深圳也是创新活跃度最高的城市之一。2020 年深圳科技型中小企业超过 5 万家,国家级高新技术企业超过 1.85 万家,2021年入选工信部第三批国家级"专精特新"企业,深圳有 134 家企业入选,占到广东总数接近 50%。此外,深圳市政府对绿色环保企业实施税收减免、财政补贴、金融帮扶等措施,降低企业成本负担,提高企业实体投资收益,抑制企业"脱实向虚",从而实现生态保护与微观主体活力兼顾的目标。

表 11-2 基准回归结果

变量	风险资产规模	金融资产规模	风险资产规模	金融资产规模
环境规制	−0.0661*** (0.0204)	−0.0841*** (0.0202)	−0.1425* (0.0805)	−0.1699** (0.0796)
lnrev	0.6626*** (0.0149)	0.6512*** (0.0145)	0.4059*** (0.0064)	0.3995*** (0.0063)
Me	0.0650*** (0.0130)	0.0662*** (0.0137)	−3.8229*** (0.1071)	−3.4608*** (0.1058)
Ern	0.0194*** (0.0067)	0.0229*** (0.0072)	−0.0455 (0.0413)	0.0074 (0.0408)
Fr	0.2585 (0.2407)	0.1848 (0.2350)	4.1745*** (0.3442)	3.7609*** (0.3401)
$Nflow$	0.5829*** (0.0214)	0.9460*** (0.0256)	0.1850*** (0.0659)	0.5863*** (0.0651)
Syq	−0.0022 (0.0290)	−0.0049 (0.0283)		
Age	0.0513*** (0.0024)	0.0459*** (0.0024)	0.0283*** (0.0019)	0.0257*** (0.0019)
城市固定效应	否	否	是	是
时间固定效应	否	否	是	是
R^2	0.6679	0.6374	0.4795	0.4697
N	16857	16848	10593	10590

注：*、**、*** 分别表示在 10%、5%、1% 的水平上显著，下表同。

从控制变量的估计结果来看，企业规模、企业年限的参数值为显著正值，表明规模越大、年限越长的企业金融资产规模越大。管理效率、净资产收益率、净现金流量等指标也均为显著正值，表明了较高的管理效率和资金流动性也会促进企业进行金融化投资。企业所有制类型参数值为负值但不显著，反映了企业所有制类型对企业金融化投资的影响还不确定。为此，本章还将在异质性检验中进一步讨论。

二、稳健性检验

（一）内生性问题

本章拟采取工具变量法（IV）估计克服内生性问题，并以空气流通系数(Air)和环境规制强度滞后一期变量($L.Erg$)作为环境规制强度工具变量。空气流通系数是由该地区的风速和大气边界层高度决定的,属于地理和气候等自然因素,满足了工具变量的外生性要求。欧洲中期气象预报中心(ECMWF)提供的Era-interim数据库。本书将风速和边界层高度的数据相乘,得到各个地级市不同年份的空气流通系数。

(二)重新度量环境规制强度

各地区空气质量不仅反映环境质量,而且也是度量环境规制强度的重要指标。空气质量越好,在一定程度上说明了环境规制强度越高。为此,本书拟采取各地级市空气质量的均值(Air)表示地级市环境规制强度。空气质量年度数据来源于2345历史天气网站。该网站提供的空气质量数据是2014年以后的,稳健性检验的样本期限确定为2014—2017年。

基于两阶段最小二乘法(2SLS)进行的估计结果列于表11-3的前4列,估计出的环境规制强度综合指标参数值仍然为显著的负值,参数值与基准回归的结果较为接近。该结果说明了环境规制对制造业企业投资金融化抑制作用的结果稳健。以各地区空气指标度量环境规制的估计结果列于表11-3的后4列。估计出的环境规制强度为显著正值,环境政策与企业投资金融化之间仍然是负面关系。该结果表明一个地区环境政策越严格,空气质量越好,越能够有效地抑制制造业企业"脱实向虚"问题。结合表11-2和表11-3,表明假说1是成立的。

表11-3 稳健性检验结果

变量	IV估计				重新设定环境规制			
	风险资产规模	金融资产规模	风险资产占比	金融资产占比	风险资产规模	金融资产规模	风险资产占比	金融资产占比
Erg	-0.0948*** (0.0097)	-0.1099*** (0.0097)	-1.1931*** (0.2862)	-2.6588*** (0.3891)				
Air					-0.0011** (0.0001)	-0.0010** (0.0001)	-0.0578*** (0.0137)	-0.0985*** (0.0205)
控制变量	是	是	是	是	是	是	是	是

续表

变量	IV 估计				重新设定环境规制			
	风险资产规模	金融资产规模	风险资产占比	金融资产占比	风险资产规模	金融资产规模	风险资产占比	金融资产占比
R^2	0.7196	0.7130	0.0428	0.0920	0.7348	0.7331	0.1044	0.3099
N	15567	15558	15567	15558	6326	6326	6326	6326

注:IV 回归结果中 Kleibergen-Paap 的 LM 统计量的 p 值都为 0.0000,拒绝了"不可识别"原假设。同时,Kleibergen-Paap Wald rk F 统计量都远远大于 10,表明不存在弱工具变量问题。

(三)安慰剂检验

本章使用随机生成实验组的方式进行了安慰剂检验,使用随机生成的交互项进行回归,并提取回归系数以及标准误,以此计算出 t 值。本章将以上的步骤重复 500 次,将回归得到的 t 值以图 11-2 的方式呈现。通过观察以下四个图,使用四种不同衡量方式衡量企业金融化水平时,可以看到 t 值都集中分布在 0 的附近,同时也符合了正态分布。这一回归结果也意味着虚拟回归的系数非常接近于 0,虚拟变量对本书的结果变量的影响微乎其微,这也符合安慰剂检验的预期,证明了前文回归结果的稳健性。

(四)双重差分法检验

图 11-2 和图 11-3 绘制了 2008—2017 年上市公司风险资产规模及金融资产规模的变化趋势,可以看出 2015 年之后制造业上市公司风险资产和金融资产规模呈现出大幅度上升趋势。2015 年是我国新《环保法》开始实施的年份。面对新《环保法》的外生冲击,制造业企业是否倾向于持有大量金融资产,降低企业经营风险,这是需要进一步考察和确定的。为此,本章以 2015 年上市公司金融资产规模构建双重差分法模型,比较 2015 年前后处理组和对照组的企业投资金融化是否存在差异变动。双重差分法模型如下:

$$FTB_{ijkt} = \alpha + \beta treated \times time + \gamma X_{ijkt} + \varepsilon_{ijkt} \qquad (11-5)$$

式(11-5)中, $treated$ 为实验组的虚拟变量。若企业属于重污染行业, $treated$ 取值为 1,否则为 0。$time$ 代表时间虚拟变量,若年份大于等于

2015 年，$time = 1$；反之，$time = 0$。X_t 代表一系列控制变量，包括了企业规模、企业净资产收益率、金融投资收益率、净现金流量、企业所有制和企业年限。

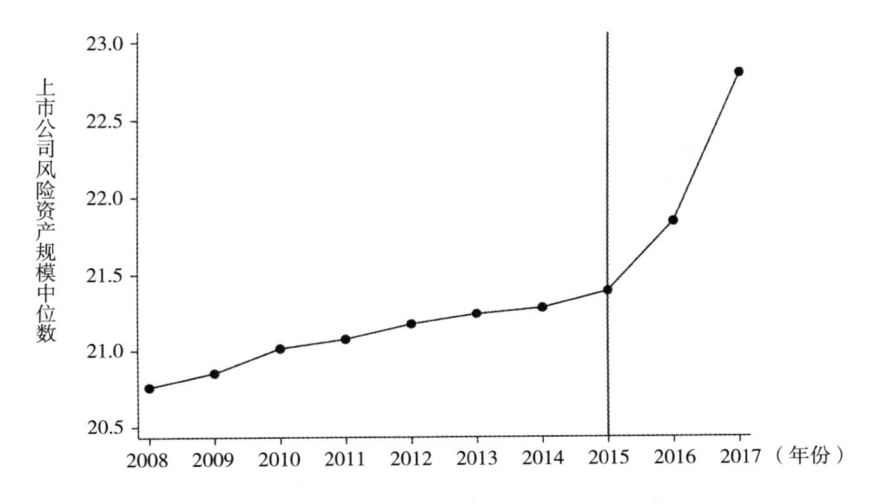

图 11-2　2008—2017 年上市公司风险资产变动趋势

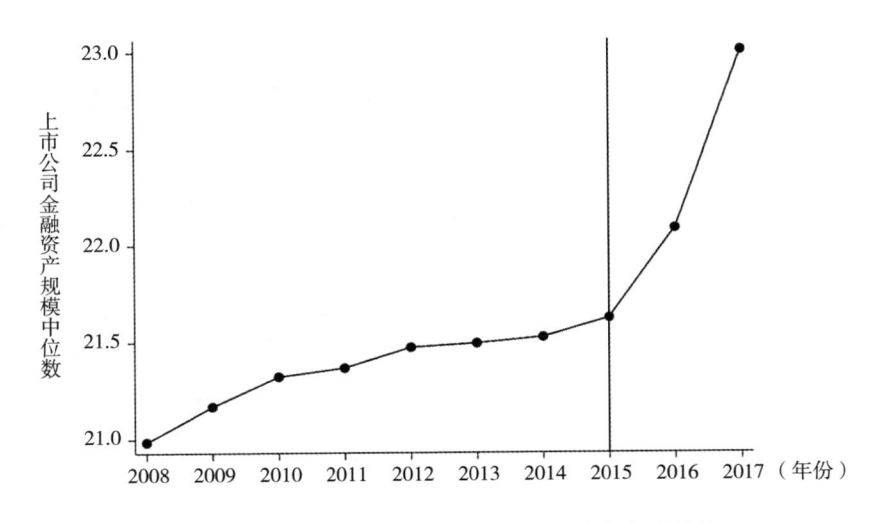

图 11-3　2008—2017 年上市公司金融资产变动趋势

双重差分法回归结果见表 11-4，参数值大部分通过了显著性检验。结果表明了 2015 年新《环保法》的实施导致了企业金融化投资比重的下降,能够有效地抑制制造业企业投资金融化。该结果再次验证了假说 1 是成立的。

表 11-4 双重差分法回归结果

变量	风险资产规模	金融资产规模	风险资产规模	金融资产规模
treated	−0.0399 (0.0306)	−0.0553* (0.0304)	−0.0408** (0.0180)	−0.0417*** (0.0187)
控制变量	是	是	是	是
企业固定效应	否	否	是	是
城市固定效应	是	是	是	是
时间固定效应	是	是	是	是
R^2	0.7540	0.7490	0.9451	0.9385
N	16732	16732	16552	16543

第四节　地方政府互动行为与企业金融化的实证结果分析

一、地方政府执行环境政策"标尺行为"存在性检验

为了检验地方政府执行环境政策时是否存在"标尺行为",基于模型(11-2)进行识别。检验结果见表 11-5。当 $F=1$ 时,估计出的 C_1 系数为显著负值;当 $F=0$ 时,估计出的 C_2 系数为显著正值。估计结果表明,当本地环境规制执行程度接近于同等类型城市中环境规制强度最高值时,本地环境规制执行的反应系数为显著负值;反之,与最高环境政策执行力度城市差距过大时,本地环境规制执行的反应系数为显著正值。结果表明地方政府执行环境政策中存在标尺行为。

西方国家选民通过与邻近地区环境政策对比后,作出当政者是否胜任的选举决策,就会引起地区间环境政策的标尺竞赛(Besley 和 Case,1995)。在我国,地方政府的任期目标与考核制度,也会迫使地方政府执行"标尺型"环境政策。以温州市平阳县为例,曾集聚制革业而被誉为

"中国皮都"。近年来,实施"河长制",关停了数千家污水排放超标的制革小企业。相邻近的苍南县、永嘉等县区也相继关停了电化铝、包装材料等废水处理不达标企业。可见,地方政府执行趋于严格的"标尺型"环境政策。

表11-5 地方政府互动行为存在性检验结果

变量	地方环境规制强度 Erg_{kt}			
	(1)	(2)	(3)	(4)
$F=1$	-0.0951*** (0.0105)			
$F=0$		0.2769*** (0.0225)		
$F=1$			-0.1986*** (0.0120)	
$F=0$				0.2968*** (0.0152)
cons	1.3020*** (0.0979)	0.7313*** (0.1047)	1.2346*** (0.0632)	0.6547*** (0.0754)
城市固定效应	是	是	是	是
时间固定效应	否	否	是	是
R^2	0.1936	0.0659	0.1947	0.0664
N	9160	8384	9160	8384

二、标尺效应对制造业企业金融投资的影响

在前文基础上,本章进一步考察地方政府"标尺行为"对制造业企业投资金融化的影响。表11-6报告了分别以风险资产规模、金融资产规模、风险资产占比及金融资产占比为被解释变量的估计结果。估计出的本地环境政策执行程度参数值为显著负值,而同等城市最高环境政策执行程度参数值大多数为显著负值。两类参数值的方向是一致的,表明地方政府标尺行为强化了本地环境政策的作用效果,进一步强化对制造业

企业投资金融化的抑制作用。该结果也反映了在"绿水青山就是金山银山"的发展理念指引下,各地方政府都按照中央要求实施严格的环境政策,而全局和全域的高标准环境政策对企业投资行为产生了相似的影响(Jeppesen 等,2002;Dechezleprêtre 和 Sato,2017)。

表 11-6 标尺行为影响效应的检验结果

变量	风险资产规模	金融资产规模	风险资产占比	金融资产占比
Erg_{kt}	-0.0688*** (0.0204)	-0.0861*** (0.0202)	-1.2581** (0.5544)	-2.9317*** (0.7292)
Erg_{-kt}	0.2301*** (0.0270)	0.2013*** (0.0272)	-8.4302*** (0.7129)	-14.5712*** (1.0908)
控制变量	是	是	是	是
cons	6.3622*** (0.2905)	6.9649*** (0.2827)	87.8304*** (6.9567)	162.9537*** (8.9616)
R^2	0.6667	0.6358	0.1293	0.3407
N	16775	16766	16775	16766

三、环境政策空间溢出与制造业企业投资金融化

本章基于模型(11-4)建立空间杜宾 SDM 模型,考察环境政策的空间溢出效应对制造业企业投资金融化的影响,结果见表 11-7。① 估计出的本地环境政策不显著,但邻近地区环境政策参数值为显著负值。具体而言,当地理邻近地区环境规制强度提高 1 个单位,本地制造业企业风险资产规模和金融资产规模下降约 2 个单位;本地制造业企业风险资产占比和金融资产占比下降约 6.5 个单位。其背后的机理在于,当地理邻近地区执行严格的环境政策,将在一定程度上制约污染企业跨区域转移,寻找污染"避风港"。迫使本地企业加强研发、改进生产工艺、优化产品结构,实现绩效提升,从而降低投资金融化倾向。

---

① 经过似然比检验,p 值小于 0.05 显著性水平,说明空间杜宾模型比空间滞后模型、空间误差模型更适合。

表 11-7 空间溢出效应的检验结果

变量	风险资产规模	金融资产规模	风险资产占比	金融资产占比
Erg_{kt}	0.0042 (0.0029)	0.0042 (0.0030)	0.0118 (0.0122)	0.0121 (0.0157)
$w_{kt}Erg_{kt}$	-0.0223*** (0.0471)	-0.0220*** (0.0073)	-0.0647** (0.0298)	-0.0658* (0.0385)
控制变量	是	是	是	是
个体固定效应	是	是	是	是
R^2	0.2746	0.2723	0.2657	0.2596
N	2790	2790	2790	2790

第五节 拓展性分析

考虑到环境政策对企业投资金融化的影响存在异质性,本章基于企业污染程度、企业所有制、企业工业门类、企业规模四个维度开展异质性检验。

一、企业污染程度异质性

考虑到污染程度不同的企业对环境政策的反应程度是不同的,环境政策对重污染企业产生较为显著的"遵从成本",引起短期收益下降,企业转向短期收益率较高的金融资产投资,从而加剧企业"脱实向虚"问题。轻污染企业就不同了,此类企业能源消耗及污染排放相对较低,环境政策造成的成本增加效应不明显,而"创新效应"及"信号传递效应"更加显著,激励企业进行实体投资,从而会抑制企业"脱实向虚"。为此,本章按照企业污染程度不同分为重污染企业和轻污染企业,考察上述结论是否存在异质性,结果见表 11-8。对于重污染企业而言,估计出的本地环境规制强度参数值为负值,而同类城市最高环境规制强度参数值为显著正值。该结果表明了本地环境政策对重污染企业投资金融化没有产生显著的影响。针对轻污染企业,估计出的本地环境政策和同类城市最高环境规制强度参数值均为显著负值,也就是说,环境政策能够显著地降低轻污染企业的金融资产规模和比重,抑制了轻污染企业投资金融化行为。

表 11-8 轻重污染企业的检验结果

变量	重污染行业				轻污染行业			
	风险资产规模	金融资产规模	风险资产占比	金融资产占比	风险资产规模	金融资产规模	风险资产占比	金融资产占比
Erg	−0.0430 (0.0347)	−0.0527 (0.0347)	−0.4729 (0.9102)	−0.5542 (1.3723)	−0.0763*** (0.0232)	−0.0947*** (0.0231)	−1.4349** (0.6202)	−3.4246*** (0.8049)
Erg_{-kt}	0.2642*** (0.0522)	0.2329*** (0.0554)	−7.4537*** (1.4586)	−13.4509*** (2.2051)	0.2193*** (0.0296)	0.1924*** (0.0295)	−8.2844*** (0.7976)	−14.2817*** (1.2221)
控制变量	是	是	是	是	是	是	是	是
$cons$	6.1687*** (0.6750)	6.7621*** (0.6655)	84.5150*** (12.9154)	153.8810*** (18.7927)	6.5595*** (0.3291)	7.1664*** (0.3151)	94.0390*** (7.5174)	171.5543*** (9.3827)
R^2	0.6265	0.5859	0.1425	0.3540	0.6519	0.6201	0.1349	0.3475
N	3243	3241	3243	3241	13495	13488	13495	13488

二、企业所有制异质性

不同所有制企业对地方政府环境政策的响应程度是不同的,其中,国有企业需要承担更多的社会责任,更加注重节能减排,以及减少持有金融资产,而民营企业等非国有企业以市场为导向,进行生产组织和投资选择。为了寻求短期收益,可能会增加持有金融资产。为此,本章将样本分为国有资产占比高企业和国有资产占比低企业两类,若上市公司国有股本占比高于全部样本均值的,界定为国有资产占比高企业;反之,则为国有股本占比低企业。估计结果见表 11-9。

对于国有股本比重高的企业,估计出的环境规制强度参数值为负值但绝大部分不显著,对于国有股本比重低的企业,环境规制强度参数值为负值且全部通过了显著性检验。综合上述结果,可以得到以下结论:环境政策没有显著地抑制国有企业投资金融化,却能有效地抑制非国有企业投资金融化,达到化解企业"脱实向虚"问题。这是因为国有企业和非国有企业的目标导向是不同的,环境政策对这两类企业作用效果明显不同。非国有企业是以追求利润最大化为目标的,地方政府实施严格的环境政策,将激励非国有企业加强创新、提高经营业绩,从而减少持有金融资产。而国有企业则受到多重目标约束,履行更多的社会责任。即使在环境政策不严格的情况,也会严格控制污染排放。同时,会积极响应国家号召以及接受国资委和上级部门的严格管理,抓实实体经济,从而就可能产生环境政策对国有企业金融资产持有规模和比重作用效果不显著的结果。

表11-9 企业所有制异质性检验结果

变量	国有股本占比高				国有股本占比低			
	风险资产规模	金融资产规模	风险资产占比	金融资产占比	风险资产规模	金融资产规模	风险资产占比	金融资产占比
Erg	-0.0437 (0.0320)	-0.0560* (0.0317)	-0.2596 (1.0552)	-1.0737 (1.4116)	-0.0749*** (0.0215)	-0.0934*** (0.0212)	-1.3046** (0.5987)	-3.1679*** (0.7751)
Erg_{-kt}	0.4932*** (0.0863)	0.5334*** (0.0888)	-2.5313 (1.7757)	-1.5016 (2.6805)	0.1947*** (0.0262)	0.1596*** (0.0261)	-8.9757*** (0.7494)	-15.7502*** (1.1467)
控制变量	是	是	是	是	是	是	是	是
cons	3.4724*** (0.4072)	3.7894*** (0.4029)	66.5514*** (11.9472)	105.4470*** (15.2450)	6.6702*** (0.3338)	7.3412*** (0.3227)	99.6839*** (7.8584)	184.9713*** (10.0590)
R^2	0.7131	0.7022	0.0812	0.2603	0.6370	0.6001	0.1558	0.3757
N	3416	3413	3416	3413	13311	13305	13311	13305

三、企业工业门类异质性

从制造业企业所属工业门类来看,可分为轻工业和重工业两个门类。轻工业主要提供生活消费品以及部分生产性原料、半成品的工业部门,从资金密集度来看,大多属于轻资产型企业。重工业是为国民经济提供技术装备、动力及原材料的工业门类,技术基础雄厚,资本密集度高。轻重工业的资本密集度差异也将导致企业持有金融资产倾向性的差异性。分别以轻工业和重工业为样本,估计结果见表11-10。估计出的环境规制强度参数值均为负值并且大多数通过了显著性检验,说明了环境规制抑制了轻工业及重工业企业投资金融化。对比参数值大小,可以看出环境规制对轻工业企业投资金融化的抑制作用要大于重工业。轻重工业在资本存量以及能源消耗上差异悬殊(陈诗一,2010)。据统计,重工业的资本存量是轻工业的5倍以上,重工业往往随着高投资与重资产,环境政策尽管会对重工业成本产生相对更高的影响,但是,重工业投资方向调整速度较为缓慢,企业减持金融资产的倾向也相对较低。因此,环境政策对重工业投资金融化的影响相对较弱。轻工业存在"船小好掉头"的优势,在政府实施环境政策后,轻工业企业较容易地调整投资行为,减持金融资产,环境政策能够产生较大的政策效果。

表11-10 工业门类异质性检验结果

变量	重工业				轻工业			
	风险资产规模	金融资产规模	风险资产占比	金融资产占比	风险资产规模	金融资产规模	风险资产占比	金融资产占比
Erg	-0.0590** (0.0231)	-0.0682*** (0.0239)	-0.5455 (0.6568)	-1.5381* (0.9086)	-0.0799*** (0.0301)	-0.1009*** (0.0294)	-1.3542* (0.7981)	-3.3040*** (1.0442)
Erg_{-kt}	0.2344*** (0.0312)	0.1885*** (0.0332)	-8.4105*** (0.9602)	-16.5274*** (1.5574)	0.2595*** (0.0435)	0.2405*** (0.0434)	-9.4054*** (1.0143)	-14.7741*** (1.5009)
控制变量	是	是	是	是	是	是	是	是
cons	5.9815*** (0.3175)	6.6872*** (0.3244)	111.1433*** (9.7072)	200.4597*** (12.8341)	6.9833*** (0.4373)	7.5358*** (0.4148)	82.6119*** (8.5946)	152.4281*** (10.8976)
R^2	0.6719	0.6127	0.1776	0.3859	0.6297	0.6101	0.1152	0.3267
N	7497	7492	7497	7492	9230	9226	9230	9226

四、企业规模异质性

按照工业产值可将制造业企业分为大企业和小企业。大小企业之间资金与技术实力存在较大差异,企业持有金融资产倾向性也是不同的。一般而言,小企业对抗风险能力相对较弱,具有相对较高的投资金融化倾向,实施环境政策也能够产生较强的激励效应,减持金融资产。大企业往往具有较为稳健的投资方案,环境政策等外部政策冲击对此类企业影响相对较小。为此,本章将工业产值超过全部企业工业产值均值的列为大企业,低于均值的列为小企业,异质性检验结果见表11-11。以大企业为样本,以风险资产规模、金融资产规模、风险资产占比及金融资产占比四个指标为被解释变量,估计出的环境规制强度参数值尽管为负值但均不显著;以小企业为样本,估计出的投资金融化四个参数值均为负值且通过了显著性检验。通过对比,可以看出,加强环境规制能够更加有效地抑制小企业投资金融化,而对大企业的抑制作用并不明显。我国金融运行体系形成资金流向大型企业甚至行业垄断地位企业的现象并未得到根本扭转,致使大企业投资房地产、股市以及一些短期融资平台等高回报行业的状况较为严重。环境政策难以短期内改变大企业投资行为,对其投资金融化的抑制作用不明显。小企业尽管也存在一定程度的投资金融化,但是主要以投资周期短、风险较低的银行理财等金融产品为主,环境政策冲击下,小企业较容易调整投资行为,迅速地减持金融资产,达到抑制投资金融化的目的。

表 11-11 企业规模异质性检验结果

变量	大企业				小企业			
	风险资产规模	金融资产规模	风险资产占比	金融资产占比	风险资产规模	金融资产规模	风险资产占比	金融资产占比
Erg	−0.0366 (0.0524)	−0.0541 (0.0538)	−1.8706 (1.5985)	−3.0182 (1.8945)	−0.0626*** (0.0208)	−0.0788*** (0.0204)	−1.0196* (0.5730)	−2.7180*** (0.7637)
Erg_{-kt}	0.0682* (0.0393)	0.0945** (0.0418)	−3.8365*** (1.0251)	−4.3014*** (1.4948)	0.2589*** (0.0323)	0.2153*** (0.0326)	−10.3683*** (0.8195)	−18.4506*** (1.2594)
控制变量	是	是	是	是	是	是	是	是
cons	6.0727*** (0.7582)	6.1423*** (0.7440)	48.8731** (20.6134)	65.4886** (25.5437)	7.3738*** (0.3499)	8.0782*** (0.3397)	110.3802*** (8.0221)	202.0047*** (10.9819)
R^2	0.7737	0.7551	0.1045	0.2586	0.6026	0.5668	0.1487	0.3640
N	2178	2176	2178	2176	14549	14542	14549	14542

党的十九大报告提出,"增强金融服务实体经济能力,健全金融监管体系,守住不发生系统性金融风险的底线"①。然而,当前制造业企业倾向于持有金融资产,不专注于实体经济,"脱实向虚"问题仍然较为严重。本章从地方政府互动行为入手,系统地分析了环境政策对制造业企业投资金融化的影响。以 2003—2017 年中国上市公司数据为样本,实证检验

---

① 习近平:《决胜全面建成小康社会 夺取新时代中国特色社会主义伟大胜利——在中国共产党第十九次全国代表大会上的报告》,人民出版社 2017 年版,第 34 页。

结果表明:加强环境政策抑制了制造业企业投资金融化,地方政府执行环境政策采取的"标尺行为"向高标准环境政策看齐,也将进一步强化对企业投资金融化的抑制作用。地方政府环境政策还存在空间溢出效应,也将强化对制造业企业投资金融化的抑制作用。在以企业污染程度、所有制类型、工业门类以及企业规模四个维度的异质性检验中,得到以下结论:加强环境政策能够显著地抑制轻污染企业、非国有企业、轻工业以及小企业的投资金融化,而对重污染企业、国有企业、重工业以及大企业的影响相对较小。

第十二章　国内环境政策与产业区位选择

第一节　环境政策与产业区位选择的研究概述

改革开放以来,我国实施了"由沿海到内地"依次渐进开放的发展战略,客观上形成了工业部门东部集聚、中西部地区分散的不平衡经济地理格局。空间结构凸显的"中心—外围"结构,不仅不利于区域间协调发展,而且还可能成为我国顺利跨越"中等收入陷阱"的重要障碍。党的十九大报告指出,发展不平衡不充分,这已经成为满足人民日益增长的美好生活需要的主要制约因素。[①] 为了扭转区域不平衡对经济发展形成的掣肘,我国政府陆续出台了西部大开发、中部崛起、长江经济带等区域振兴战略,并以"一带一路"建设、粤港澳大湾区建设等重大战略为引领,鼓励东部地区工业向中西部地区转移、统筹发达地区和欠发达地区发展(洪俊杰等,2014;卢盛峰等,2018)。如今,东部集聚的工业虽然已经开始跨区域转移,转移规模也有扩大趋势,但是总体转移规模并不大,我国差序化的空间格局也没有发生根本性改变(李娅和伏润民,2010;文东伟和冼国明,2014)。

工业集聚尽管能够节约交易成本、共享劳动力市场以及知识外溢所带来的绩效提升,也能够获得规模经济带来的收益递增。随着人口和工业的集聚,还会降低单位产出的资源消耗和污染排放量,但经济集聚后的

[①] 习近平:《决胜全面建成小康社会　夺取新时代中国特色社会主义伟大胜利——在中国共产党第十九次全国代表大会上的报告》,人民出版社2017年版,第11页。

资源承载负荷加重以及污染集中排放所造成的福利损失也是不可低估的（陆铭和冯皓，2014；孙传旺等，2019）。以水资源为例，东部多个地区水资源承载能力已逼近极限，水质状况不断恶化，福建、广东等10个经济发达的东部省区排放的工业废水占到全国总排放的65%。显然，降低工业集聚程度是东部地区节能减排的重要路径。

自2005年以来，我国政府逐步强化了各类环境规制政策，着手建立起政府命令、经济激励、社会监督等多种环境政策体系。环境政策起到了优化要素结构、降低能源等不可再生资源投入从而减少污染排放的作用；同时，也会激励企业技术创新，提高能源使用效率和生产率，实现污染减排目标（Acemoglu等，2009）。从产业集聚角度来看，倘若环境政策所导致的成本增加超过了工业集聚的本地市场效应和价格指数效应所带来的成本节约之后，工业集聚的离心力和向心力之间原有平衡将会被打破，从而改变工业发展固有的空间格局。这样，环境规制就有可能成为推动工业空间结构转换的外部力量，在其作用下区域经济可能会由平衡转向不平衡发展，也可能由不平衡通过突发性变革转变为平衡结构。

当前，我国各级政府普遍认识到加强环境规制的重要性，虽然我国工业没有发生大规模转移，但是经济地理也已悄然发生了新的变化：东部地区工业产出占比开始下降，而西部地区工业产出占比明显增加。特别是造纸制品、非金属制品等高污染行业，东部地区下降幅度尤为显著，2000年这两个产业的产值东部地区相对比重分别为73.4%和64.4%，2016年东部地区相对比重分别下降为65.14%和43.53%。与此同时，西部地区这两个产业的产值占比由9.3%和12.8%分别上升至10.47%和15.82%。我国工业由东部集聚向西部转移的态势已经初显端倪。我国经济地理出现的上述变化，是否与我国实施的环境政策有关？环境政策是否会导致工业转移继而改变我国工业空间结构？上述问题还不得而知。如果环境政策能够引发工业转移，可能重塑我国经济地理，这将对推动我国空间均衡发展产生重要影响。如果工业集聚程度并未发生明显变化，我国政府可能需要寻找新的区域经济协调发展的政策工具。

学术界关于环境规制政策对产业集聚影响的研究，主要从跨国界转移、跨区域转移和城市内部转移三个视角展开(Dam 和 Scholtens,2008; Mulatu 等,2010;Leiter 等,2011)。其中,产业跨国界转移的研究,大多致力于检验污染产业转移的"污染避风港假说""要素禀赋假说"的真实性。也就是说,判断国际资本在东道国投资是为了转移污染还是为了获得互补性资源？国内外学者就此话题已经取得了较为丰富的研究成果,只不过研究结论差异较大。既有支持环境规制后污染产业从规制强度高的国家向规制较弱国家转移的文献(Jeppesen 等,2002),也有一些支持两者之间存在较弱相关性的研究(Copeland 和 Taylo,2004;Raspiller 和 Riedinger,2008)。

有关产业在城市内部转移的研究,学者们主要基于城市经济理论和城市模型研究环境规制是否会促进污染产业由城市转移至农村、由城市中心转移至城市外围。比如:黄和梅(Hwang 和 Mai,2004)在工业生产规模报酬递减、区位选择是内生变量等一系列假设之下,证明了只要环境税没有超过区位转移的交通成本,污染企业就会在城市中心集聚,而且政府适度提高环境税反而会引起已经转移至城郊的污染企业重返中央商务区,可能造成更多的污染排放。扬和梅(Yang 和 Mai,2013)建立污染税收空间模型分析了环境政策对企业区位、投资以及产出的影响。研究发现,严格的环境规制尽管能够增加污染减排设备投入,但也会形成一种被厂商预期到的推拉力,在"推拉效应"作用下促进污染企业重返中心城区。

有关产业跨区域转移问题,是与本书高度相关的研究主题。基于空间经济理论的主流研究范式是在克鲁格曼(Krugman,1991)、藤田等(Fujita 等,1999)等构建的中心—外围模型(CP)基础上,加入环境影响因子并以此考察环境因素对区位选择的影响。其中,学术界对环境污染以及环境政策是产业集聚的向心力还是离心力存在一定的争议。细江和内藤(Hosoe 和 Naito,2006)、野崎和内藤(Ikazaki 和 Naito,2012)提出环境污染造成了熟练劳动力跨区域流动,环境污染是产业集聚的离心力,并带动产业迁移,这种转移效应在长期中是存在的而短期内并不存在。基里亚科普卢和西帕帕达斯(Kyriakopoulou 和 Xepapadeas,2013)提出知识溢出和成本优势作为产业集聚的向心力,并把环境政策分为两类:"近视的"和"最优的"。其中,"近视的"环境政策是产业集聚的向心力,而"最优的"环境政策则会引起产业转移,是产业集聚的离心力。[①] 范马雷维克(van Marrewijk,2005)对环境污染是产业集聚的离心力提出了质疑,作者构建了包括农业和工业的两部门经济体,论证了农业与工业污染排放的相对数量决定了环境污染推动了工业集聚还是导致工业扩散。

在此基础上,学术界进一步考察了环境规制对产业空间布局的影响。卡尔梅特和佩舒(Calmette 和 Péchoux,2006)建立了两区域垄断竞争模型,说明了环境规制增加污染企业边际成本以及经营风险,但不会改变产业集聚格局。因为通过集聚获得的规模效应足够抵消环境规制所带来的成本增加。朗和夸斯(Lang 和 Quaas,2007)在自由企业家模型(FE)基础上,研究发现环境危害程度决定了工业是否从中心—外围结构转向对称结构或不稳定结构。野崎和内藤(2012)研究表明,环境污染造成的产业转移存在较大的行业异质性。

在实证研究方面,也取得了一定的成果。鲍尔蒂克(Bartik,1988)对世界500强公司的研究、麦康奈尔和施瓦布(McConnell 和 Schwab,1990)对美国汽车组装厂的研究、莱文森(Levinson,1996)以美国制造业统计数据为样本的研究,均认为环境规制对企业成本影响太小,并没有改变厂商的区位选择,这种状况在污染密集型产业中尤其明显。近年来,也有一些研究成果表明环境规制会引起产业转移。比如,康德利夫和摩根(Condliffe 和 Morgan,2009)使用美国统计局数据的研究,发现严格的环境政策阻碍了污染产业在该地区设立和投资,甚至会引起本地企业向外转移,而且环境标准相对于排放税收而言,对污染产业的影响更加显著。

国内外学者也已经关注到我国区域间工业集聚程度的变化,以及污染产业向西部转移现象(冯根福等,2010;白彦和吴言林,2010;罗云辉,2017)。学术界在对我国污染产业转移趋势和特征分析的基础上,探讨

---

① "近视的"环境政策是指该政策没有考虑到污染以及环境政策产生的负面影响,而"最优的"环境政策则是根据污染的外部效应制定污染税等一系列政策措施以实现社会福利最大化。

了环境规制对产业集聚与产业转移的影响。代表性研究包括:傅师雄等(2011)发现,我国污染产业存在从污染环境强度高的东部地区向规制强度低的西部地区转移,中西部地区可能沦为东部污染产业的"避风港"。金祥荣、谭立力(2012)运用新经济地理模型分析了东西部地区环境规制政策的差异性对产业转移的影响。研究发现,西部地区实施宽松的环境规制政策是吸引污染产业西移的推动力。连等(Lian 等,2016)研究了中国各省区环境规制强度对制造业空间选择的影响,研究发现当某个地区放松环境规制之后,将吸引污染密集产业进入,污染密集产业的产业份额随之上升。沈等(Shen 等,2017)以 2001—2014 年广东省工业企业数据为样本,研究了环境规制与污染密集企业区位选择之间关系。研究发现,当政府实施严格的能源节约与污染减排政策之后,将会推动污染密集企业由珠江流域地区转移到非珠江流域地区。还有一些文献并不完全赞同环境规制与产业集聚之间存在简单的正相关关系。比如,刘金林、冉茂盛(2015)发现,环境规制对产业集聚的影响存在显著的地区异质性。在东部地区,环境规制与污染产业集聚之间是"U"型关系,而在中西部地区则是倒"U"型关系。钟茂初等(2015)论证了只有环境规制达到门槛值之后,才会驱动污染产业转移和产业升级。张平、张鹏鹏(2016)分别研究了正式环境规制与非正式环境规制对产业转移的影响。研究发现,正式环境规制对污染密集型产业的区际转移有着显著的影响,而且对其区际转移存在先抑制后促进的作用;非正式环境规制整体上推动了污染密集型产业的区际转移。

综上所述,学术界关于环境规制与产业转移的研究已经取得了较为丰富的成果,但也存在一些明显的缺陷和不足。本章将中国工业企业数据与地级市层面数据对接,不仅考察环境规制对工业转移的总体影响效应,而且还捕捉到环境规制对细分工业(污染工业、非污染工业;重度污染工业、轻度污染工业;废水污染工业、二氧化硫污染工业和烟尘污染工业)及细分地区的异质性影响,揭示了环境规制推动了哪些工业向哪里转移这一迫切需要解决的问题。此外,本书借助于欧洲中期气象预报中心(ECMWF)提供的 Era-interim 数据库,利用风速和边界层高度数据,计算出地级市空气流通系数,作为环境规制的一个工具变量,以缓解潜在的内生性问题,从而可以全面考察环境规制对工业地理分布的影响效应。

第二节　环境规制与产业集聚的实证研究方案

一、计量模型

本章构建以下的计量模型,检验环境规制与产业集聚之间关系:

$$Agglt_{it} = \beta_0 + \beta_1 Erg_{it} + \gamma X_{it} + V_i + V_t + \varepsilon_{it} \tag{12-1}$$

式(12-1)中,下标 i 表示城市、t 表示年份。β_1 是本书关键估计参数,反映了环境规制对产业集聚的影响程度。V_i、V_t 分别代表城市固定效应和年度固定效应。X_{it} 为城市层面的一系列控制变量,包括了市场规模、贸易成本、交通基础设施、市场开放度、劳动力工资水平以及教育状况等。ε_{it} 为随机误差项。

为了进一步考察环境规制是否会引起产业转移,从而导致城市空间结构的改变,本章基于以下模型进行计量检验:

$$IR_{it} = \gamma_0 + \gamma_1 Erg_{it} + \eta X_{it} + V_i + V_t + \varepsilon_{it} \tag{12-2}$$

式(12-2)中,IR 为产业转移指数。由于环境规制对工业转移的影响存在显著的空间溢出效应,即邻近城市环境规制会对本地工业转移产生跨界影响,本章还将利用空间 Durbin 模型来考察环境规制的空间影响效应。

$$IR_{it} = \gamma_0 + \gamma_1 Erg_{it} + \gamma_2 \sum_{j \neq i} w_{ij} Erg_{jt} + \eta X_{it} + V_i + V_t + \varepsilon_{it} \tag{12-3}$$

式(12-3)中,γ_2 刻画了环境规制的空间溢出效应,w_{ij} 为空间权重矩阵。本章依据两城市是否地理上相邻构建二位制权重矩阵。若两个地区相邻设为 1,否则设为 0,之后进行标准化处理。如果估计出的 Erg_{it} 系数为正,说明了环境规制促进了工业转移,验证了本章的理论模型。如果 $\sum_{j \neq i} w_{ij} Erg_{jt}$ 的估计系数为正,说明了邻近城市环境规制推动了本地工业转移。

二、变量说明

（一）产业集聚（$Agglt$）

当前，衡量集聚程度的指标很多，主要包括了就业密度、Gini 系数、Hoover 系数、区位熵、EG 指数等（范剑勇、姚静，2011；胡翠、谢世清，2014）。本书从工业集聚密度层面来进行刻画，并以单位城市面积的工业企业数量（$Cagglt$）、单位城市面积的工业企业就业人数（$Eagglt$）、单位城市面积的工业企业总产值（$Oagglt$）三个指标表示集聚。工业企业数量、工业企业就业人数以及工业企业总产值的数据来自中国工业企业数据库（2004—2013 年），该数据库包括了全部国有企业以及年销售收入超过 500 万元以上的非国有企业。在使用该数据库之前，删除了流动资产大于总资产、总固定资产大于总资产、没有识别编码以及成立时间无效等存在异常值的企业。我们将各年份的工业企业层面数据加总到地级市层面，得到各城市的工业企业数量、工业企业就业人数和总产值。城市面积来自《中国城市统计年鉴》中的地级市行政区域土地面积。

（二）产业转移指数（IR）

产业转移指数反映了不同时期工业活动空间分布的变化情况，涉及时间、工业和空间三个维度。然而，在实际的测算中，大多以各地区某产业产量占全国的份额进行替代处理（洪俊杰等，2014；罗云辉，2017）。上述测算方法最大的问题在于没有能够反映产业转移前后的差异性。本书在赵和殷（Zhao 和 Yin，2011）以及孙晓华等（2018）基础上进行改进：以 t 年地级市工业企业数（就业人数以及总产值）相对于 $t-1$ 年工业企业数（就业人数以及总产值）变化程度表示产业转移，即：$IR_{it} = \dfrac{Y_{it}}{\sum_i Y_{it}} - \dfrac{Y_{it-1}}{\sum_i Y_{it-1}}$。其中的 Y_{it} 表示城市 i 在 t 年的工业企业数（就业人数以及总产值）。为了进一步反映城市各细分产业转移情况，并考虑到城市规模对产业转移程度的影响，在上面公式的基础上，加入了地区经济规模占全国经济规模的比重作为权重。修正后的公式为：

$$IR_{ijt} = \frac{Y_{ijt}}{\sum_i Y_{ijt}} / \frac{\sum_j Y_{ijt}}{\sum_j \sum_i Y_{ijt}} - \frac{Y_{ijt-1}}{\sum_i Y_{ijt-1}} / \frac{\sum_j Y_{ijt-1}}{\sum_j \sum_i Y_{ijt-1}} \qquad (12-4)$$

式(12-4)中，IR_{ijt}表示城市i工业j在t年的产业转移指数，以地级市工业企业数、工业企业就业人数和工业总产值计算出的工业企业数量转移指数、工业企业就业人数转移指数和工业企业总产值转移指数分别记为Cir_{ijt}，Eir_{ijt}，Oir_{ijt}。如果$IR_{ijt}(Cir_{ijt},Eir_{ijt},Oir_{ijt})$大于0表明了在$t$年度$i$城市$j$工业规模相对于$t-1$年度增加了，该地区发生了工业转入；反之，如果$IR_{ijt}(Cir_{ijt},Eir_{ijt},Oir_{ijt})$小于0表明了在$t$年度$i$城市$j$工业规模相对于$t-1$年度减少了，该地区发生了工业转出。

（三）环境规制强度（Erg）

学术界大多从治理环境污染的立法、治污投入以及治污效果三个层面度量环境规制强度，相对而言，基于治污效果的评价指标能够更直接地反映地区环境规制执行效果。本书拟采取各城市治污效果的多个单项指标构建环境规制强度综合指数（王杰、刘斌，2014；沈坤荣等，2017）。首先，选取各城市二氧化硫去除率、烟（粉）尘去除率以及固体废物综合利用率三个单项指标，并对单项指标进行线性标准化处理；其次，对不同城市赋予相应权重（以城市i污染物j占全国同类污染总量比重与城市i工业总产值占全国工业总产值比重之比为权重）；最后，再将各单项指标的标准化值和权重相乘，加总后取均值得到环境规制强度综合指数。

（四）控制变量

包括：（1）贸易成本（Tct）。由于贸易成本与运输距离、运输条件等因素有关，难以准确度量，本章就以单位里程货运价格与运输距离乘积表示贸易成本。运输距离是以各地区到中国最大5个港口（上海港、广州港、宁波—舟山港、天津港、青岛港）的最近距离表示的。（2）市场规模（$Mark$）。寻求广阔的市场空间是企业区位选择的重要因素之一，市场规模越大，越能够吸引企业投资布局，产业集聚程度越高。以各地区社会消费品零售总额表示市场规模。（3）交通基础设施（$Road$）。本章使用地级市的公路数据来衡量各地区的交通基础设施状况,并以公路长度与行政面积之比表示。(4)市场开放程度(Open)。贸易开放程度越高的地区越容易吸引各种类型企业进入,本章以各城市吸收外商直接投资与当年该地区固定资产投资总额之比表示市场开放程度。(5)工资水平(Wage)。在其他条件相同的情况下,一个地区的平均工资越高,对企业的吸引力就越小。以各地区职工平均工资水平表示该地区工资水平。(6)教育状况(Edu)。地区拥有较为完善的教育设施,将为企业提供各种层次的人才和劳动力,也成为企业是否投资的影响因素,文中以各地区每万人中高等学校专任教师数表示当地教育状况。

本章将中国工业企业数据库与中国地级市数据对接,建立2004—2013年283个地级市层面的面板数据。其他数据还来源于《中国工业经济统计年鉴》《中国统计年鉴》。表12-1列出了主要变量的描述性统计。

表12-1 主要变量描述性统计

变量	说明	观测值	均值	标准差	最小值	最大值
$Cagglt$	集聚密度(单位城市面积的工业企业数)	2804	0.1441	0.3373	0.00026	4.2329
$Eagglt$	集聚密度(单位城市面积的工业企业就业人数)	2804	40.0717	119.1014	0.0528	2003.005
$Oagglt$	集聚密度(单位城市面积的工业企业总产值)	2804	22663.88	60672.2	10.2357	1051577
Cir	工业企业数量转移指数	2521	−5.89e−07	0.00089	−0.018	0.0111
Eir	工业企业就业人数转移指数	2521	−1.23e−08	0.00083	−0.0186	0.0127
Oir	工业企业总产值转移指数	2521	−6.00e−08	0.0010	−0.0178	0.0076
Erg	环境规制强度(综合指数)	2512	1.4132	2.3248	0.001	27.2936
$Lmark$	市场规模(对数形式)	2524	13.9839	1.2643	10.0994	18.2181
$Ltct$	贸易成本(对数形式)	2502	8.0700	0.7934	4.5645	9.5241
$Road$	交通基础设施	2821	0.8635	0.4780	0.0289	2.7017
$Open$	市场开放度	2535	0.0411	0.0541	0	0.101
$Lwage$	工资水平(对数形式)	2505	10.2628	0.411	7.5856	15.4665
$Ledu$	教育程度(对数形式)	2402	24.5117	21.6475	0.2202	137.61

第三节 环境规制与产业集聚实证结果分析

一、基准回归结果分析

本章基于模型(12-1)采取逐步回归方法考察环境规制对产业集聚的影响。首先,采取未加入固定效应的最小二乘法估计回归方法;其次,为了克服异方差问题,采取控制地区和年份固定效应的广义最小二乘法(GLS)估计。分别以单位城市面积的工业企业数量($Cagglt$)、单位城市面积的工业企业就业人数($Eagglt$)、单位城市面积的工业总产值($Oagglt$)三个表示产业集聚的指标为被解释变量,实证结果见表12-2。估计出的环境规制强度为显著的负值,并通过了显著性检验。环境规制强度综合指数每提高1%,以工业企业数表征的集聚度下降了0.07%—0.11%,以工业企业就业人数和工业企业总产值表征的集聚度分别下降了0.79%—0.87%和2.02%—2.53%。该结果说明了随着环境规制强度的提高,工业存在由集聚转向分散的趋势,实证结果验证了环境规制是工业集聚的离心力。由于学术界已证实了产业集聚对技术创新具有显著的促进作用,并且集聚通过形成专业化劳动力池、知识溢出、产业间关联等多个途径促进了经济增长(Audretsch 和 Feldman,1996;Duranton 和 Puga,2004),本章得出了环境规制引起工业走向分散,也就意味着环境规制在短期内主要发挥了"污染减排"作用,但还难以实现"提质增效",兼顾经济增长的功能(He 和 Wang,2012;于斌斌等,2019)。

控制变量的估计结果显示,市场规模的提高,将会促进产业集聚。这主要源于国内市场能够为产业专业化集聚和多样化集聚提供巨大的需求支撑。交通基础设施的改善、地区教育状况的提升促进了产业集聚,这个结果反映了随着地区外部环境优化,降低了企业经营风险和生产成本,将促进产业集聚。市场开放水平的扩大能够促进产业集聚,这个结果与我国改革开放四十多年来工业向东部沿海集聚的趋势也是吻合的。此外,估计结果还表明:随着贸易成本以及劳动力工资水平的提高,增加了企业经营成本,不利于产业集聚。

表 12-2 环境规制与产业集聚的基准回归

变量	被解释变量:Cagglt		被解释变量:Eagglt		被解释变量:Oagglt	
	(1)	(2)	(3)	(4)	(5)	(6)
Erg	−0.0011** (2.02)	−0.0007*** (2.80)	−0.0087** (−2.02)	−0.0079** (−2.30)	−0.0253*** (−4.89)	−0.0202*** (−4.22)
Lmark	0.0353*** (2.89)	0.0299* (1.96)	1.8122*** (3.93)	0.8381*** (2.60)	0.6589*** (9.71)	0.0941 (1.25)
Ltct	−0.0862*** (−7.84)	−0.0735*** (−4.15)	−1.0767** (−2.04)	−0.7932 (−0.05)	−0.718*** (−9.47)	−2.4962 (−1.04)
Road	0.0824*** (9.54)	0.0445*** (4.29)	1.6790*** (5.48)	1.5491*** (4.34)	0.3654*** (7.83)	0.2793*** (5.47)
Open	0.0091*** (3.18)	0.0027*** (3.05)	1.3538*** (8.08)	1.3181*** (7.54)	0.0175 (1.07)	0.3803 (1.52)
Lwage	−0.0032 (−0.19)	−0.0215 (−1.05)	−0.8154 (−1.37)	−0.2693*** (−3.84)	−0.587*** (−6.92)	−0.0436 (−0.43)
Ledu	0.0132** (2.21)	0.0129** (2.06)	0.2412 (1.09)	0.1635 (0.76)	0.0416*** (3.24)	0.0095*** (3.31)
地区效应	不控制	控制	不控制	控制	不控制	控制
年份效应	不控制	控制	不控制	控制	不控制	控制
观测值数	2555	2555	2555	2555	2555	2555
R^2	0.3145	0.9402	0.3220	0.9503	0.6864	0.912

注:括号里的是 t 值,*、**、***分别表示在10%、5%、1%的水平上显著,下表同。

基于列(2)—列(3)考察环境规制与产业转移之间关系的基准回归结果见表 12-3。文中分别报告了以工业企业数量转移指数(Cir)、工业企业就业人数转移指数(Eir)和工业企业总产值转移指数(Oir)为被解释变量的检验结果。① 我们发现,本地环境规制的估计系数为显著的正值,并且,本地环境规制强度提高1%,工业转移指数将分别提高0.013%—0.073%。这个结果揭示了环境规制能够显著地引起工业转移并造成了工业空间结构的改变,但其影响程度相对较小,还难以引发大规模的工业

---

① 在实证检验中工业企业数量转移指数(Cir)、工业企业就业人数转移指数(Eir)和工业企业总产值转移指数(Oir)均取了绝对值。

布局重构。主要原因在于以下几个方面:第一,我国环境规制强度总体较低,环境成本在企业生产成本中所占份额相对较低,对企业区位选择的影响力较弱。特别是,我国各地区并没有建立起较为完善的环境规制政策体系,环境规制工具不完善,尚未构成对企业投资流向、区位选择的有效约束。第二,环境规制"倒逼机制"在一定程度上化解了规制成本带来的迁移效应。企业为了应对政府的环境规制约束,必须对技术水平以及内部的产品结构、组织结构和管理方式进行相应的调整才能缓解环境成本上升带来的负面冲击。环境规制"倒逼"产业升级,部分抵消了环境规制后成本增加而引起的区位调整。第三,要素禀赋可能仍是影响企业区位选择的主要因素。企业选择留在本地还是向区域外扩散,很大程度上取决于该地区的要素禀赋条件。如果在该地区能够获得低廉的土地、劳动力等初级生产要素以及高端人才、融资平台等高端要素,企业可能就会选择在此投资,而不会轻易地进行区位布局的调整。

估计出的相邻近城市环境规制参数值尽管为正值但大多不显著,在一定程度上反映了邻近城市的环境规制不会促进本地产业转移。已有研究表明,我国不同城市在环境规制执行中存在"逐底竞争"趋势,当相邻近城市一旦加强环境规制,就会使企业产生明显的空间选择效应,即从相邻城市转移到环境规制强度较低的本地,以规避环境风险(沈坤荣等,2017;金刚、沈坤荣,2018)。然而,本章估计结果不显著,就无法进行有效的统计推断。这可能是因为环境规制强度存在内生性问题使系数估计结果未能通过显著性检验,也可能因地区间及行业间存在较大的异质性,造成了结果不稳健。

表 12-3 环境规制与产业转移的基准回归

变量	被解释变量:Cir			被解释变量:Eir			被解释变量:Oir		
	(1)	(2)	(3)	(4)	(5)	(6)	(7)	(8)	(9)
Erg	0.00013* (1.98)	0.00014* (1.72)	0.00014* (1.88)	0.00037 (1.33)	0.00073*** (2.92)	0.00016** (2.14)	0.00013* (1.95)	0.00013* (1.96)	0.00013** (2.15)
$WErg$		1.18e-06 (0.67)	1.73e-06 (1.35)		1.50e-06 (0.52)	8.51e-06* (1.73)		5.81e-07 (0.17)	5.61e-06* (1.96)

续表

变量	被解释变量:Cir			被解释变量:Eir			被解释变量:Oir		
	(1)	(2)	(3)	(4)	(5)	(6)	(7)	(8)	(9)
控制变量	是	是	是	是	是	是	是	是	是
地区效应	不控制	不控制	控制	不控制	不控制	控制	不控制	不控制	控制
年份效应	不控制	不控制	控制	不控制	不控制	控制	不控制	不控制	控制
观测值数	2419	2419	2419	2419	2419	2419	2304	2304	2304
R^2	0.3965	0.3998	0.3367	0.4445	0.4418	0.4457	0.3158	0.3166	0.3653

注:为了便于分析,对被解释变量(Cir、Eir、Oir)均取了绝对值。

二、内生性分析

理论上而言,环境规制与产业集聚之间可能存在双向因果关系:环境规制引起产业集聚度的下降,而产业集聚也会对环境规制产生反作用。比如,为了增强产业集聚度、尽可能地将工业留在本地,当地政府可能会放松环境规制。因此,列(1)中的解释变量就可能存在内生性。此外,环境规制与产业转移之间也存在类似的问题。本书拟采取 IV 估计克服内生性问题,参照赫林和庞塞特(2014)、沈坤荣等(2017)以及陈诗一、陈登科(2018)的做法,分别以空气流通系数(Air)和环境规制强度滞后一期变量($L.Erg$)作为工具变量。本章对空气流通系数与环境规制强度之间关系进行了检验,发现空气流通系数与环境规制强度存在显著的负向关系,说明了空气流通系数在一定程度上能够反映环境质量,满足了工具变量的相关性要求。同时,空气流通系数是由该地区的风速和大气边界层高度决定的,它们均属于地理和气候等自然因素,满足了工具变量的外生性要求。欧洲中期气象预报中心(ECMWF)官网提供的 Era-interim 数据库,记录了自1979年以来全球各个经纬度下的大气数据。该数据可以按照经纬度的1.0°×1.0°形式,将全球划分为360×181个栅格区块。本章首先查询并记录下我国各个地级市的经纬度。其次,利用 Era-interim 数据库,使用 Matlab 的 reshape 语句,将风速和边界层高度数据分别进行二维化处理。最后,将不同城市每年对应的风速和边界层高度的数据相乘,就可以得到各个地级市不同年份的空气流通系数。

表12-4中的列(1)和最后一行分别验证了工具变量同时满足了相关性和外生性要求。列(2)—列(5)报告了IV估计的回归结果。列(2)是以产业集聚度($Oagglt$)为被解释变量的估计结果,环境规制强度系数显著为负,系数与基准回归相比,其影响程度有所增加。这表明了当采用IV估计时,环境规制对产业集聚影响程度有一定幅度的上升。研究结果也进一步说明了环境规制显著地推动了产业由集聚走向分散。表中列(3)—列(5)分别报告了以工业转移指数为被解释变量的估计结果。估计出的环境规制强度均为显著的正值,与基准回归相比,结果较为接近,并与莱文森(1996)、杰普森等(2002)等的研究结论也是吻合的。研究结果表明,环境规制显著地促进了产业转移,并影响着我国产业空间分布。该结果在一定程度上解释了环境规制是引起产业转移的重要推动力,可能打破中心—外围格局,使经济结构趋向均衡化。只不过,当前环境规制影响力相对较小,还难以使我国产业结构发生大规模改变。

表12-4　工具变量法(IV)估计结果

变量	Erg	$Oagglt$	Cir	Eir	Oir
	(1)	(2)	(3)	(4)	(5)
Erg		−0.1774*** (−7.53)	0.000208* (1.88)	0.000154** (2.04)	0.000296* (1.92)
$WErg$			2.94e−07 (0.10)	6.85e−06 (0.19)	8.88e−07 (0.21)
$IV:Air$	−0.3880*** (−2.61)				
$IV2:L.Erg$	0.196*** (7.68)				
控制变量	是	是	是	是	是
观测值数	2315	2132	2132	2132	2132
弱工具变量检验(P值)		0.0000	0.0000	0.0000	0.0000
过度约束检验(p值)		0.4682	0.1811	0.2388	0.3356

注:产业集聚是以单位城市面积的工业企业总产值($Oagglt$)表示的;工业转移指数(Cir、Eir、Oir)均取了绝对值;回归方法为两阶段最小二乘法。

三、稳健性分析

为了验证模型设定及估计结果的稳定性,我们还开展了以下三种策略的稳健性检验:

(一)重新度量环境规制强度

本章基于污染减排效果数据构建的环境规制综合评价指标尽管能够反映一个地区的环境规制强度,但是,无法判断环境立法及环境处罚等规则手段对具体企业的实施效果。在稳健性检验中,拟采取各地级市环境违规企业数占全部工业企业数量的比重表示环境规制强度。其中,环境违规企业数据来自公众环境研究中心公布的全国企业环境监管信息数据库。该数据库提供了各地区 606 万条企业的环境监管记录情况。由于环境监管记录是依据环保部门出具的企业环境违规记录通知书而登记的,本章将有环境不良记录的企业确定为环境违规企业。由于该数据仅提供 2009 年以来有不良环境记录的企业详细名单,稳健性检验的样本期限确定为 2009—2013 年。表 12-5 的前 3 列报告了重新度量环境规制强度指标之后的估计结果。估计出的环境规制参数值均通过了显著性检验,参数值符号与表 12-3、表 12-4 均是一致的。结果稳健地表明环境规制促进了产业分散,并推动了产业转移。

(二)空间权重矩阵的调整

本章采取地理距离权重矩阵重新刻画环境规制的空间溢出效应。地理距离权重矩阵是以城市 i 与城市 j 之间直线距离的倒数表示的。该权重矩阵相对于 0—1 型矩阵的优点在于能够反映出地理距离在环境规制影响效应中的作用。文中分别报告了以工业企业数量转移指数(Cir)和工业企业总产值转移指数(Oir)为被解释变量的估计结果,估计出的环境规制强度为显著的正值,从而能够稳健地得出本地环境规制促进了产业转移。

值得注意的是,重新设置空间权重矩阵之后,估计出的 $WErg$ 参数值仍不显著,反映了地理邻近城市环境规制不会对本地产业转移产生显著影响。该结果也具有一定的合理性:一方面,地理距离邻近城市,特别是在同一省区的地级市之间,环境规制强度差异较小,将会抑制本地产业向邻近城市转移。另一方面,随着高铁开通等交通运输条件的改善,基于区位条件的邻近地区比较优势逐渐丧失,也会遏制产业就近转移。此外,倘若产业就近转移还将致使区域产业结构高度趋同,区域间重复建设引发的资源配置扭曲,引起效率低下,对企业产生了挤出效应,也将阻止产业向邻近地区转移。

(三)安慰剂检验

《中国生态环境状况公报》提供了我国空气质量相对较好的20个城市目录,同时考虑到2008年以后我国环境规制强度有较大程度的提高,将2009年之前的子样本构造成一个虚假样本组(沈坤荣等,2017;于斌斌等,2019)。可以预期的是,生态环境较好的城市大多属于服务业占比及清洁工业占比较高的城市,污染密集型工业占比相对较低,环境规制不大可能对这些城市工业转移产生显著影响。表12-5中的列(6)报告了安慰剂检验结果。可以发现,环境规制强度尽管为正但不显著,安慰剂检验结果有效地支持了环境规制促进城市产业转移。

表12-5 稳健性检验结果

变量	重新度量环境规制		重新设置空间权重矩阵		安慰剂检验	
	Oagglt	*Oir*	*Oir*	*Cir*	*Oir*	*Oir*
	(1)	(2)	(3)	(4)	(5)	(6)
Erg	-0.00583*** (-2.71)	0.00058** (2.04)	0.00035** (2.14)	0.00072*** (2.69)	0.00037* (1.95)	0.00071 (1.35)
$WErg$			0.000019 (0.01)	4.31e-07 (0.06)	0.01630 (0.48)	0.0001719 (0.77)
控制变量	是	是	是	是	是	是
地区效应	控制	控制	控制	控制	控制	不控制
年份效应	控制	控制	控制	控制	控制	不控制
观测值数	1350	1352	1352	1353	1345	136
R^2	0.419	0.5018	0.5204	0.2651	0.4168	0.3436

注:安慰剂检验中在《中国生态环境状况公报》目录中剔除了数据不全的海口、拉萨两个空气质量较好的城市。

第十二章 国内环境政策与产业区位选择

第四节 行业—区域—空间异质性检验

还有三个异质性现象值得关注:行业异质性、区域异质性和空间转换异质性。在接下来的研究中,本章将探讨环境规制对产业转移的影响是否存在多重异质性。

一、行业异质性分析

不同行业要素投入与生产过程的"清洁化"程度的差异性,造成了行业间环境"合规成本"的趋异性。在同一地区即使面临相同的环境规制,污染工业的环境"合规成本"也要明显地要高于清洁工业。从这个角度来看,环境规制对污染程度高的工业可能产生更高的"转移效应"。基于此,本章从三个维度开展行业异质性检验:第一,污染工业与非污染工业;第二,重度污染工业与轻度污染工业;第三,废水污染工业、二氧化硫污染工业和烟尘污染工业。

污染工业的确定参照了国务院在 2006 年发布的《关于开展第一次全国污染源普查的通知》中公布的污染产业目录以及赵细康(2003)、豆建民、崔书会(2018)等学者的研究,将有色金属矿采选业、非金属矿采选业、农副食品加工业、食品制造业、饮料制造业、纺织业、造纸及纸制品业、石油加工、炼焦及核燃料加工业、化学原料及化学制品制造业、化学纤维制造业、非金属矿物制品业、黑色金属冶炼及压延加工业、电力、热力的生产和供应业 13 个行业确定为污染工业,其余的为非污染工业。在污染工业中细分为重度污染工业和轻度污染工业。其中,电力、热力生产和供应业、非金属矿物制品业、黑色金属冶炼及压延加工业、化学原料及化学制品制造业、造纸及纸制品业 5 个行业为重度污染工业,其余的 8 个行业为轻度污染工业。按照主要污染物来源,将污染工业分为废水污染工业、二氧化硫污染工业和烟尘污染工业。其中,有色金属矿采选业、农副食品加工业、食品制造业、饮料制造业、纺织业、造纸及纸制品业、石油加工、炼焦及核燃料加工业、化学原料及化学制品制造业、化学纤维制造业、电力、热力的生产和供应业等行业为废水污染工业;有色金属矿采选业、造纸及纸制品业、石油加工/炼焦及核燃料加工业、非金属矿物制品业、黑色金属冶炼及压延加工业、电力、热力的生产和供应业等行业为二氧化硫污染工业;非金属矿采选业、造纸及纸制品业、石油加工、炼焦及核燃料加工业、化学原料及化学制品制造业、非金属矿物制品业、黑色金属冶炼及压延加工业、电力、热力的生产和供应业等行业作为烟尘污染工业。

研究发现(见表12-6),环境规制显著地促进了城市污染产业转移,而对非污染产业的影响不明显;环境规制对重度污染工业转移的影响程度高于轻度污染工业。这个研究结论与已有理论是相符合的,说明了污染强度高的工业具有相对较高的环境"合规成本",环境规制增加了企业环境遵从成本,降低了生产效率和市场竞争力,迫使重度污染工业跨区域转移(包群等,2013;金刚、沈坤荣,2018)。该结果也在一定程度上反映了一个城市提升环境规制强度后未能够有效地促进企业采取更加先进的治污技术,也未能激发企业技术创新,提高竞争力,从而造成明显的"转移效应",而不是"创新效应"。

表12-6 行业异质性

变量	污染工业	非污染工业	重度污染工业	轻度污染工业	废水污染工业	二氧化硫污染工业	烟尘污染工业
	(1)	(2)	(3)	(4)	(5)	(6)	(7)
Erg	0.00024** (2.20)	1.84e-05 (0.14)	0.00028* (1.95)	0.000017* (1.83)	0.000016* (1.97)	0.000018** (2.11)	0.000019* (1.95)
$WErg$	-1.65e-06 (-0.52)	1.30e-06 (0.23)	3.12e-06 (0.60)	1.79e-06 (0.40)	1.52e-06 (0.39)	2.46e-06 (0.40)	2.15e-06 (0.44)
控制变量	是	是	是	是	是	是	是
地区效应	控制	控制	控制	控制	控制	控制	控制
年份效应	控制	控制	控制	控制	控制	控制	控制
观测值数	2461	2461	2458	2461	2304	2304	2304
R^2	0.3971	0.2807	0.2641	0.3998	0.3113	0.27780	0.2999

注:产业转移是以工业企业总产值转移指数(Oir)表示的,并取了绝对值。

二、区域异质性分析

中国地区间要素禀赋与经济发展水平差异明显,环境规制强度以及对污染产业容忍程度也存在显著的地区异质性。比如,宝钢计划在2012—2022年从上海迁出300万吨钢铁产能,青海、新疆等西部地区曾以各种优惠条件吸引宝钢入驻。在一定程度上反映了东部地区为了产业升级而进行必要的"驱污"行为,西部地区则会承接发达地区转出的高能耗和高污染产业,成为"吸污"的场所。为了考察环境规制影响工业及污染工业转移的区域差异性,根据城市所在省区分为东部、中部和西部三组进行分样本检验。

每个区域的前两列是以工业企业总产值转移指数(Oir)为被解释变量的,表12-7中,列(3)是以污染工业转移指数为被解释变量的估计结果。估计出的环境规制强度参数值,均为正值。环境规制对东部地区和西部地区影响程度较大,而对中部地区产业转移影响程度较小。东部地区有着前沿的技术水平、发达的金融市场以及完整的产业体系,同时,也是环境规制强度较高的地区,污染工业及落后产能在东部地区生存空间狭小,存在向区域外转移的动力。西部地区产业基础薄弱,为了吸引国内外投资,可能实施"逐底竞争"的环境规制政策,成为东部地区转移出工业的接纳地。2000—2014年的统计数据表明,西部地区污染工业中除了黑色金属冶炼、化学纤维、化学原料等少数工业出现了产值比重下降之外,绝大部分工业产值比重都有着不同程度的上升,特别是煤炭开采、石油和天然气开采业、饮料制造业等污染工业西部地区产值比重增长尤为迅速(在同时期,东部地区的产值比重出现了大幅度的下降,特别是煤炭开采、非金属制品等高污染工业)。因此,加强环境规制促进工业转移过程中如何避免或减缓污染工业跨区域转移成为另一个值得研究的主题。

表 12-7 区域异质性

变量	东部地区			中部地区			西部地区		
	(1)	(2)	(3)	(4)	(5)	(6)	(7)	(8)	(9)
Erg	0.00074** (2.10)	0.00079*** (2.66)	0.00106** (2.09)	0.00004* (1.86)	0.00001 (1.25)	0.00001* (1.75)	0.00057** (2.52)	0.00081** (2.31)	0.00001** (2.63)
$WErg$		4.58e-06 (0.63)	2.88e-05 (0.11)		2.46e-06 (-0.95)	3.54e-06 (1.50)		3.88e-06 (0.71)	3.00e-07 (0.91)
控制变量	是	是	是	是	是	是	是	是	是
地区效应	控制	控制	控制	控制	控制	控制	控制	控制	控制
年份效应	控制	控制	控制	控制	控制	控制	控制	控制	控制
观测值数	996	996	996	947	947	947	515	515	515
R^2	0.3523	0.3600	0.7905	0.2990	0.2040	0.7746	0.2153	0.2617	0.4381

注：污染产业转移指数是以污染工业总产值数据并利用式(12-4)计算的，并取了绝对值。东部地区包括北京、天津、河北、辽宁、上海、江苏、浙江、福建、山东、广东10个省份；中部地区包括山西、吉林、黑龙江、安徽、江西、河南、湖北和湖南8个省份；西部地区包括内蒙古、广西、重庆、四川、贵州、云南、陕西、甘肃、青海、宁夏10个省份。

三、空间转换异质性

以 2005—2013 年各地级市产业转移指数的均值为依据，将产业转移指数大于 0 的地区为产业转入地区，产业转移指数小于 0 的地区为产业转出地区，分别考察环境规制对污染工业、重度污染工业及轻度污染工业转移的影响。

对于转出地区，环境规制强度参数值为正值并且通过了显著性检验。表 12-8 结果表明，环境规制有助于促进转出地区的污染工业向外转移。而且，环境规制对于重度污染工业的影响程度明显地超过了轻度污染工业，环境规制强度提高 1%，重度污染工业和轻度污染工业分别向外转移了 0.014% 和 0.0062%。该结果与表 12-7 的研究结果也是一致的。

对于转入地区，估计出的环境规制参数值均不显著，表明了环境规制并不能显著地推动转入地区产业转入。可能的原因有两个：第一，从微观层面来看，产业转移是企业投资行为在空间层面的重新调整，企业会选择投资成本低、回报率高的地区。环境规制是企业考虑的一个因素，但地区

第十二章 国内环境政策与产业区位选择

的市场环境、地方政府的税收政策与行政效率等因素技能对企业投资布局产生了更大程度的影响(Davies和Eckel,2010)。第二,以污染工业为样本得到的估计结果不显著,也说明了转入地区转入或新增的企业并非都是污染企业,也可能包括了大量的非污染企业。

表 12-8 空间转换异质性

变量	转入地区			转出地区		
	污染工业	重度污染工业	轻度污染工业	污染工业	重度污染工业	轻度污染工业
	(1)	(2)	(3)	(4)	(5)	(6)
Erg	0.000011 (0.79)	0.000010 (0.49)	0.000011 (0.60)	0.000011** (2.44)	0.00014** (2.41)	0.000062** (2.19)
$WErg$	0.000011** (2.19)	0.000012 (1.51)	0.000014 (1.59)	0.000063 (0.91)	0.00007 (0.71)	0.000013 (0.95)
控制变量	是	是	是	是	是	是
地区效应	控制	控制	控制	控制	控制	控制
年份效应	控制	控制	控制	控制	控制	控制
观测值数	1471	1471	1471	988	988	988
R^2	0.3295	0.2290	0.3157	0.2724	0.3858	0.3490

注:污染工业、重度污染工业及轻度污染工业转移指数均是以工业企业总产值为基础计算的。

近年来,我国暴露出的资源约束与环境污染问题日益严重,加强环境规制的呼声也越来越强烈。环境规制凭借政策威慑力能够抑制企业污染排放,这种规制效果是工业企业通过降低产能或提高能耗效率,抑或是将产业转移到环境规制强度低的地区而实现的。本书所关心的是后者:加强环境规制之后,是否会推动产业由东部集聚向西部转移,什么样的产业会发生跨区域转移,继而改变我国非均衡的区域空间结构。

本章将中国工业企业数据与地级市层面数据对接,检验了环境规制与产业集聚及产业转移之间关系。研究发现,环境规制能够显著地促进产业分散并推动产业转移。环境规制对污染工业转移的影响程度超过了非污染工业、对重度污染工业的影响程度超过了轻度污染工业。环境规制对东部和西部地区工业及污染工业转移的影响程度超过了中部地区。

第十三章 国内外环境政策互动与企业行为的实证检验

从 1992 年联合国环境与发展大会发布《里约宣言》开始,国际社会为推动贸易与可持续发展开展了多个层次的国际环境合作。世界贸易组织成立后,世界贸易组织框架下的《农业协议》《实施卫生与植物卫生措施协议》《技术性贸易壁垒协议》《服务贸易总协议》等协议中设置了环境保护条款。近年来,随着世界贸易组织在边境内议题谈判上进展缓慢,世界各国纷纷加入了双边或区域自由贸易协定,国际贸易规则也出现了"深度化"趋势。在自由贸易协定中引入环境保护条款也是边境内规则发展的重要趋势。

自由贸易协定环境保护条款属于深度一体化的边境内条款,要求缔约国承担起环境保护责任,增加了企业环境遵从成本,从而在一定程度上制约进出口贸易增长。自由贸易协定环境保护条款可以有效地降低贸易政策不确定性,产生贸易创造效应。同时我们也应该注意到,签署自由贸易协定环境保护条款建立起环境争端解决机制、污染产品市场准入制度等,反映了成员在环境保护政策方面加强相互协调的趋势。自由贸易协定环境保护条款能够起到对国内产业规制的作用,实现节能减排目标,也深刻地影响出口产品国际竞争力。此外,自由贸易协定环境保护条款对不同污染密集产品贸易还将产生异质性的影响。从企业层面来看,企业为了应对自由贸易协定环境保护条款的外部冲击,可能将更多资源集中于生产具有较高竞争力的产品,放弃竞争力较低的产品,从而可能减少污染产品出口而增加清洁产品出口(Bernard 等,2010;Mayer 等,2014)。然而,自由贸易协定环境保护条款也可能会推动企业绿色创新,引导企业采

第十三章　国内外环境政策互动与企业行为的实证检验

取更加清洁的技术和要素投入,使企业生产过程"清洁化",可能提高污染产品竞争力,促进企业增加污染产品出口。可见,自由贸易协定环境保护条款对清洁产品(污染产品)出口的影响存在不确定性。最终结果可能取决于自由贸易协定环境保护条款与各国国内环境规制强度。具体而言,对于环境规制强度较低的国家,自由贸易协定环境保护条款将会产生明显的环境遵从成本,使当地企业面临更加严峻的出口竞争压力,削弱了环境敏感产品的比较优势,产生了巨大的出口转移或破坏效应。对于环境规制强度相对较高的国家,自由贸易协定环境保护条款不仅不会影响国内企业生产成本,这些国家企业反而可以凭借环境高标准以及自身优势较容易地进入他国市场,同时提高了本国市场准入门槛,产生较为显著的贸易创造效应。

自由贸易协定环境保护条款与国内环境规制对国际贸易的影响存在一定的相似性也有诸多差异性:相似性主要表现在自由贸易协定环境保护条款属于边境内规则,能够引导和规制国内产业发展,对国内污染产业起到威慑作用,达到节能降耗的目标;两者差异性反映在当前自由贸易协定环境保护条款大多属于宣言式或忠告式的,法律约束力还相对较低,自由贸易协定环境保护条款相对于国内环境规制而言,影响程度可能相对较弱。当前,许多学者已经发现国内外环境规制对出口贸易均产生了显著的抑制作用(Costantini 和 Crespi,2008;盛丹、张慧玲,2017)。其中,国内环境规制通过增加企业生产成本、降低出口企业比较优势、增添环境约束等路径抑制了产品出口;国外实施高标准的环境规制措施,将抬高国内企业出口门槛,也将抑制产品出口(Hering 和 Poncer,2014)。然而,学术界并未就自由贸易协定环境保护条款对出口贸易的影响、自由贸易协定环境保护条款对清洁(污染)产品出口贸易的影响等问题展开深入研究。主要原因在于自由贸易协定环境保护条款涉及与贸易伙伴之间的协调问题,自由贸易协定环境保护条款对出口贸易的影响机制更加复杂。从企业层面来看,企业为了应对自由贸易协定环境保护条款外部冲击,可能将更多资源集中于生产具有较高竞争力的产品,放弃竞争力较低的产品,从而可能减少污染产品出口而增加清洁产品出口(Bernard 等,2010;Mayer

等,2014)。然而,自由贸易协定环境保护条款也可能会推动企业绿色创新,引导企业采取更加清洁的技术和要素投入,使企业生产过程"清洁化",可能提高污染产品竞争力,促进企业增加污染产品出口。可见,自由贸易协定环境保护条款对清洁产品(污染产品)出口的影响存在不确定性。并且,这种影响效应会在不同类型国家以及企业中产生非对称性影响,使自由贸易协定环境保护条款对进出口贸易的影响存在较大的复杂性。

为此,本章在对自由贸易协定环境保护条款与国内环境政策互动理论分析的基础上,实证检验国内外环境政策互动对企业生产率、出口产品转换率以及绿色技术创新的影响,探明自由贸易协定环境保护条款与国内环境政策互动对企业行为影响效应的差异性。

第一节 国内外环境政策与企业生产率的实证检验

一、基本回归模型

为了考察国内外环境政策与企业全要素生产率之间的关系,本章构建以下计量模型:

$$tfp_{ijt} = \alpha_0 + \alpha_1 EI_{jt} + \alpha_2 fEI_{jt} + \alpha_3 \ln rev_{ijt} + \alpha_4 \ln mw_{ijt} \\ + \alpha_5 \ln I_{ijt} + \alpha_6 age_{ijt} + \varepsilon_{it} \quad (13-1)$$

式(13-1)中,下标 i、j、t 分别表示企业、地区和年份,被解释变量 tfp_{ijt} 代表企业 i 在 t 年度全要素生产率。EI_{jt} 代表地区 j 环境规制强度,fEI_{jt} 代表自由贸易协定环境保护条款。控制变量包括了企业规模($\ln rev_{ijt}$)、平均工资($\ln mw_{ijt}$)、投资额($\ln I_{ijt}$)以及企业年限(age_{ijt})等企业层面变量。ε_{it} 表示误差项。使用2004—2013年国泰安数据库的上市公司财务及基本信息数据以及中国海关数据库的进出口数据,通过企业名称将这两个数据库进行匹配。其他相关数据来源于中国城市数据库及中国环境数据库。相关指标计算方法与第十章相同。

二、回归结果分析

本章选取四个指标衡量国际环境规制强度:(1)企业出口目的国与我国签订的自由贸易协定中是否具有环境保护条款(SER),若含有具体的环境保护条款则赋值为1,反之,SER=0。(2)企业出口目的国与我国签订的自由贸易协定中的环境保护条款是否具有法律约束力(law)。将具有法律约束力的环境保护条款赋值为1,而不具有法律约束力的环境保护条款赋值为0。(3)出口目的国与我国签订的自由贸易协定中是否具有独立的环境章节(chapter)。若具有独立的环境章节则赋值为1,反之,chapter=0。(4)出口目的国环境规制强度是以该国人均二氧化碳排放量表示(CO_2)。回归结果见表13-1,列(1)—列(3)分别加入了自由贸易协定环境保护条款的虚拟变量。估计出的国内环境规制强度系数仍显著为正,而 SER、law、chapter 的系数都为正,其中自由贸易协定中是否含有具体环境保护条款(SER)的系数在1%的水平上显著为正,这说明加强国际环境规制会促进我国出口企业全要素生产率的提升。出口企业为了满足国际环境标准以及国际环境监管等规制的要求,将通过研发新材料、开发新技术、更新设备等方式进行技术开发和工艺改造,这些做法都将对出口企业生产率提升产生积极作用。国际环境规制还会倒逼出口企业通过严苛的环境标准认证,突破发达国家设置的"绿色壁垒",从而有助于出口企业生产率的提升。

表13-1 国内外环境政策与出口企业生产率的回归结果

变量	tfp_SER	tfp_law	tfp_chapter
	(1)	(2)	(3)
EI	0.0302*** (0.0032)	0.0302*** (0.0032)	0.0302*** (0.0032)
SER	0.0524*** (0.0187)		
law		0.0241 (0.0157)	

续表

变量	tfp_SER （1）	tfp_law （2）	tfp_chapter （3）
chapter			0.0288 (0.0193)
CO_2	-0.0092*** (0.0018)	-0.0061*** (0.0013)	-0.0062*** (0.0013)
控制变量	是	是	是
cons	-1.7407*** (0.1353)	-1.7434*** (0.1359)	-1.7495*** (0.1369)
R^2	0.7490	0.7488	0.7488
N	2071	2071	2071

第二节 国内外环境政策与出口产品转换的实证检验

一、基本回归模型

为了考察国内外环境政策与出口产品转换之间关系，本章构建以下计量模型：

$$Switch_{ijt} = \alpha_0 + \alpha_1 EI_{jt} + \alpha_2 fEI_{jt} + \alpha_3 \ln rev_{ijt} + \alpha_4 \ln mw_{ijt} + \alpha_5 \ln I_{ijt} + \alpha_6 age_{ijt} + \varepsilon_{it} \quad (13-2)$$

式（13-2）中，下标 i、j、t 分别表示企业、地区和年份，被解释变量 $Switch_{ijt}$ 代表企业 i 在 t 年度出口产品转换率。使用2004—2013年国泰安数据库的上市公司财务及基本信息数据以及中国海关数据库的进出口数据，通过企业名称将这两个数据库进行匹配。其他相关数据来源于中国城市数据库及中国环境数据库。相关指标计算方法与第十章相同。

二、回归结果分析

该部分将检验国内外环境政策与出口产品转换率之间的关系，进一

第十三章 国内外环境政策互动与企业行为的实证检验

步观察企业出口产品转换行为中的绿色产品与污染产品转换行为,并将出口产品转换率细分为绿色产品出口增加率和污染产品出口淘汰率,结果见表13-2。

表13-2中的列(1)报告了以出口产品转换率为被解释变量的估计结果。估计出的国内环境政策以及自由贸易协定环境保护条款的参数值均为显著正值,结果表明国内外环境政策均有助于促进出口企业生产率水平的提升。从参数值来看,国内环境政策的影响力明显地超过自由贸易协定环境保护条款的影响力,这个结果也是符合理论预期的。列(2)报告了环境规制对绿色产品出口种类增加率影响效应估计结果,结果表明国内外环境政策促进了绿色产品出口增加率增长,而且国内环境政策对绿色产品出口增加率增长的影响作用超过了自由贸易协定环境保护条款。列(3)报告了环境规制对污染产品出口种类减少率影响效应估计结果,结果表明国内外环境政策促进了污染产品出口减少,而且国内环境政策对绿色产品出口减少的影响作用超过了自由贸易协定环境保护条款。

表13-2 环境规制与出口产品转换率的回归结果

变量	switch (1)	g_switch (2)	poswitch (3)
EI	0.0042*** (0.0013)	0.0028*** (0.0008)	0.0023*** (0.0007)
fEI	0.0030*** (0.0010)	0.0023** (0.0010)	0.0011*** (0.0003)
控制变量	是	是	是
$cons$	0.5003*** (0.0200)	0.0387*** (0.0112)	0.0212*** (0.0020)
R^2	0.0088	0.0092	0.0097
N	36005	10534	39618

本章使用2004—2013年国泰安数据库的上市公司财务及基本信息数据以及中国海关数据库的进出口数据,通过企业名称将这两个数据库进行匹配。实证结果表明,国内外环境政策会促进我国出口产品转换以

及出口企业全要素生产率的提升,并且国内环境政策产生了相对更强的影响效果。

第三节 国内外环境政策与企业生存风险的实证检验

一、基本回归模型

本章选择 Cloglog 离散时间模型考察国内外环境政策对企业生存风险的影响。基本模型形式设定为:

$$\text{cloglog}(1-h_{i,t}) = \log\left(-\log(1-h_{i,t})\right) = \lambda_0 + \lambda_1 EI_{i,t} + \sum \lambda_2 X_{i,t} + v_j + \rho_z + \mu_{i,t} \quad (13-3)$$

其中,$h_{i,t} = Pr(T_i < t+1 \mid T_i > t, x_{it})$ 表示离散时间的企业风险率,被解释变量 cloglog$(1-h_{i,t})$ 指标数值越大意味着企业生存风险越高。$X_{i,t}$ 为控制变量集,λ_2 为控制变量集的系数集,v_j 和 ρ_z 分别为行业固定效应和省份固定效应,$\mu_{i,t}$ 为随机扰动项。控制变量包括:(1)企业规模(Size)。以企业总资产的对数值以衡量企业规模。(2)企业全要素生产率(TFP)。采用 LP 方法对企业的全要素生产率进行测算。(3)资产负债率(Debt)。采用总负债与总资产的比值来进行衡量。(4)销售费用比重。采用企业营业费用与主营业务收入的比值来测算。(5)销售利润率(profit)。以企业的利润总额和主营业务收入的比例来表示。(6)融资约束(Finance)。采用企业的利息支出与企业销售额的比值来衡量融资约束。(7)工资水平(Wage)。以工资总额与从业人员年平均人数的比值来衡量。(8)出口强度(Export)。以出口交货值与企业销售额的比值来表示。(9)资本密集度(capital)。(10)市场份额(share)。(11)第二产业占 GDP 的比重(sgdp),以第二产业产值与 GDP 的比值来衡量。(12)第三产业占 GDP 的比重(tgdp),以第三产业产值占 GDP 的比重来表示。(13)人口数量(lnpopulation),以年末人口总数的对数值来衡量。(14)客运总量(lntransport),以城市的客运总量(万人)的对数值来表示。(15)外商直接投资比重(fdi),以外商直接投资额与GDP的比值来衡量。

二、回归结果分析

模型(13-3)中关键变量为国内环境规制强度(EI)以及自由贸易协定国际保护规则(environmental),该指标是以企业第一出口国自由贸易协定覆盖环境保护规则来衡量的。倘若企业第一出口国是我国自由贸易协定伙伴,且贸易协定中覆盖率环境保护条款,赋值为1,否则为0。

检验结果见表13-3列(1)—列(4),结果表明,自由贸易协定环境保护规则降低了企业生存风险。国内环境规制也能够降低企业生存风险,并且,国内环境规制相较于国际环境政策而言,对企业生存风险产生了更大的缓解作用。该结果也表明了实施国内外环境政策,增加了污染企业的生产成本,推动企业进行绿色技术创新,采用更加高效的要素投入和技术,降低企业生存风险,提升企业生存活力。

表13-3 国内外环境政策对企业生存风险的影响

变量	exit (1)	exit (2)	exit (3)	exit (4)
$environmental$	-0.1301*** (-2.97)	-0.1552*** (-2.88)	-0.1247** (-2.02)	-0.1346*** (-3.01)
EI		-0.2897*** (-3.08)		-0.3112*** (-3.24)
$Constant$	-0.0592 (-0.16)	-0.0592 (-0.16)	-0.0592 (-0.16)	-0.0592 (-0.16)
控制变量	控制	控制	控制	控制
省份固定效应	是	是	否	否
行业固定效应	是	是	是	是
观察值	220356	220356	220356	220356

第四节 国内外环境政策与企业绿色技术进步的实证检验

一、实证方法与数据

借鉴学术界在研究环境规制与技术创新相互关系时建立的实证模型,本书建立以下线性对数计量模型:

$$\ln TC_{it} = a_0 + \beta_1 \ln Erg_{it} + \beta_2 FErg_{it} + \beta_n X_{it}^n + \varepsilon_{it} \quad (13-4)$$

式(13-4)中,i 表示行业,t 表示年份。TC 表示行业绿色技术进步偏向指数。Erg_{it} 为环境规制强度,$FErg_{it}$ 为国际环境规制强度。X_{it}^n 为一系列控制变量,包括研发人员、出口强度、资本密集度、企业规模四个变量。目前,国内外学者大多采取环境保护支出、治理污染设备运行费、污染排放强度等指标,表示环境规制强度。本书以各行业工业废水、工业废气治理设施运行费用之和与行业增加值之比,表示环境规制强度。

本章利用 CES 生产函数,比较能源和可再生资源边际产出的变化率,以判断我国技术进步的能源偏向程度,见表13-4。

表13-4 我国各行业绿色技术进步偏向指数(TC)均值

行业	TC	行业	TC	行业	TC
农副食品加工业	0.714	印刷业和记录媒介的复制	0.044	有色金属冶炼及压延加工业	3.105
食品制造业	1.118	文教体育用品制造业	1.997	金属制品业	-0.374
饮料制造业	1.528	石油加工、炼焦及核燃料加工业	0.594	通用设备制造业	-0.303
烟草制造业	0.334	化学原料及化学制品制造业	1.192	专用设备制造业	-0.566
纺织业	2.213	医药制造业	0.788	交通运输设备制造业	0.979
纺织服装、鞋、帽制造业	2.287	化学纤维制造业	1.792	电气机械及器材制造业	0.978
皮革、毛皮、羽毛(绒)及其制品业	6.256	橡胶制品业	4.732	通信设备、计算机及其他电子设备制造业	0.767

第十三章 国内外环境政策互动与企业行为的实证检验

续表

行业	TC	行业	TC	行业	TC
木材加工及木、竹、藤、棕、草制品业	0.151	塑料制品业	1.539	仪器仪表及文化、办公机械制造业	3.634
家具制造业	1.007	非金属矿物制品业	0.419	工艺品及其他制造业	−0.180
造纸及纸制品业	1.582	黑色金属冶炼及压延加工业	0.218		

控制变量的构造及数据选取如下。(1)研发人员(Hc)。研发人员不仅可以破解和学习国外先进技术,而且还会推动技术创新的出现,从而提升技术进步水平。由于先进技术日益趋向节能环保,因此,在研发人员推动下的技术进步将是能源偏向的。研发人员数据来自《中国科技统计年鉴》中列出的大中型企业研发人员数。(2)出口强度(Exb)。国际贸易新理论指出,出口贸易具有"学习效应"。发展中国家当地企业通过出口,可以向供应商、零售商学习节能环保型的新技术,从而造成技术进步能源偏向。本书用各行业出口额与工业总产值的比值表示出口强度。其中,各行业进口和出口数据来自联合国COMTRADE数据库,并按照我国两位码制造业行业数据进行归并和统一。(3)资本密集度(Cdb)。已有研究表明,机器设备等物化型资本与先进技术日益紧密地耦合在一起,随着资本强度的提高,不仅会提高技术进步速度,而且会使技术进步呈现出资本增强型特征。由于企业在更新机器设备、提高资本密集度的同时,也将引进或研发节约能源的新技术,资本增强型技术进步与能源偏向性技术进步之间很可能是相容的。如果资本密集度越高,则该行业技术进步就可能具有更高的能源偏向。本书用各行业资本规模与工业总产值的比值表示资本密集度。(4)企业规模($Size$)。规模大的企业有足够实力购置环保装置,也更加注重节能环保技术的引进和研发,可能具有更高的技术进步能源偏向;相比之下,小企业却很难实现能源偏向性技术进步。因此,文中需要设置企业规模的控制变量,并以各行业规模以上企业的平均销售额表示。所有控制变量,均进行对数化处理。

二、计量结果分析

表13-5列出的估计结果,以全样本数据和各子样本数据估计出的国际国内环境规制强度参数值,均为正值,但只有污染密集型行业、高竞争性行业和非劳动密集型行业,通过了显著性检验,研究结果带有鲜明的行业特征。由于环境规制强度是用污染减排费用度量的,估计出的环境规制强度系数为正,在一定程度上说明,严格的环境规制有助于增强技术进步的能源偏向性。从行业污染密集程度来看,不同污染密集强度行业对环境规制的反应程度,存在较大差异。污染密集型行业对环境规制的敏感程度高,随着环境规制强度的增加,技术进步能源偏向程度也将逐步提升。其主要原因包括两个方面。第一,企业为了应对环境规制,将投入更多的研发资金,用于绿色创新或加大清洁技术的引进,以提高能源利用效率,降低污染排放,使技术进步也更加偏向能源。第二,污染密集行业基本上属于资本密集型的重化工业,通过设备更新、技术引进、反向工程等方式,获取了国外先进技术,这些技术大多是节能环保的,也导致这类行业发生技术进步能源偏向。非污染密集型行业尽管 TC 均值较高,但技术进步与能源、环境之间的关联度并不大,环境规制对技术进步及其方向影响程度较小,这就造成了估计出的参数不显著。从行业竞争程度来看,环境规制强度参数值在高竞争性行业显著,而在低竞争性行业中不显著,可能的原因在于行业间市场化程度的差异。高竞争性行业市场化程度高,环境规制影响企业生产成本之后,企业会在短时间内作出响应,通过技术进步,提高能源效率或减少能源使用量,技术进步也将呈现能源偏向特征。而低竞争性行业均带有一定的政府保护色彩,企业对成本及利润变化不敏感。该类行业还要承担一定的政策性任务,减少失业、安抚职工、维护稳定等社会责任,相对于减少污染排放、提高能源效率而言,更加重要,因此,环境规制对这类行业技术进步方向影响程度相对较小,从而导致估计结果不显著。从要素密集程度来看,估计出的环境规制强度参数值,在非劳动密集型行业中显著。由于非劳动密集型行业大多属于技术基础雄厚、资本密集度高的行业,当政府加强环境规制后,较容易引致

此类行业开展节能节约型技术创新,或引进节能环保型新技术与新设备,技术进步也更易发生能源偏向。

表 13-5　国际国内环境政策影响绿色技术进步的计量结果

变量	全样本	非污染密集行业	污染密集行业	低竞争性行业	高竞争性行业	非劳动密集型行业	劳动密集型行业
常数项	2.2326 (1.25)	5.5585 (0.41)	16.8468*** (3.12)	13.8059 (0.49)	32.2637 (1.08)	16.2501* (1.74)	19.6916 (1.47)
$\ln Erg$	0.3665 (0.35)	1.2283 (0.94)	3.4085*** (3.46)	1.1032 (0.40)	9.0711** (2.38)	2.4263* (1.83)	1.3215 (1.01)
$\ln FErg$	0.0491 (0.59)	0.1224 (1.14)	0.2307*** (2.92)	0.0925 (0.42)	0.5428** (2.37)	0.1994** (1.97)	0.1247 (1.16)
$\ln Hc$	0.3301 (0.55)	0.7683 (1.03)	1.4211** (2.32)	1.1687 (0.73)	5.8157*** (3.41)	0.9038 (1.20)	0.7166 (0.84)
$\ln Exb$	0.0082 (0.53)	0.5861 (0.96)	0.2367 (1.66)	0.2387 (0.34)	1.7974 (1.22)	0.2392 (1.05)	0.0113 (0.04)
$\ln Cdb$	1.3155*** (2.88)	0.0708 (0.05)	1.7888*** (3.18)	4.4726* (1.71)	6.7233 (1.65)	0.5617 (0.77)	3.0778 (1.49)
$\ln Size$	0.7100*** (5.71)	1.0563 (1.03)	1.1882*** (2.88)	0.6885 (0.33)	7.5229** (2.20)	0.5692 (1.21)	1.8808 (1.48)
行业效应	控制	控制	控制	控制	控制	控制	控制
年度效应	控制	控制	控制	控制	控制	控制	控制
R^2	0.6728	0.7837	0.5771	0.3970	0.8464	0.6726	0.7482
F 值	7.07	9.20	3.00	2.78	4.59	4.55	7.49

第十四章　中国自由贸易协定战略以及环境政策创新

第一节　推动自由贸易区网络发展的战略选择

我国奉行自由开放的发展思路,立足于通过自由市场经济和自由贸易来促进社会发展和经济繁荣。对外开放和国际合作是中国构建面向全球的高标准自由贸易区网络的发展理念,也是实现长期稳定合作发展的战略选择。

一、拓展我国自由贸易区网络的空间布局

第一,立足于东亚及东南亚自由贸易区网络,积极构建"一带一路"沿线国家和地区的自由贸易区网络,推动南北自由贸易区网络,最后形成以中国为中心的全球化自由区网络。夯实东亚及东南亚自由贸易区网络;积极推动区域全面经济伙伴关系协定向开放性和高标准化发展。以开放包容的姿态,推动区域全面经济伙伴关系协定与全面与进步跨太平洋伙伴关系协定、南方共同市场、拉美联盟对接,甚至融合,推动区域全面经济伙伴关系协定实施更高水平的贸易自由化和投资自由化;积极推动中日韩自由贸易协定谈判进程。

第二,构建"一带一路"沿线国家和地区的自由贸易区网络。一方面,中国与经济体量大、经济发展水平高的沿线国家和地区优先商建双边自由贸易区形成次区域,产生强大的集聚效应;另一方面,中国与经济体量小、发展相对落后国家建立自由贸易区,发挥自由贸易区的辐射效应,从而形成多层次的自由贸易区网络。

第三,逐步构建全球化的自由贸易区网络。中国应以双边和区域自由贸易协定为载体,推进区域治理和全球治理,并在国际经贸制定中发出中国声音。为此,我国应建立以中国为核心的全球化自由贸易区网络。首先,积极推动以中国与以色列、巴拿马、斯里兰卡、海湾合作委员会、南部非洲联盟等国家和地区经济组织的自由贸易协定谈判,为构建以中国为中心的全球化自由贸易区网络奠定基础。其次,以太平洋联盟、南方共同市场等区域经济组织作为自由贸易区对象国的可行性。以中国巨大的经贸体量以及在自由贸易区网络的节点和枢纽地位为依托,逐步构建起以"中国为中心"的全球化自由贸易区网络。

二、加快国内改革步伐与体制机制创新

自由贸易协定向广度化和深度化发展的新趋势,将为我国改革提供外部动力,加快国内改革步伐及体制机制创新。例如,自由贸易协定知识产权保护条款的标准高于世界贸易组织框架下签订的《与贸易有关的知识产权协定》的要求,包含了商标注册、地理标志、版权及邻接权、未公开数据的保护、专利保护、知识产权执法等。自由贸易协定知识产权保护规则与我国知识产权规则的差距较大,自由贸易协定知识产权保护的深度化和高标准化,将迫使我国进行知识产权保护制度变革,做好与国际通行规则对接的制度准备。

在环境保护议题方面,在已经生效的自由贸易协定中有将近85%的协定中包含了环境保护相关条款,涉及环境相关内容包括卫生与植物检疫措施、一般贸易义务在环境上的豁免条款、技术合作、承诺有效执行国家环境法律、承诺相关环境标准、对环境义务实施争端解决机制、环境领域的合作和能力建设机制等。在自由贸易协定中引入环境保护条款,促进了贸易与环境的相互支持,保证了环境法律的有效执行,在一定程度上也会促进我国提升环境保护标准,加强环境保护的国内外合作、提高环境保护事务的公众参与度等。

在劳工标准方面,截至目前,美国有13个自由贸易协定纳入了劳工标准、欧盟有6个、加拿大有10个。欧盟自由贸易协定的劳工标准,采取

统一范式对劳工问题进行了规定,主要包括尊重、促进和实现关于基本权利的相关原则,即结社自由及有效承认集体谈判权、消除一切形式的强迫劳动或强制劳动、有效废除童工和消除就业与职业歧视。美国签订自由贸易协定中的劳工标准更加广泛,除了欧盟标准之外,一般还涉及最低就业标准,消除基于种族、宗教、年龄、性别等方面的就业歧视,防止职业伤害和疾病,对遭受职业伤害和疾病给予补偿以及保护移民工人等。当前,我国已签订的自由贸易协定中有5个纳入了劳工标准条款,将贸易与劳工标准挂钩。我国颁布并实施了《中华人民共和国劳动法》《中华人民共和国劳动合同法》《中华人民共和国未成年人保护法》《禁止使用童工规定》等一套完整的法律法规,实施劳动者保护,并签署了4个核心公约:《对男女工人同等价值的工作付予同等报酬公约》《最低就业年龄公约》《禁止和立即行动消除最恶劣形式的童工劳动公约》《消除就业和职业歧视公约》。自由贸易协定劳工标准也会促进我国颁布和实施更强有力的劳动者保护的法律规范。当然,自由贸易协定向广度化和深度化发展,还会促进我国加快实施全国统一的市场准入负面清单制度,营造统一开放、竞争有序的市场环境,推动新一轮高水平对外开放。

三、主动对接国际高标准经贸规则

为保障中国自主创新的外部环境,获得稳定的外部发展环境,赢得主要经济体的认可和信任,是中国获得落实对接高标准经贸规则机会的重要前提,为此强化与主要经济体的政治关系将显得尤为重要。一方面,可以通过加强与主要经济体,特别是与潜在成员的战略产业和非战略产业的合作,提高与主要经济体的经济联系,获得政治互动的经济基础。另一方面,从政治、外交、非政府组织等多途径加强与主要经济体的政治共识,强化与主要经济体的政治关系。

第一,主动对接高标准经贸规则,推动完善国内国际双循环。积极推进国内统一大市场建设,发挥超大规模市场优势,有助于加强中国市场对周边国家的联系。同时新发展格局的完善有助于规避区域歧视性贸易安排造成的不利影响。环境、劳工、数字经济、竞争中性等边境内规则,也是

第十四章　中国自由贸易协定战略以及环境政策创新

未来中国对接高标准规则的重点领域。围绕上述领域需要不断加强有关环境、劳工、数字经济、国有企业、补贴等规则体系的研究,超前布局国内规则体系与现有国际规则体系的对接,以适应高标准国际经贸规则。

第二,中国对标的高标准经贸规则,需以坚持世界贸易组织非歧视原则为基础。坚持世界贸易组织基本规则,意味着中国的立场是支持符合世界贸易组织规则的各种经贸合作机制,并在此基础上对接高标准经贸规则。此外,中国需要推动世界贸易组织改革完善现有国家安全例外条款,防止国家安全例外规则被滥用,避免违背自由贸易区相关规定的歧视性贸易安排,以此推进世界各国在平等、和平、民主、自由基础上开展合作和对话。

第三,强化与主要经济体的政治关系基础上对接高标准经贸规则。为保障中国自主创新的外部环境,获得稳定的外部发展环境,赢得主要经济体的认可和信任,是中国获得落实对接高标准经贸规则机会的重要前提,为此强化与主要经济体的政治关系将显得尤为重要。一方面,可以通过加强与主要经济体的战略产业和非战略产业的合作,提高与主要经济体的经济联系,获得政治互动的经济基础。另一方面,从政治、外交、非政府组织等多途径加强与主要经济体的政治共识,强化与主要经济体的政治关系。

四、构建以我国为中心的区域价值链,提高产业链的自主可控性

构建以中国为中心的区域价值链体系是保障中国供应链安全可控的重要基础,为此:

第一,建立供应链领域的国际规则。在供应链领域围绕出口管制、制裁、供应链合作建立起中国话语体系的多边国际规则,实际这也是中美规则竞争的重点领域,是打造以中国为中心的区域价值链的重要组成部分,中国需要持续在上述领域积极推进。

第二,提高中国与主要合作国家的供应链合作水平,构建和巩固以中国为核心的区域价值链体系。积极利用中国是世界主要国家和东盟各国

重要供应链和贸易合作伙伴的良好基础,继续通过开放中国本土战略性产业和非战略性制造业等领域,加强与世界主要经济体和具有区域重要影响力国家的供应链合作,以不断提高供应链合作水平保障中国供应链安全。

第三,对战略性产业树立底线思维,强化战略性产业的自主可控能力。战略性产业关系国家经济安全,需要梳理底线思维,保障战略性产业安全自主可控。其一,要推进科技自立自强,不断提升中国在关键领域的原始创新能力,不仅要构建适应新时期的新型举国体制,更应建立全民参与的"万众创新"环境和体制,推动非共识创新环境和支持机制的建立。其二,为企业创立敢于自主创新的环境,加强政产学研体系的联系和互动,保障战略性产业中的企业拥有能够自主创新的环境和政策氛围。

第二节 以自由贸易协定为契机推动国内制度创新

一、营造稳定的贸易环境

自由贸易协定的广度化和深度化发展有利于营造稳定的贸易环境。在世界贸易组织现行的多边贸易规则下,国家之间的贸易往来存在很高的协调成本,而且国际经贸摩擦和争端不断。据统计,在2007—2016年的10年间,世界贸易组织成员共提出169次磋商请求,成立了149次专家组。同时,争端解决机构通过了64份原始争端解决报告和13份上诉报告。自由贸易协定有效地缩小了成员谈判范围和谈判对象,也较少出现贸易争端问题,降低了贸易政策的不确定性。当然,自由贸易协定的广度化和深度化发展还有助于缓解或抵消中美经贸摩擦的逆向冲击。为了缓解中美经贸摩擦对中国出口造成的负面影响,中国可以把美国限制中国进入美国市场的机电类产品,出口到韩国和东盟等需求相对充裕的国家和地区;对于我国限制从美国进口的产品,也可以考虑由自由贸易协定成员替代。

自由贸易协定的广度化和深度化发展促进了贸易品种类和结构的优

化,从而推进经济高质量发展。许多学者关注到自由贸易协定将产生遵从成本,也就是企业为了应对自由贸易协定高标准,可能会增加生产成本。自由贸易协定各类细分规则深度化带来的遵从成本,会在产品间产生非对称影响效应,将对出口产品种类产生异质性影响。特别是,自由贸易协定向知识产权保护、环境保护以及劳工标准等边境内规则的深入,可能会增加知识产权密集产品、劳动密集型产品以及污染密集产品的遵从成本。如自由贸易协定环境保护议题超过了世界贸易组织所涵盖的议题范围,迫使高能耗和高排放企业加强环保投入,从而提高了这类企业的生产成本。因此,随着自由贸易协定的广度化和深度化发展,这些产品的比较优势会逐渐被弱化,其出口种类及规模将减少,对我国出口产品结构起到一定的优化作用。

自由贸易协定的广度化和深度化发展有利于高技术设备和产品进口,同时促使国内企业加快优化出口产品种类。出口种类的调整和优化既是应对自由贸易协定的一种防御战略,也是国内企业主动调整产品组合的一种进攻战略,有助于增进中国的贸易利得,提高经济发展质量。在世界贸易组织多边贸易体制下,中国依靠低廉的要素成本、持续的资本投资等优势,形成了传统发展动能,并由此创造了世界最大贸易国的"中国奇迹"。然而,在全球分工体系中,中国仍处于价值链中低端,出口产品附加值低,贸易利得少。以中国对美国 iPhone 手机出口为例,2010 年中国向美国出口 iPhone 手机总值为 18.75 亿美元,但从增加值的角度来看,其增加值仅为 0.65 亿美元,而相应进口额则为 2.29 亿美元。显然,在"大进大出"的传统加工贸易模式中,我国获得贸易收益较少。优化中国出品产品种类,是增加贸易赢利的重要途径。已有研究表明,产品范围的改变以及产品转换将引起资源的重新优化配置,还能够显著地提高企业总产出、全要素生产率和盈利能力。

二、自由贸易协定为新发展格局提供新动能

(一)自由贸易协定助力增强国内"大循环"

第一,自由贸易协定有助于优化我国内需结构,扩大消费比例。面对

境外新冠疫情蔓延、全球市场萎缩的外部环境下,优化内需结构和扩大消费比例符合我国经济高质量发展的内在要求,也顺应了世界经济发展的需要。在过去很长的一段时间里,我国最终消费和人均消费支出,虽每年都呈现出上升趋势,但明显低于世界平均水平和发展中国家的平均水平。借助《中欧投资协议》,学习和引进欧盟先进技术,可以优化我国供给结构。同时,做好需求侧管理,把扩大内需与推动产业转型升级结合起来,把供给与需求结合起来,做大做强国内市场。以引导消费需求为方向点,优化内需结构,扩大消费比例。

第二,自由贸易协定促进我国产业结构转型升级,推动我国经济实现高质量发展。党的十九大报告指出,我国经济已有高速增长阶段转向高质量发展阶段,正处于转变发展方式、优化经济结构、转换增长动力的攻关期。自由贸易协定放宽了市场准入条件,必定会给国外资本进入中国市场带来更多机遇,汽车、金融、医疗和信息服务等领域将吸引更多资本进入,推动了双方人员往来、技术合作、设备采购,在一定程度上也将促使我国企业加大研发力度,提高我国行业的整体实力,从而促进我国产业结构转型升级,有利于产业迈向全球价值链的中高端,并推动我国经济实现高质量发展。

第三,自由贸易协定促进我国技术创新。习近平总书记提出了创新、协调、绿色、开放、共享的新发展理念,将创新放在首位,创新是引领发展的第一动力。我国只有以创新培育发展新动力,将创新驱动放在国家发展全局中的核心位置,才能增强我国世界百年未有之大变局中的影响力。通过国际合作,将有助于我国学习、吸收、借鉴、改进欧方先进技术,推动形成创新环境、培养创新型人才,激发创新活力,继而推动以企业为主体的技术创新。

(二)自由贸易协定推进赋能国际"大循环"

第一,自由贸易协定促进中国企业"走出去"。自由贸易协定在一定程度上消除了投资壁垒,有助于挖掘双方投资潜力,促成更宽领域的经贸合作。自由贸易协定着力打造公平和互利互惠的营商环境,有助于更多中国企业对等地进入国外市场,获得更高的投资收益。

第二,自由贸易协定促进中国进出口贸易。自由贸易协定不仅有利于双边投资,而且有助于拉动双边贸易增长。当前,以跨国公司为载体的全球产业链,随着跨国投资将会带动整个产业链进行资源整合,并随着中间品及最终品的多次跨国界流转,促进国际贸易增长。

第三,自由贸易协定促进中国获取更多高端要素。我国在科技、人才、金融等高端要素"短板"突出,对经济高质量发展支撑能力不强。据统计,我国 2019 年的研发经费投入约为人民币 2.2 万亿元,研发的投资强度约为 2%,人均研发支出约为 200 美元,与欧盟国家有较大差距。我国专业人才队伍存在结构性矛盾,缺乏世界级科技大师和"高精尖"人才;专业人才队伍大而不强、工程技术人才培养同生产脱节等问题较为突出。在金融方面,直接融资和间接融资比例不协调,金融体系对实力经济拉动作用相对较低,实体经济融资难、融资成本高的问题仍旧存在。自由贸易协定降低了贸易及投资壁垒降低,我国获得高端人才和高端技术等生产要素更加便捷,在一定程度上缓解了我国高端要素供给不足的问题,解决我国经济高质量发展的要素瓶颈与制约。

(三)自由贸易协定畅通国内国际"双循环"

习近平总书记明确指出,"要坚持用全面、辩证、长远的眼光分析当前经济形势,努力在危机中育新机、于变局中开新局"[1]"逐步形成以国内大循环为主体、国内国际双循环相互促进的新发展格局"[2]。推动"双循环"的战略发展,既不是构建封闭的国内系统,也不是在世界经济中脱钩,而是要构建更高水平的开放型经济体系。

第一,自由贸易协定有助于国际国内"两种资源"循环畅通。当前,我国资源错配问题较为突出,制约了资源循环畅通。在金融资源方面,传统产业转型升级以及新兴产业发展需要的资金得不到金融部门的足够支持,致使实体经济发展困难;在人才资源方面,人才错配现象较为突出,大量高端专业人才热衷于金融行业以及其他虚拟经济部门,导致实体经济

---

[1] 《习近平谈治国理政》第四卷,外文出版社 2022 年版,第 183 页。
[2] 《习近平谈治国理政》第四卷,外文出版社 2022 年版,第 184 页。

的人才匮乏；在科技方面，研发资源倾向于投资于应用研究，而在基础研究领域投入不足。自由贸易协定为双方提供了规范、透明和可预见的营商环境，促进产业链和供应链上下游资源的整合，使中欧双方技术、服务、资本和人才等资源高效流动与配置，不仅有利于提高国内资源配置效率，而且将有助于实现国际国内资源循环畅通。

第二，自由贸易协定有助于国际国内"两个市场"循环畅通。统筹利用国际国内两个市场，是中国改革开放取得的重要经验，也是我国积极应对错综复杂的国际环境和艰巨繁重国内改革任务的重要举措。当前，国内外市场循环中还存在一定的堵点。比如，由于各种因素造成的对落后产能的保护，落后产能势必对国内国际市场的良性循环产生阻碍；垄断企业对国内国际市场循环的干扰，垄断企业在市场中存在绝对优势，势必形成贸易保护和技术封闭，在一定程度上阻碍技术交流与进步，干扰两个市场的循环畅通。自由贸易协定促进了双方更深层次的交流与合作，使双方的市场联系更为紧密，推动了区域市场一体化，不仅有助于破除我国国内市场循环中的堵点，而且也将推动国内国际两个市场的循环畅通。

第三，自由贸易协定有助于国际国内规则体系衔接。中国四十多年的对外开放历程，也是一个渐进学习与创新的历程。我国先后成立经济特区、保税区、开发区和自由贸易试验区等前沿阵地，学习了国际通行经贸规则，遵循了世界贸易组织规则，并履行了世界贸易组织各项义务和承诺。在中国推进高水平对外开放中，还需要加强与国际规则的对接，并积极参与全球经贸规则的制定。自由贸易协定将有力地推动国际国内经贸规则的衔接，在新一轮全球经济治理博弈中提供"中国方案"。

第三节 完善国内环境规制政策体系

改革开放以来，我国对环境保护由最初的"先发展后治理"向"环境与发展"相互协调转变，环境规制强度趋于严格，并尝试建立起碳排放权交易、碳税、河长制湖长制等制度创新，优化了环境规制方式，生态环境明显改善。随着越来越多的自由贸易协定中设置了环境保护条款，国际贸易与环境保护更加紧密地联动在一起,这就要求国内进一步完善环境规制政策体系,为建立高标准国际环境规则提供良好的制度保障。

一、优化环境规制政策

(一)逐步建立起与产业结构相适应的环境政策体系

在"碳达峰""碳中和"目标约束下,地方政府为了实现生态环境改善与企业投资结构优化,应采取多种手段提高环境政策执行力度。建议各级地方政府制定出短期和长期的环境政策方案。在短期内,将环境治理行政手段与经济手段相结合,实施激励与处罚并重的环境政策工具。地方政府除了加强环境监管、违规处罚等环境规制之外,还应进一步通过税收减免、财政补贴、融资担保、产业投资引导基金等多种措施引导企业节能减排;在长期内,将环境政策与投资政策、产业政策结合在一起,建立起与投资结构及产业结构相适应的环境政策体系。

(二)完善与环境保护法相关配套法规

我国虽然在环保、污染防治、自然资源利用以及生态保护等领域建立起相关的法律制度,形成环境法律体系基本框架,但由于我国环境法律体系建立较晚,我国环境保护法的相关配套法规尚不完善,也存在地方环境立法创新空间狭窄等问题,难以激励企业改进生产工艺。对此,可从以下两方面进行改进:一方面,各地政府需充分利用区域协同立法契机,推行地方环境立法协同发展,更好地发挥地方环境法对当地企业清洁生产的指导作用;另一方面,更好地完善环保税收征收管理体系与地方排污权交易立法,从环保税收征管公平、税收稽查体系以及明确排污交易标的,扩大可交易的排污物的交易范围等方面,提高环境保护法的实际可操作性,从而完善我国环境保护配套法规。

(三)实施动态与常态相结合的环境监管制度

环境监管制度是环境污染治理体系的有机组成部分。然而,在经济发展过程中我国也曾出现过环境监管职能混乱、权责不清的问题,地方政府只负责本地区的污染治理,但环境污染本身具有跨区域流动性的外部性特征,尚未形成有效的环境监管制度。2002年开始,我国除各地成立环保部门外,还先后成立了华东、华南、西北、西南、东北五大区域环保督中心,实现跨区域环境监管网络。中央纪委、国家监委曾明确指出,一些重大生态环境事件背后,往往都有党员干部不担当、不负责、不作为的问题,都有一些地方环保意识不强、履职不到位、执行不严格的问题,都有相关部门执法监督作用发挥不到位、强制力不够的问题。因此,构建有效的环境监管既是国家生态环境治理体系和治理能力现代化的重要体现,也是推进经济绿色转型升级的重要举措。为此,我国首先应完善常态化的环境监管机制。界定环保部门职责,有效实行严格的追责制度,健全监管措施,增强监管力度,保证环保治理措施落到实处。在地方官员政绩考核体系中,应将环境保护纳入重要评价指标,提高环保督导效应。其次,构建地方环保督察体系。我国应建立健全的地方环保督察体制,提高环境监管工作的规范化与精细化水平。地区政府可以参照已有的环保督察体系经验,突出自身区域特点,借助中央和省(自治区、直辖市)两级督察体制等制度创新契机,搭建起顺畅有序的沟通联系机制,地方环保部门权责分明,协调好环保部门与地方政府的关系,以推动生态环保"党政同责、一岗双责"的落实。

二、国内外环境政策协调

(一)处理好国内环境法与国际环境法的关系

随着环境条款在自由贸易协定中的逐步引入,且发达国家制定的环境标准与法规一般严于发展中国家,我国要实施更大范围和更宽领域的对外开放体系,促进国际产业合作,必须要处理好国内环境法与国际环境法的关系问题。首先,我国应借鉴国外成熟的环境法律以及相关政策,在基于我国实际国情的基础上,参照国际环境生产标准完善相关法律制度,既可促使企业使用清洁技术,更新生产设备,又有利于国内与国际标准进行有效衔接。其次,我国要积极参与国际立法,充分参与绿色贸易壁垒等国际规则的谈判,利用我国庞大的进出口贸易规模提高我国国际环保法规的影响力。最后,在协调国内国际环境法律的同时,注意区分国内国际环境法的界限,避免贸易保护主义利用国内国际环境法的模糊界限对我国进行出口限制,出现事后被动局面。

(二)对外经贸合同中强化环境保护条款

自由贸易协定中加入环保条款成为当前绿色贸易的重要表现,也是实现出口产品结构转型、构建高标准自由贸易区网络的重要研究内容。《中华人民共和国对外贸易法》中明确规定,基于保护环境所需的可以限制或禁止相关的贸易产品和服务。在对外经贸合同中,我国应加强相关环保法律规范的实施,要求企业严格参照符合环保标准或者清洁工艺标准的产品开展贸易合作,执行严格的环境污染评估制度,提高自由贸易协定环境保护条款的效力。另外,参照《巴萨尔协议》的各国对其所产生的有排污物自行负责的根本宗旨,明确"谁污染,谁负责"的合同条款,做到出口中的环境保护法治化,实现执法者以及贸易合同签订者的"有法可依"。

三、促进生态环境保护的相关配套政策

(一)出台和实施区域协调发展的国家战略

我国各地区因要素禀赋以及制度环境的差异,势必造成区域间的非均衡发展。环境规制以及生态环境压力也存在区域间的差异性。尽管我国已经出台了多项区域振兴计划,今后还需要将一些对国家发展具有重大战略意义的区域发展规划上升为国家战略。从完善要素转移政策、财政税收政策、基础设施建设投融资政策,以及教育、科技等社会事业促进政策等方面有效地推进区域协调发展进程。通过区域协调发展战略,避免落后地区沦为发达地区污染产业的接受地。

(二)加快推动技术创新战略

技术创新是推动经济发展的关键力量。依靠技术创新切实提高能源利用效率,降低污染排放。由于西部地区技术基础薄弱,与东部地区之间存在较大的技术落差,提高了西部地区污染减排的压力。因此,应加快东部地区技术创新步伐,传统产业及污染产业尽快实现产业升级,减少"环境逃避型""资源寻求型"产业转移的可能性。西部地区也应加快技术引进、提高消化吸收能力,缩小与东部地区的技术差距。同时,立足于资源

丰富的优势,构建完善的产业体系,减少对东部地区工业的依赖。我国各地区政府逐步建立起与绿色研发相匹配的科技政策体系,特别是要设立专门为降低环境污染、促进绿色发展的财政补贴以及税收优惠计划,鼓励企业开发出更多的能源节约型技术。依靠能源节约型技术进步,增加资本、技术、数字等高端要素投入,减少化石燃料等不可再生资源投入,实现绿色低碳发展目标。

(三)提高能源替代强度、优化能源消费结构

目前,我国对煤炭、石油等化石燃料的依赖度过高,而上述不可再生资源又是造成污染排放的主要来源。我国应加快太阳能、风能、生物能等新型清洁能源开发,提高新能源的市场应用范围,优化能源消费结构,这也是降低能耗强度、减少污染排放的重要途径。

参 考 文 献

[1]卜茂亮、李双、张三峰:《环境规制与出口:来自三维面板数据的证据》,《国际经贸探索》2017年第9期。

[2]包群、邵敏、杨大利:《环境管制抑制了污染排放吗?》,《经济研究》2013年第12期。

[3]白彦、吴言林:《人力资本的双重外部效应对产业转移的影响分析——为什么大规模产业转移没有出现》,《江淮论坛》2010年第6期。

[4]蔡宏波、朱祎:《自由贸易协定中技术性贸易措施条款对我国出口贸易的影响》,《经济纵横》2020年第9期。

[5]陈诗一、陈登科:《雾霾污染、政府治理与经济高质量发展》,《经济研究》2018年第2期。

[6]陈诗一:《中国的绿色工业革命:基于环境全要素生产率视角的解释(1980—2008)》,《经济研究》2010年第11期。

[7]陈雯:《中国—东盟自由贸易区的贸易效应研究——基于引力模型"单国模式"的实证分析》,《国际贸易问题》2009年第1期。

[8]曹翔、蔡勇:《自由贸易协定环保条款促进了环境产品出口吗?——基于双重差分模型的实证分析》,《中国地质大学学报(社会科学版)》2022年第4期。

[9]陈勇兵、付浪、汪婷、胡颖:《区域贸易协定与出口的二元边际:基于中国—东盟自贸区的微观数据分析》,《国际商务研究》2015年第3期。

[10]豆建民、崔书会:《国内市场一体化促进了污染产业转移吗?》,《产业经济研究》2018年第4期。

[11]都倩仪、郭晴:《RCEP生效对全球经济贸易中长期影响研究》,《亚太经济》2021年第1期。

[12]杜威剑、李梦洁:《环境规制与多产品企业出口行为》,《国际贸易问题》2017年第11期。

[13]戴翔、张雨:《制度型开放:引领中国攀升全球价值链新引擎》,《江苏行政学院学报》2019年第5期。

[14]丁一兵、宋畅:《中间品进口转换能否促进中国企业出口转型升级》,《国际贸易问题》2021年第9期。

[15]董银果:《中国农产品应对SPS措施的策略及遵从成本研究》,中国农业出版社2011年版。

[16]东艳:《国际经贸规则重塑与中国参与路径研究》,《中国特色社会主义研究》2021年第3期。

[17]封安全:《新发展格局下中国加入CPTPP的策略思考》,《经济纵横》2021年第7期。

[18]冯帆、杨力:《FTA原产地规则对贸易的限制效应——来自产品层面的实证研究》,《现代经济探讨》2019年第6期。

[19]冯根福、刘志勇、蒋文定:《我国东中西部地区间工业产业转移的趋势、特征及形成原因分析》,《当代经济科学》2010年第2期。

[20]范剑勇、姚静:《对中国制造业区域集聚水平的判断——兼论地区间产业是否存在同构化倾向》,《江海学刊》2011年第5期。

[21]傅京燕、赵春梅:《环境规制会影响污染密集型行业出口贸易吗?——基于中国面板数据和贸易引力模型的分析》,《经济学家》2014年第2期。

[22]冯猛:《多产品出口企业、产品转换和出口学习效应》,《国际贸易问题》2020年第9期。

[23]傅强、马青:《地方政府竞争与环境规制:基于区域开放的异质性研究》,《中国人口·资源与环境》2016年第3期。

[24]傅师雄、张可云、张文彬:《环境规制与中国工业区域布局的"污染天堂"效应》,《山西财经大学学报》2011年第7期。

[25]高静、刘国光:《要素禀赋、环境规制与污染品产业内贸易模式的转变——基于54个国家352对南北贸易关系的实证研究》,《国际贸易问题》2014年第10期。

[26]高疆、盛斌:《贸易协定质量会影响全球生产网络吗?》,《世界经济研究》2018年第8期。

[27]龚梦琪、尤喆、刘海云、成金华:《环境规制对中国制造业绿色全要素生产率的影响——基于贸易比较优势的视角》,《云南财经大学学报》2020年第11期。

[28]耿楠:《APEC贸易投资自由化:进程、挑战与展望》,《国际贸易》2020年第3期。

[29]高文胜、张永涛:《日本"巨型FTA"战略:演变、特征、评估及对中国的影响》,《日本学刊》2021年第5期。

[30]高翔、袁凯华:《清洁生产环境规制与企业出口技术复杂度——微观证据与影响机制》,《国际贸易问题》2020年第2期。

[31]韩超、桑瑞聪:《环境规制约束下的企业产品转换与产品质量提升》,《中国

工业经济》2018年第2期。

[32]韩超、闫明喆:《产业政策抑制制造业企业"脱实向虚"的实现路径研究》,《浙江社会科学》2021年第6期。

[33]胡翠、谢世清:《中国制造业企业集聚的工业间垂直溢出效应研究》,《世界经济》2014年第9期。

[34]韩剑、冯帆、李妍:《FTA知识产权保护与国际贸易:来自中国进出口贸易的证据》,《世界经济》2018年第9期。

[35]洪俊杰、陈明:《巨型自由贸易协定框架下数字贸易规则对中国的挑战及对策》,《国际贸易》2021年第5期。

[36]洪俊杰、商辉:《中国开放型经济的"共轭环流论"》,《中国社会科学》2019年第1期。

[37]洪俊杰、刘志强、黄薇:《区域振兴战略与我国工业空间结构变动——对中国工业企业调查数据的实证分析》,《经济研究》2014年第8期。

[38]韩剑、许亚云:《RCEP及亚太区域贸易协定整合——基于协定文本的量化研究》,《中国工业经济》2021年第7期。

[39]贺鉴、杨常雨:《中国—非洲自贸区构建中的法律问题》,《国际问题研究》2021年第2期。

[40]黄胜强、王雅贝:《自由贸易协定是否加剧了中国出口价格波动》,《世界经济研究》2021年第5期。

[41]何秀荣:《国家粮食安全治理体系和治理能力现代化》,《中国农村经济》2020年第6期。

[42]何洋洋:《中国与智利自贸协定升级议定书对两国经贸发展的影响》,《国际商务研究》2021年第3期。

[43]金刚、沈坤荣:《以邻为壑还是以邻为伴？——环境规制执行互动与城市生产率增长》,《管理世界》2018年第12期。

[44]计飞、陈继勇:《提升贸易水平的选择:双边贸易协定还是多边贸易协定——来自中国的数据》,《国际贸易问题》2018年第7期。

[45]蒋小红:《欧盟新一代贸易与投资协定的可持续发展条款——软性条款的硬实施趋势》,《欧洲研究》2021年第4期。

[46]姬潇涵、周定根、刘东华:《环境规制与中国制造企业出口升级——基于节能低碳政策的准自然实验证据》,《生态经济》2022年第4期。

[47]江小涓、孟丽君:《内循环为主、外循环赋能与更高水平双循环——国际经验与中国实践》,《管理世界》2021年第1期。

[48]金祥荣、谭立力:《环境政策差异与区域产业转移——一个新经济地理学视角的理论分析》,《浙江大学学报(人文社会科学版)》2012年第5期。

[49]康志勇、张宁、汤学良、刘馨:《"减碳"政策制约了中国企业出口吗》,《中国工业经济》2018年第9期。

[50]李宏兵、赵春明:《环境规制影响了我国中间品出口吗——来自中美行业面板数据的经验分析》,《国际经贸探索》2013年第6期。

[51]李海莲:《自由贸易协定原产地规则研究——制度特征、影响效应与选择因素》,中国商务出版社2019年版。

[52]刘宏松:《中国参与APEC机制30年:角色与机遇》,《人民论坛》2021年第36期。

[53]刘金林、冉茂盛:《环境规制、行业异质性与区域产业集聚——基于省际动态面板数据模型的GMM方法》,《财经论丛》2015年第1期。

[54]拉吉·帕特尔:《粮食战争:市场、权力和世界食物体系的隐性战争》,东方出版社2008年版。

[55]刘晋彤、班小辉:《"一带一路"倡议下中国与拉美国家劳工合作规则的构建》,《国际贸易》2021年第9期。

[56]刘志中、陈迁影:《区域贸易协定投资条款深度对出口增加值的影响》,《当代财经》2021年第8期。

[57]吕建兴、张少华:《自由贸易协定真的提高出口二元边际了吗》,《当代财经》2021年第4期。

[58]郎永峰、尹翔硕:《中国—东盟FTA贸易效应实证研究》,《世界经济研究》2010年第9期。

[59]李蕾蕾、盛丹:《地方环境立法与中国制造业的行业资源配置效率优化》,《中国工业经济》2018年第7期。

[60]李丽平、张彬、原丹庆:《自由贸易协定中的环境议题研究》,中国环境出版社2015年版。

[61]陆铭、冯皓:《集聚与减排:城市规模差距影响工业污染强度的经验研究》,《世界经济》2014年第7期。

[62]李仁宇、钟腾龙、祝树金:《区域合作、自由贸易协定与企业出口产品质量》,《世界经济研究》2020年第12期。

[63]罗世聪:《我国农产品贸易逆差的影响因素分析》,《统计与决策》2020年第3期。

[64]卢盛峰、陈思霞、时良彦:《走向收入平衡增长:中国转移支付系统"精准扶贫"了吗?》,《经济研究》2018年第11期。

[65]林僖、鲍晓华:《区域服务贸易协定如何影响服务贸易流量?——基于增加值贸易的研究视角》,《经济研究》2018年第1期。

[66]李小平、卢现祥、陶小琴:《环境规制强度是否影响了中国工业行业的贸易

比较优势》,《世界经济》2012年第4期。

[67]李西霞:《建立以自由贸易协定机制为支撑的"一带一路"长效合作机制》,《河北法学》2020年第9期。

[68]李西霞:《〈美墨加协定〉劳工标准的发展动向及潜在影响》,《法学》2020年第1期。

[69]李娅、伏润民:《为什么东部产业不向西部转移:基于空间经济理论的解释》,《世界经济》2010年第8期。

[70]罗云辉:《地区环境管制对产业转移的影响——基于2002—2015年数据的分析》,《经济学家》2017年第4期。

[71]林迎娟:《TPP环境保护条款的监管框架与外溢效应:内涵与应对》,《当代亚太》2016年第6期。

[72]李艳秀:《区域贸易协定规则特点、深度与价值链贸易关系研究》,《经济学家》2018年第7期。

[73]刘瑛、夏天佑:《RCEP原产地特色规则:比较、挑战与应对》,《国际经贸探索》2021年第6期。

[74]梁一新:《中美贸易摩擦背景下加入RCEP对中国经济及相关产业影响分析》,《国际贸易》2020年第8期。

[75]罗知、齐博成:《环境规制的产业转移升级效应与银行协同发展效应——来自长江流域水污染治理的证据》,《经济研究》2021年第2期。

[76]马本、郑新业、张莉:《经济竞争、受益外溢与地方政府环境监管失灵——基于地级市高阶空间计量模型的效应评估》,《世界经济文汇》2018年第6期。

[77]马淑琴、李敏、邱询旻:《双边自由贸易协定深度异质性及区内全球价值链效应——基于GVC修正引力模型实证研究》,《经济理论与经济管理》2020年第5期。

[78]马涛、徐秀军:《新发展格局下RCEP签署与东亚区域经贸合作的中国策略》,《东北亚论坛》2021年第3期。

[79]马野青、倪一宁、李洲:《自由贸易协定推动了全球经济包容性增长吗?》,《上海经济研究》2021年第10期。

[80]马妍妍、俞毛毛、王勇:《资本市场开放能否提升出口企业全要素生产率——基于陆港通样本的微观证据》,《国际商务——对外经济贸易大学学报》2021年第4期。

[81]彭冬冬、林珏:《"一带一路"沿线自由贸易协定深度提升是否促进了区域价值链合作?》,《财经研究》2021年第2期。

[82]彭冬冬、杨德彬、苏理梅:《环境规制对出口产品质量升级的差异化影响——来自中国企业微观数据的证据》,《现代财经(天津财经大学学报)》2016年第

8期。

  [83]朴英爱、刘志刚:《韩国自由贸易协定中的环境保护条款分析》,《经济纵横》2015年第5期。

  [84]秦国庆、朱玉春:《"一带一路"倡议的农业价值链关联效应——基于Eora 26跨国投入产出数据的双重差分检验》,《上海财经大学学报》2020年第6期。

  [85]曲文轶、杨雯晶:《俄罗斯自贸伙伴的选择逻辑》,《俄罗斯研究》2021年第6期。

  [86]秦臻、倪艳:《SPS措施对中国农产品出口贸易影响的实证分析——基于HMR法和极大似然法的比较》,《国际贸易问题》2014年第12期。

  [87]任力、黄崇杰:《国内外环境规制对中国出口贸易的影响》,《世界经济》2015年第5期。

  [88]盛斌、果婷:《亚太地区自由贸易协定条款的比较及其对中国的启示》,《亚太经济》2014年第2期。

  [89]盛斌、果婷:《亚太区域经济一体化博弈与中国的战略选择》,《世界经济与政治》2014年第10期。

  [90]施炳展、王有鑫、李坤望:《中国出口产品品质测度及其决定因素》,《世界经济》2013年第9期。

  [91]孙传旺、罗源、姚昕:《交通基础设施与城市空气污染——来自中国的经验证据》,《经济研究》2019年第8期。

  [92]盛丹、李蕾蕾:《地区环境立法是否会促进企业出口》,《世界经济》2018年第11期。

  [93]盛丹、张慧玲:《环境管制与我国的出口产品质量升级——基于两控区政策的考察》,《财贸经济》2017年第8期。

  [94]宋晶恩:《基于贸易引力模型的中韩自由贸易协定研究》,《当代经济研究》2011年第5期。

  [95]石静霞:《"一带一路"倡议与国际法——基于国际公共产品供给视角的分析》,《中国社会科学》2021年第1期。

  [96]沈坤荣、金刚、方娴:《环境规制引起了污染就近转移吗?》,《经济研究》2017年第5期。

  [97]沈坤荣、金刚:《中国地方政府环境治理的政策效应——基于"河长制"演进的研究》,《中国社会科学》2018年第5期。

  [98]孙丽:《日本主导国际经贸规则制定的战略布局——兼谈日本在大阪峰会上的得与失》,《日本学刊》2021年第1期。

  [99]孙丽、图古勒:《国际经贸规则重构对我国汽车产业的影响及对策——基于USMCA、CPTPP和RCEP的分析》,《亚太经济》2021年第3期。

[100]孙林、周科选:《区域贸易政策不确定性对中国出口企业产品质量的影响——以中国—东盟自由贸易区为例》,《国际贸易问题》2020年第1期。

[101]沈铭辉、李天国:《区域全面经济伙伴关系:进展、影响及展望》,《东北亚论坛》2020年第3期。

[102]沈铭辉、张中元:《中—韩FTA的经济效应——对双边贸易流的经验分析框架》,《中国社会科学院研究生院学报》2015年第3期。

[103]申萌、曾燕萍、曲如晓:《环境规制与企业出口:来自千家企业节能行动的微观证据》,《国际贸易问题》2015年第8期。

[104]史沛然:《中国绿色产品出口潜力分析——基于拓展引力模型的研究》,《中国流通经济》2020年第6期。

[105]桑瑞聪、范剑勇:《出口学习效应再验证——基于产品和市场的二维视角》,《国际贸易问题》2017年第4期。

[106]邵帅:《环境规制如何影响货物贸易的出口商品结构》,《南方经济》2017年第10期。

[107]尚涛、樊增强:《中国与"一带一路"沿线自贸协定、新产品边际与贸易增长》,《中国流通经济》2021年第5期。

[108]孙晓华、郭旭、王昀:《产业转移、要素集聚与地区经济发展》,《管理世界》2018年第5期。

[109]石贤泽:《超越自由贸易协定范式——欧盟联系协定的范式特征、多元路径及其外部治理效应》,《欧洲研究》2020年第1期。

[110]孙玉红、崔霞、李昕阳:《贸易和投资协定对中国企业OFDI的影响研究——基于二元边际的视角》,《投资研究》2021年第1期。

[111]孙玉红、赵玲玉、周双燕:《自由贸易协定深度对中国服务贸易出口的影响研究》,《国际商务(对外经济贸易大学学报)》2021年第2期。

[112]宋哲:《RCEP:我国自贸区战略的理论深化、实践突破和工作启示》,《国际税收》2021年第11期。

[113]宋志勇、蔡桂全:《RCEP签署对中日经贸关系的影响》,《东北亚论坛》2021年第5期。

[114]铁瑛、黄建忠、徐美娜:《第三方效应、区域贸易协定深化与中国策略:基于协定条款异质性的量化研究》,《经济研究》2021年第1期。

[115]王翠文:《从NAFTA到USMCA:霸权主导北美区域合作进程的政治经济学分析》,《东北亚论坛》2020年第2期。

[116]王晨竹:《竞争法与反倾销法的功能性冲突及协调路径》,《法学》2020年第9期。

[117]文东伟、冼国明:《中国制造业产业集聚的程度及其演变趋势:1998—2009

年》,《世界经济》2014年第3期。

[118]王桂玲、张永忠:《国际投资仲裁改革的国家差异立场分析》,《学术交流》2021年第4期。

[119]翁国民、宋丽:《〈美墨加协定〉对国际经贸规则的影响及中国之因应——以NAFTA与CPTPP为比较视角》,《浙江社会科学》2020年第8期。

[120]吴昊、于昕田:《RCEP签署后的东亚区域合作未来方向》,《东北亚论坛》2021年第6期。

[121]王俊、陈丽娴、梁洋华:《FTA环境保护条款是否会推动中国出口产品"清洁化"?》,《世界经济研究》2021年第3期。

[122]魏景赋、周婕星、唐俏:《中国自贸协定的贸易创造效应影响因素分析——基于动态关税对贸易流量变动的影响检验》,《国际商务研究》2021年第3期。

[123]王林辉、杨博:《环境规制、贸易品能耗强度与中国区域能源偏向型技术进步》,《经济问题探索》2020年第2期。

[124]温珺:《环境与自由贸易谈判趋势》,《开放导报》2015年第1期。

[125]王江杭、马淑琴、李敏:《基于"一带一路"沿线中心节点的自由贸易区网络构建》,《中国流通经济》2021年第7期。

[126]王杰、刘斌:《环境规制与企业全要素生产率——基于中国工业企业数据的经验分析》,《中国工业经济》2014年第3期。

[127]王杰、刘斌:《环境规制与中国企业出口表现》,《世界经济文汇》2016年第1期。

[128]王俊、徐明、梁洋华:《FTA环境保护条款会制约污染产品进出口贸易吗——基于产品层面数据的实证研究》,《国际经贸探索》2020年第9期。

[129]魏龙、宋怡茹:《欧盟环境规制对我国纺织品服装行业的贸易影响分析——基于进口数据与HOV模型》,《宏观经济研究》2016年第7期。

[130]王黎萤、高鲜鑫、张迪、霍雨桐:《FTA知识产权规则对出口贸易结构的影响研究》,《科学学研究》2021年第12期。

[131]吴小康、于津平:《企业内产品关联与企业出口产品转换》,《国际贸易问题》2018年第7期。

[132]吴小康、于津平:《原产地规则与中韩自由贸易协定的贸易转移效应》,《国际贸易问题》2021年第10期。

[133]王霞、文洋:《WTO和RTAs对亚太区域内贸易的驱动机制研究》,《亚太经济》2018年第4期。

[134]王文宇、贺灿飞、陈新明:《贸易壁垒、贸易协定与中国制造业出口网络演化》,《经济地理》2021年第11期。

[135]吴月、冯静芹:《超大城市群环境治理合作网络:结构、特征与演进》,《经济

体制改革》2021年第4期。

[136]汪亚楠、王海成、苏慧:《贸易政策不确定性与中国产品出口的数量、质量效应——基于自由贸易协定的政策背景》,《审计与经济研究》2020年第1期。

[137]汪亚楠、王海成、张夏:《自由贸易协定对贸易政策不确定性的影响研究》,《宏观经济研究》2021年第7期。

[138]魏昀妍、樊秀峰:《贸易协定之于出口增长:是激励还是阻力?》,《南方经济》2018年第7期。

[139]文洋:《自由贸易协定深度一体化的发展趋势及成因分析》,《财经问题研究》2016年第11期。

[140]王智烜、荣超:《RCEP关税安排及未来展望》,《国际税收》2021年第11期。

[141]徐崇利:《中美实力变迁与国际经济立法模式的走向:"规则—契约"谱系下的制度选择》,《法学家》2020年第5期。

[142]向海凌、郭东琪、吴非:《地方产业政策能否治理企业脱实向虚?——基于政府行为视角下的中国经验》,《国际金融研究》2020年第8期。

[143]谢建国、章素珍:《反倾销与中国出口产品质量升级:以美国对华贸易反倾销为例》,《国际贸易问题》2017年第1期。

[144]谢靖、廖涵:《技术创新视角下环境规制对出口质量的影响研究——基于制造业动态面板数据的实证分析》,《中国软科学》2017年第8期。

[145]许培源、罗琴秀:《"一带一路"自由贸易区网络构建及其经济效应模拟》,《国际经贸探索》2020年第12期。

[146]许源、顾海英、钟根元:《环境规制对中国碳密集型行业出口贸易的影响——基于碳排放视角的污染避难所效应检验》,《生态经济》2014年第9期。

[147]许亚云、岳文、韩剑:《高水平区域贸易协定对价值链贸易的影响——基于规则文本深度的研究》,《国际贸易问题》2020年第12期。

[148]于斌斌、金刚、程中华:《环境规制的经济效应:"减排"还是"增效"》,《统计研究》2019年第2期。

[149]杨皓森、杨军:《中美第一阶段贸易协定对中美农产品贸易的影响分析》,《农业经济问题》2020年第12期。

[150]杨继军、艾玮炜、张雨:《区域贸易协定的条款深度对增加值贸易关联的影响》,《国际经贸探索》2020年第7期。

[151]杨凯、韩剑:《原产地规则与自由贸易协定异质性贸易效应》,《国际贸易问题》2021年第8期。

[152]杨凯:《欧盟贸易协定新进展及中欧经贸关系展望》,《宏观经济管理》2020年第3期。

[153]杨明等:《双循环背景下中国粮食安全:新内涵、挑战与路径》,《国际经济合作》2020年第6期。

[154]余淼杰、蒋海威:《从RCEP到CPTPP:差异、挑战及对策》,《国际经济评论》2021年第2期。

[155]余淼杰、王霄彤:《中国—东盟自由贸易协定和中国企业生产率》,《学术月刊》2021年第3期。

[156]俞毛毛、马妍妍:《环境规制抑制了企业金融化行为吗——基于新〈环保法〉出台的准自然实验》,《北京理工大学学报(社会科学版)》2021年第2期。

[157]仪珊珊、张瀚元、王昊天:《贸易自由化与出口产品转换:以中国—东盟自贸区为例》,《世界经济研究》2018年第8期。

[158]岳文、韩剑:《我国高标准自由贸易区建设:动因、现状及路径》,《经济学家》2021年第7期。

[159]叶兴国、杨旭(译):《美韩自由贸易协定》,法律出版社2016年版。

[160]殷晓鹏、仪珊珊、王哲:《中国多产品企业的出口产品转换行为研究》,《南开经济研究》2018年第3期。

[161]余翔、殷俊:《美国自贸协定劳工权利保护实践及其对中国的启示》,《国际贸易》2021年第6期。

[162]杨勇、刘思婕、陈艳艳:《"FTA战略"是否提升了中国的出口产品质量?》,《世界经济研究》2020年第10期。

[163]杨耀源、翟崑:《越南与欧盟缔结自贸协议的考量和影响》,《东南亚研究》2020年第1期。

[164]周佰成、曹启:《世界贸易格局的变迁:从多边强式竞争到联盟弱式垄断》,《求是学刊》2020年第4期。

[165]张博、刘亚军:《"一带一路"倡议下中国双边FTA中传统知识保护的完整性问题》,《社会科学家》2021年第10期。

[166]张成思、张步昊:《中国实业投资率下降之谜:经济金融化视角》,《经济研究》2016年第12期。

[167]周汉民:《从WTO到CPTPP:中国对外开放的进程》,《国际商务研究》2021年第6期。

[168]赵龙跃:《全球价值链时代如何更好统筹国际国内规则——中国积极参与全球治理的战略路径分析》,《人民论坛·学术前沿》2017年第6期。

[169]赵龙跃:《制度性权力:国际规则重构与中国策略》,人民出版社2016年版。

[170]钟茂初、李梦洁、杜威剑:《环境规制能否倒逼产业结构调整——基于中国省际面板数据的实证检验》,《中国人口·资源与环境》2015年第8期。

[171]张茉楠:《全球经贸规则体系正加速步入"2.0时代"》,《宏观经济管理》2020年第4期。

[172]张平、张鹏鹏:《环境规制对产业区际转移的影响——基于污染密集型产业的研究》,《财经论丛》2016年第5期。

[173]祝树金、李江、张谦、钟腾龙:《环境信息公开、成本冲击与企业产品质量调整》,《中国工业经济》2022年第3期。

[174]祝树金、尹似雪:《污染产品贸易会诱使环境规制"向底线赛跑"?——基于跨国面板数据的实证分析》,《产业经济研究》2014年第4期。

[175]祝树金、钟腾龙、李仁宇:《中间品贸易自由化与多产品出口企业的产品加成率》,《中国工业经济》2018年第1期。

[176]赵细康:《环境保护与产业国际竞争力——理论与实证分析》,中国社会科学出版社2003年版。

[177]张亚斌、唐卫:《环境规制、FDI与出口贸易结构升级》,《商业研究》2011年第6期。

[178]张勇:《后危机时代拉美地区区域经济一体化形势与展望》,《国际经济评论》2020年第3期。

[179]张宇、蒋殿春:《双边自由贸易协定是否降低了中国的对外投资壁垒?——基于三阶段DEA与PSM—DID模型的考察》,《北京工商大学学报(社会科学版)》2021年第2期。

[180]周亚敏:《欧盟在全球治理中的环境战略》,《国际论坛》2016年第6期。

[181]周渝舜、徐树:《国际投资协定与国际劳工标准的衔接机制》,《社会科学研究》2021年第6期。

[182]周永生:《中日韩自由贸易的现实障碍与前景展望》,《人民论坛·学术前沿》2020年第18期。

[183]张永旺、宋林:《环境规制与创新的出口质量效应》,《经济科学》2019年第2期。

[184]郑忠华、汤雅雯:《去杠杆政策、金融资产配置与企业脱实向虚》,《产业经济评论》2021年第1期。

[185]赵振智、程振、吕德胜:《国家低碳战略提高了企业全要素生产率吗?——基于低碳城市试点的准自然实验》,《产业经济研究》2021年第6期。

[186]李双双、卢锋:《多边贸易体制改革步履维艰:大疫之间的WTO改革》,《学术研究》2021年第5期。

[187]张磊、卢毅聪:《世界贸易组织改革与中国主张》,《世界经济研究》2021年第12期。

[188]Aaron A. Elrod and Arun S. Malik, "The Effect of Environmental Regulation on

Plant-level Product Mix: A Study of EPA's Cluster Rule", *Journal of Environmental Economics and Management*, Vol.83, 2017.

[189] Acemoglu, D., Aghion, P., Bursztyn, L., and Hemous, D., "The Environment and Directed Technical Change", *American Economic Review*, Vol.102, No.1, 2012.

[190] Ahcar, J., Siroën, J. M., "Deep Integration: Considering the Heterogeneity of Free Trade Agreements", *Journal of Economic Integration*, Vol.9, 2017.

[191] Albrizio, S., Kozluk, T., Zipperer, V., "Environmental Policies and Productivity Growth: Evidence across Industries and Firms", *Journal of Environmental Economics and Management*, Vol.81, 2017.

[192] Ambec, S., Barla, P., "A Theoretical Foundation of the Porter Hypothesis", *Economic Letters*, Vol.75, 2002.

[193] Amurgo-Pachego, A., "Preferential Trade Liberalization and the Range of Exported Products: The Case of the Euro-Mediterranean FTA", *HEI Working Paper*, No.18, 2006.

[194] Anderson, J. E., van Wincoop, E., "Gravity with Gravitas: A Solution to the Border Puzzle", *American Economic Review*, Vol.93, No.1, 2003.

[195] Athukorala, P., Yamashita, N., "Production Fragmentation and Trade Integration: East Asia in a Global Contex"t, *North American Journal of Economics and Finance*, Vol.17, No.3, 2006.

[196] Audretsch, D. B., Feldman, M. P., "R&D Spillovers and the Geography of Innovation and Production", *American Economic Review*, Vol.86, 1996.

[197] Baier, S. L., Bergstrand, J. H., "Economic Determinants of Free Trade Agreements", *Journal of International Economics*, Vol.64, No.1, 2004, .

[198] Baldwin, R., Seghezza, E., "Are Trade Blocs Building or Stumbling Blocs?" *Journal of Economic Integration*, Vol.25, No.2, 2010.

[199] Bartik, T.J., "The Effects of Environmental Regulation on Business Location in the United States", *Growth Change*, Vol.19, 1988.

[200] Bao, X. H., Wang, X. Z., "The Evolution and Reshaping of Globalization: A Perspective based on the Development of Regional Trade Agreements", *China & World Economy*, Vol.27, No.1, 2019.

[201] Becker, R., Henderson, V., "Effects of Air Quality Regulations on Polluting Industries", *Journal of Political Economy*, Vol.108, No.2, 2000.

[202] Benner, M. J., Tushman, M., "Process Management and Technological Innovation: A Longitudinal Study of the Photography and Paint Industries", *Administrative Science Quarterly*, Vol.47, No.4, 2002.

［203］Bento, A., Freedman, M., Lang, C., "Who Benefits from Environmental Regulation? Evidence from the Clean Air Act Amendments?" *Review of Economics and Statistics*, Vol.97, No.3, 2015.

［204］Berger, A., Bruhn, D., Bender, A., Friesen, J., Kick, K., Kullmann, F., Robner, R., Weyrauch, S., "Deep Preferential Trade Agreements and Upgrading in Global Value Chains: The Case of Vietnam", *German Development Institute*, No.92, 2016.

［205］Berman, E., Bui, L.T.M., "Environmental Regulation and Productivity: Evidence from oil Refineries", *The Review of Economics and Statistics*, Vol.83, No.3, 2001.

［206］Berman, E., Bui, T. M., "Environmental Regulation and Labor Demand: Evidence from the South Coast Air Basin", *Journal of Public Economics*, Vol.76, No.2, 2001.

［207］Bernard A. B., Redding S. J., Schott P. K., "Multiple-Product Firms and Product Switching", *American Economic Review*, Vol.100, No.1, 2010.

［208］Bernauer, T., Nguyen, Q., "Free Trade and/or Environmental Protection?" *Global Environmental Politics*, Vol.15, No.4, 2015.

［209］Baier, S. L., Bergstrand, J. H., "Economic Determinants of Free Trade Agreements", *Journal of international Economics*, Vol.64, No.1, 2004.

［210］Besley, T., Case, A., "Incumbent Behavior: Vote-seeking, Tax-setting, and Yardstick Competition", *The American Economic Review*, Vol.85, No.1, 1995.

［211］Brandi, C., Schwab, J., Berger, A., Morin, J-F., "Do Environmental Provisions in Trade Agreements Make Exports from Developing Countries Greener?", *World Development*, Vol.129, 2020.

［212］Bu, M., Liu, Z., Wagner, M., Yu, X., "Corporate Social Responsibility and the Pollution Hypothesis: Evidence from Multinationals' Investment Decision in China", *Asia-Pacific Journal of Accounting & Economics*, Vol.1, 2013.

［213］Busse, M., "Trade, Environmental Regulations and the World Trade Organization: New Empirical Evidence", *Journal of World Trade*, Vol.38, 2004.

［214］Cagatay, S., Mihci, H., "Degree of Environmental Stringency and the Impact of Trade Patterns", *Journal of Economic Studies*, Vol.33, No.1, 2006.

［215］Calmette, M-F., Péchoux, I, "Regional Agglomeration of Major Risky Activities and Environmental Policies", *Canadian Journal of Regional Science*, Vol.29, 2006.

［216］Choi, Y., Hahn, C., "Effects of Imported Intermediate Varieties on Plant total Factor Productivity and Product Switching: Evidence from Korean Manufacturing", *Asian Economic Journal*, Vol.27, No.2, 2013.

［217］Christainsen, G.B., Haveman. R.H., "Public Regulations and the Slowdown in Productivity Growth", *American Economic Review*, Vol.71, No.2, 1981.

[218] Cohen, M. A., Tubb, A., "The Impact of Environmental Policy on Firm and Country Competitiveness: A Meta-analysis of the Porter Hypothesis", *Journal of Association of Environmental Resources Economists*, Vol.5, No.2, 2018.

[219] Condliffe, S., Morgan, O. A., "The Effects of Air Quality Regulations on the Location Decisions of Pollution-Intensive Manufacturing Plants", *Journal of Regulatory Economics*, Vol.36, 2009.

[220] Copeland, B. R., Taylor, M. S., "Trade, Growth, and the Environment", *Journal of Economic Literature*, Vol.42, 2004.

[221] Costantini, V., Crespi, F., "Environmental Regulation and Export Dynamics of Energy Technologies", *Ecological Economics*, Vol.66, No.2, 2008.

[222] Costantini, V., Mazzanti, M., "On the Green and Innovative Side of Trade Competitiveness? The Impact of Environmental Policies and Innovation on EU Exports", *Research Policy*, Vol.41, 2012.

[223] Dam, L., Scholtens, B., "Environmental Regulation and MNEs Location: Does CSR Matter?" *Ecological Economics*, Vol.67, 2008.

[224] Davies, R. B., Eckel, C., "Tax Competition for Heterogeneous Firms with Endogenous Entry", *American Economic Journal: Economic Policy*, Vol.2, No.1, 2010.

[225] Davis, L. E., "Financialization and Nonfinancial Corporation: An Investigation of Firm Level Investment Behavior in the U.S. 1971–2011", *UMASS Amherst Economics Working Papers*, Vol.86, No.273, 2013.

[226] Dechezlepretre, A., Sato, M., "The Impacts of Environmental Policy on Competitiveness", *Review of Environmental Economics and Policy*, Vol.11, No.2, 2017.

[227] Deng, H., Zheng, X., Huang, N., Li, F., "Strategic Interaction in Spending on Environmental Protection: Spatial Evidence from Chinese Cities", *China & World Economy*, Vol.20, No.5, 2012.

[228] Dür, A., Baccini, L., Elsig, M.. "The Design of International Trade Agreements: Introducing a New Data", *The Review of International Organizations*, Vol.9, No.3, 2014.

[229] Eaton, J., Kortum, S., "Technology, Geography and Trade", *Econometrica*, Vol.70, No.5, 2002.

[230] Elrod, A. A., Malik, A. S., "The Effect of Environmental Regulation on Plant-level Product Mix: A Study of EPA's Cluster Rule", *Journal of Environmental Economics and Management*, Vol.3, 2017.

[231] E.S. Lim, J. B. Breuer, "Free Trade Agreements and Market Integration: Evidence from South Korea", *Journal of International Money and Finance*, Vol.90, 2019.

[232] Fredriksson, P. G., Millimet, D. L., "Strategic Interaction and the Determinants

of Environmental Policy across U. S. States", *Journal of Urban Economics*, Vol. 51, No. 1, 2002.

[233] Furusawa, T, Konishi H., "Free Trade Networks", *Journal of International Economics*, Vol. 72, No. 2, 2007.

[234] Ghoneim, A., Péridy, N., Lopez, J., Mendez, M., "Shallow vs. Deep Integration in the Southern Mediterranean: Scenarios for the Region up to 2030", *MEDPRO Technical Paper*, Vol. 13, 2012.

[235] Goldberg, P. K., Khandelwal, A. K., Pavcnik, N., Topalova, P., "Multiproduct Firms and Product Turnover in the Developing World: Evidence from India", *Review of Economics and Statistics*, Vol. 92, No. 4, 2010.

[236] Gray, W. B., Shadbegian, R. J., "Plant Vintage, Technology, and Environmental Regulation", *Journal of Environmental Economy Management*, Vol. 46, No. 1, 2003.

[237] Haftel, Y. Z., "Commerce and Institutions: Trade, Scope, and the Design of Regional Economic Organizations", *The Review of International Organizations*, Vol. 8, No. 3, 2013.

[238] Harris, M. N., Konya, L., Matys, L., "Modelling the Impact of Environmental Regulations on Bilateral Trade Flows: OECD, 1990–1996", *The World Economy*, Vol. 25, No. 3, 2002.

[239] He, J., Wang, H., "Economic Structure, Development Policy and Environmental Quality: An Empirical Analysis of Environmental Kuznets Curves with Chinese Municipal Data", *Ecological Economics*, Vol. 76, 2012.

[240] Helpman, E., Melitz, M., Robinstein, Y., "Estimating Trade Flows: Trading Partners and Trading Volumes", *Quarterly Journal of Economics*, Vol. 123, No. 2, 2008.

[241] Hering, L., Poncet, S., "Environmental Policy and Exports: Evidence from Chinese Cities", *Journal of Environmental Economics and Management*, Vol. 68, No. 2, 2014.

[242] Horn, H., Mavroidis, P. C., Sapir, A., "Beyond the WTO? An Anatomy of EU and US Preferential Trade Agreement", *The World Economy*, Vol. 33, No. 11, 2010.

[243] Hosoe, M., Naito, T., "Trans-Boundary Pollution Transmission and Regional Agglomeration Effects", *Regional Science*, Vol. 85, 2006.

[244] Hur, J., Park, C., "Do Free Trade Agreements Increase Economic Growth of the Member Countries?", *World Development*, Vol. 40, No. 7, 2012.

[245] Hwang H., Mai, C-C., "The Effects of Pollution Taxes on Urban Areas with An Endogenous Plant Location", *Environmental Resource Economics*, Vol. 29, 2004.

[246] Ikazaki, D., Naito, T., "Industrial Pollution and Economies of Agglomeration", *Studies in Regional Science*, Vol. 42, 2012.

[247] Ikram, M., Sroufe, R., Rehman, E., Shah, S. Z. A., Mahmoudi, A., "Do Quality, Environmental, and Social (QES) Certifications Improve International Trade? A Comparative Grey Relation Analysis of Developing vs. Developed Countries", *Physica A*, Vol.545, 2020.

[248] Jean, Sébastien, Bureau J C., "Do Regional Trade Agreements Really Boost Trade? Evidence from Agricultural Products", *Review of World Economics*, Vol.152, No.3, 2016.

[249] Jeppesen, T., List, JA., and Folmer, H., "Environmental Regulation and New Plant Location Decision: Evidence from a Meta-analysis", *Journal of Regional Science*, Vol.42, 2002.

[250] Jug, J., Mirza, D., "Environmental Regulations in Gravity Equations: Evidence from Europe", *The World Economy*, Vol.28, No.11, 2005.

[251] Kang, K., Keys, P., Shin, Y. S., "Free Trade Agreements and Bridgehead Effect: Evidence from Korea-Chile FTA", *The Singapore Economic Review*, Vol.61, No.5, 2016.

[252] Kareem, F.O., Martínez-Zarzoso, I., "Are EU Standards Detrimental to Africa's Exports?", *Journal of Policy Modeling*, 2020.

[253] Kaynak, H., Hartley, L.J., "Exploring Quality Management Practices and High-tech Firm Performance", *Journal of High Technology Management Research*, Vol.16, 2005.

[254] Kiyama, S., Yamazaki, S., "Product Switching and Efficiency in a Declining Small-scale Fishery", *Ecological Economics*, Vol.193, 2022.

[255] Kpodar, K., Imam, P., "Does a Regional Trade Agreement Lessen or Worsen Growth Volatility: An Empirical Investigation", *Review of International Economics*, Vol.24, No.5, 2016.

[256] Kohl, T., Trojanowska, S., "Heterogeneous Trade Agreements, WTO Membership and International Trade: An Analysis Using Matching Econometrics", *Applied Economics*, Vol.47, No.33, 2015.

[257] Konisky, D. M., "Regulatory Competition and Environmental Enforcement: is there a Race to the Bottom?", *American Journal of Political Science*, Vol.51, No.4, 2007.

[258] Kpodar, K., Imam, P., "Does a Regional Trade Agreement Lessen or Worsen Growth Volatility: An Empirical Investigation", *Review of International Economics*, Vol.24, No.5, 2016.

[259] Krugman, P., "Increasing Returns, and Economic Geography", *Journal of Political Economy*, Vol.99, 1991.

[260] Kunce, M., Shogren, J. F., "Destructive Interjurisdictional Competition: Firm, Capital and Labor Mobility in a Model of Direct Emission Control", *Ecological*

Economics,2007.

[261]Kyriakopoulou, E., Xepapadeas, A., "Environmental Policy, First Nature Advantage and the Emergence of Economic Clusters", Regional Science and Urban Economics,Vol.43,2013.

[262]Lang,A.,Quaas,M.F.,"Economic Geography and the Effect of Environmental Pollution on Agglomeration",The B.E. Journal of Economic Analysis & Policy,Vol.7,2007.

[263]Leiter, A., Parolini, A., Winner, H., "Environmental Regulation and Investment:Evidence from European Industry Data",Ecological Economics,Vol.70,2011.

[264]Levinsohn,J., Petrin, A., "Estimating Production Functions Using Inputs to Control for Unobservable",Review of Economic Studies,No.70,2003.

[265]Levinson,A.,"Environmental Regulations and Manufacturers Location Choices:Evidence from the Census of Manufactures",Journal of Public Economics,Vol.62,1996.

[266]Lian,T.,Ma,T.,Cao,J.,Wu,Y.,"The Effects of Environmental Regulation on the Industrial Location of China's Manufacturing",Natural Hazards,Vol.80,2016.

[267]Lim, E.S., Breuer, J.B., "Free Trade Agreements and Market Integration:Evidence from South Korea",Journal of International Money and Finance,Vol.90,2019.

[268]Mai,J.,Stoyanov,A.,"The Effect of the Canada-US free Trade Agreement on Canadian Multilateral Trade Liberalization",Canadian Journal of Economics,Vol.48,No.3,2015.

[269]Mayer, T., Melitz, M., Ottaviano, G., "Market Size, Competition and the Production Mix of Exporters",American Economic Review,Vol.104,No.2,2014.

[270]Ma, Y., Tang, H., Zhang, Y., "Factor Intensity, Product Switching, and Productivity:Evidence from Chinese Exports",Journal of International Economics,Vol.92,2014.

[271]Mc Connell, VD., Schwab, RM., "The Impact of Environmental Regulation on Industry Location Decisions:The Motor Vehicle Industry",Land Economics,Vol.66,1990.

[272]Millimet, D. L., "Environemtal Federalism: A Survey of the Empirical Literature",Case Western Reserve Law Review,Vol.64,No.4,2014.

[273]Missios, P., Saggi, K., Yildiz, H. M., "External Trade Diversion, Exclusion Incentives and the Nature of Preferential Trade Agreements", Journal of International Economics,Vol.99,2016.

[274]Moenius,J.,"The Good, the Bad and the Ambiguous:Standards and Trade in Agricultural Products",IARTC Summer Symposium,Vol.5,2006.

[275]Mulatu, A., Gerlagh, R., Rigby, D., "Environmental Regulation and Industry Location in Europe",Environmental Resource Economics,Vol.45,2010.

[276] Nguyen, X. D., "Effects of Japan's Economic Partnership Agreements on the Extensive Margin of International Trade", *The International Trade Journal*, Vol.28, No.2, 2014.

[277] Oates. W. E., "Fiscal Competition and European Union: Contrasting Perspectives", *Regional Science and Urban Economics*, Vol.31, No.2-3, 2001.

[278] OECD, "Environment and Regional Trade Agreements", *Environment Directorate*, 2007.

[279] Olley, S., Pakes, A., "The Dynamics of Productivity in the Telecommunications Equipment Industry", *Econometrica*, No.64, 1996.

[280] Ollivier, H., "North-Sourth Trade and Heterogeneous Damages from Local and Global Pollution", *Environmental & Resource Economics*, Vol.65, No.2, 2016.

[281] Orefice, G., Rocha, N., "Deep Integration and Production Networks: An Empirical Analysis", *World Economy*, Vol.37, No.1, 2013.

[282] Pekovic, S., Rolland, S., "Quality Standards and Export Activities: Do Firm Size and Market Destination Matter?", *Journal of High Technology Management Research*, Vol.27, 2016.

[283] Peng, J., Xie, R., Ma, C., Fu, Y., "Market-based Environmental Regulation and Total Factor Productivity: Evidence from Chinese Enterprises", *Economic Modelling*, Vol.95, 2021.

[284] Porter, M. E., Linde, C. Van der, "Toward a New Conception of the Environment-Competitiveness Relationship", *The Journal of Economic Perspectives*, Vol.9, No.4, 1995.

[285] Silva, J., Tenreyro, S., "The Log of Gravity", *Review of Economics & Statistics*, Vol.88, 2006.

[286] Raspiller, S., Riedinger, N., "Do Environmental Regulations Influence the Location of French Firms", *Land Economics*, Vol.84, 2008.

[287] Saikawa, E., Urpelainen, J., "Environmental Standards as a Strategy of International Technology Transfer", *Environmental Science & Policy*, Vol.38, 2014.

[288] Santis, R., Esposito, P., Lasinio, C., "Environmental Regulation and Productivity Growth: Main Policy Challenges", *International Economics*, Vol.165, 2021.

[289] Saucier, P., Rana, A. T., "Do Preferential Trade Agreements Contribute to the Development of Trade? Taking into Account the Institutional Heterogeneity", *International Economics*, Vol.149, 2017.

[290] Selim, C., Hakan, M., "Degree of Environmental Stringency and the Impact on Trade Patterns", *Journal of Economic Studies*, Vol.33, No.1, 2006.

[291] Shen, J., Wei, Y., Yang, Z., "The Impact of Environmental Regulations on the Location of Pollution Intensive Industries in China", *Journal of Cleaner Production*, Vol.148, 2017.

[292] Silvia Albrizio and Tomasz Kozluk and Vera Zipperer, "Environmental Policies and Productivity Growth: Evidence across Industries and Firms", *Journal of Environmental Economics and Management*, Vol.81, 2017.

[293] Smith, M. P., "The Global Diffusion of Public Policy: Power Structures and Democratic Accountability, Territory", *Politics, Governance*, Vol.1, No.2, 2013.

[294] Sorgho, Z., "RTAs Proliferation and Trade-diversion Effects: Evidence of the Spaghetti Bowl Phenomenon", *The World Economy*, Vol.39, No.2, 2016.

[295] Taylor, M. R., "Innovation under Cap-and-trade Programs", *Proceedings of the National Academy of Sciences*, Vol.109, No.13, 2012.

[296] Timoshenko, O., "Product Switching in a Model of Learning", *Journal of International Economics*, Vol.95, 2015.

[297] Tan, L. Qiu, L. D., "Beyond Trade Creation: Free Trade Agreements and Trade Disputes", *ERIA Discussion Paper*, 2015.

[298] Ulph, A., "Harmonization and Optimal Environmental Policy in a Federal System with Asymmetric Information", *Journal of Environmental Economics and Management*, Vol.39, No.2, 2000.

[299] Vamvakidis, A., "Regional Integration and Economic Growth", *World Bank Economic Review*, Vol.12, No.2, 1998.

[300] Van Marrewijk, C., "Geographical Economics and the Role of Pollution on Location", *ICFAI Journal Environmental Economics*, Vol.3, 2005.

[301] Vogel, W. B., "Health and Sustainable Agricultural Development: Perspectives on Growth and Constraints", *Boca Raton: CRC Press*, 1995.

[302] Weijian Du, Mengjie Li, "Influence of Environmental Regulation on Promoting the Low-carbon Transformation of China's Foreign Trade: Based on the Dual Margin of Export Enterprise", *Journal of Cleaner Production*, Vol.244, 2020.

[303] Wooldridge, J., "Econometric Analysis of Cross Section and Panel Data", *Cambridge: MIT Press*, 2002.

[304] Xiaoxi Zhu, Raymond Chiong, Kai Liu, Minglun Ren, "Dilemma of Introducing a Green Product: Impacts of Cost Learning and Environmental Regulation", *Applied Mathematical Modelling*, Vol.92, 2021.

[305] Yanase A, Tsubuku M., "Trade Costs and Free Trade Agreements: Implications for Tariff Complementarity and Welfare", *International Review of Economics & Finance*,

Vol.78,2022.

[306] Yang, B-S., Mai, C-C., "The Impact of Uncertain Environmental Regulatory Policy on Optimal Plant Location and Anti-Pollution Technology Selection", *The Annals of Regional Science*, Vol.50, 2013.

[307] Zhao, X., Yin, H., "Industrial Relocation and Energy Consumption: Evidence from China", *Energy Policy*, Vol.39, 2011.

[308] Zhou, L., Tang, L., "Environmental Regulation and the Growth of the Total-factor Carbon Productivity of China's Industries: Evidence from the Implementation of Action Plan of air Pollution Prevention and Control", *Journal of Environmental Management*, Vol.296, 2021.

[309] Zugravu-Soilita, N., "The Impact of Trade in Environmental Goods on Pollution: What are We Learning from the Transition Economies' Experience?", *Environmental Economics and Policy Studies*, Vol.20, 2018.

后　　记

长期以来,我一直从事于开放经济背景下发展中国家技术进步这一问题的研究。相关研究成果,也集结出版了三本学术专著。自2017年年底调入广东外语外贸大学之后,我的研究兴趣和方向放在了关于开放经济的研究上,特别是,集中研究了自由贸易协定以及由此构建的自由贸易区网络。2019年获得了国家自然科学基金面上项目资助(项目号:71973036),随后两三年还有幸获得了2项国家社会科学基金重点项目的资助,更加坚定了我围绕自由贸易协定开展一些前瞻性研究的信心。

当前,全球自由贸易协定呈现出显著的广度化、深度化及网络化发展趋势,对边境内规则提出了更高要求。自由贸易协定环境保护条款自被纳入北美自由贸易协定以来,在多个巨型自由贸易协定中都覆盖了该项条款,而且许多协定还设置了环境保护独立章节,增加环境争端解决机制。在此背景下,就启发我思考自由贸易协定环境保护条款到底是怎样运行的? 自由贸易协定环境保护条款与国内环境政策之间是怎样的关系? 自由贸易协定环境保护条款对国际贸易的影响机制是怎样的? 对企业行为产生了怎样的影响? 等一系列问题。为此,我也在《中国社会科学》(内部文稿)、《世界经济研究》《国际经贸探索》《浙江学刊》《中国社会科学报》等学术期刊上发表了相关论文,将其整理纳入本书之中。此外,还有相当多的内容属于尚未发表的成果。比如,自由贸易协定影响国际贸易的理论模型、自由贸易协定中引入环境保护条款的必要性、自由贸易协定环境保护条款演变规律等,将其集结在本著作中,使读者能够更加系统地了解自由贸易协定环境保护条款的运行机制。

在写作的过程中,我还注意到西方发达国家还在自由贸易协定中设置了竞争中性条款、国家安全例外条款,并依据这些条款对中国企业走出去、高技术产品贸易施加严格审查,对我国产业形成挤压态势,也影响了全球产业链供应链稳定性。对这些新条款的影响,将是我下一步研究的方向。

  本书撰写过程中,一些老师、同事和学生提供了帮助和支持。感谢对外经济贸易大学林桂军教授的指导,林老师在国内较早系统地研究了全球自由贸易协定发展趋势,并指导本书的写作过程。广东外语外贸大学的张鹏清博士提供了理论模型方面的支持。我指导的博士研究生郑卉殷、叶林伟以及硕士研究生陈泽鑫、张钰洁、姚家琳、甄马莲,还有广西师范大学的研究生王瑞涛等提供了基础素材、文字校对等方面的支持,在此一并表示感谢。

策划编辑：郑海燕
封面设计：牛成成
责任校对：周晓东

图书在版编目(CIP)数据

自由贸易协定环境保护条款与企业行为/王俊 著. —北京:人民出版社，2023.6
ISBN 978-7-01-025486-9

Ⅰ.①自… Ⅱ.①王… Ⅲ.①环境保护法-研究-世界 Ⅳ.①D912.604

中国国家版本馆 CIP 数据核字(2023)第 065200 号

自由贸易协定环境保护条款与企业行为
ZIYOU MAOYI XIEDING HUANJING BAOHU TIAOKUAN YU QIYE XINGWEI

王　俊　著

人民出版社 出版发行
(100706　北京市东城区隆福寺街 99 号)

中煤(北京)印务有限公司印刷　新华书店经销
2023 年 6 月第 1 版　2023 年 6 月北京第 1 次印刷
开本:710 毫米×1000 毫米 1/16　印张:20
字数:290 千字

ISBN 978-7-01-025486-9　定价:100.00 元

邮购地址 100706　北京市东城区隆福寺街 99 号
人民东方图书销售中心　电话 (010)65250042　65289539

版权所有·侵权必究
凡购买本社图书，如有印制质量问题，我社负责调换。
服务电话:(010)65250042